기본 독문해석 연습

증보판 · 2019

기본
독문해석
연습

관용구 · 숙어 1000선

김희철

역락

머리말

 현재 우리나라에는 초보자에게 적합한 독문해석을 위주로 한 전문 학습서가 거의 없어 기초문법 과정을 마친 학습자에게 많은 어려움을 주고 있는 실정입니다.

 그동안 본서는 학위과정을 이수하는 대학인들과 각종 국가고시를 준비하는 수험생들로부터 많은 사랑과 격려를 받으며 판을 거듭했습니다. 하지만 뜻밖에도 출판사의 사정으로 한동안 절판되었다가 이제 다시 새로운 모습으로 독자들과 만나게 되어 저자로서 매우 기쁘고 다행스럽게 생각합니다.

 필자는 그동안 교단에서 쌓은 연구와 경험을 토대로 독문해석 전반에 걸쳐 숙어 중심의 개성 있는 120개의 명문을 선정하여 자세한 주석과 해석을 달고, 해석 연습에 필요한 문법사항을 간추려 정리하여 문장 해독에 도움이 되도록 노력하였습니다.

 또한 제2부에는 독일의 역사와 문화 등 여러 분야에 걸쳐 다양한 내용의 독문 50선을 수록하여 학습자 스스로 해석해 볼 수 있도록 했습니다.

 독일 속담에 '급히 서두르지 말고, 쉬지도 말라!'(Ohne Hast, ohne Rast!)라는 말이 있습니다. 이 속담처럼 어학은 반복과 꾸준한 노력으로만 좋은 성과를 기대할 수 있습니다.
 아무쪼록 이 책이 여러분의 참된 길잡이가 되길 바랍니다.

2019 . 5. 김희철

Erster Teil
Wir lesen Texte

|||||||||||||||||||||||||||||||||||||||||||||||||||||||||||||||||||||||||||||||||||||||||||||||||||

Zweiter Teil
Über Deutschland

독문 해석을 위한 기본 사항

1. 우선 모든 문장을 숙독하여 그 대의를 파악해야 한다.

낱말은 거의 여러 가지의 뜻을 가지기 때문에 대의를 파악하기 전에는 본문을 살리는 알맞은 번역이 불가능하다.

2. 모든 문장의 동사에 주의해야 한다.

동사의 변화와 그 뜻에 따라 단문의 구조가 달라지며, 또 주문을 중심으로 이에 부문이 종속적으로 결합되므로 주문의 동사에 의해 부문의 내용도 예상할 수 있다.

3. 문장의 상호 관계를 예상하면서 정독해야 한다.

예상이 불가능한 경우에는 접속사나 문형에 의해 관계를 판단해야 한다.

4. 중단된 문장은 우선 그에 계속되는 문장을 찾아야 한다.

갑문이 을문 또는 그의 문장 성분에 의해 중단된 경우에는 우선 콤마 사이에 있는 을문 또는 그의 문장 성분을 빼고, 갑문의 계속을 찾아 해석한 다음, 독립된 부분과의 관계를 생각해야 한다.

5. 어형 변화, 동사의 화법, 배어법에 주의해야 한다.

기초 문법에 정통하지 않기 때문에 뜻밖에 실수를 하는 수가 있다. 어형 변화는 여러 가지 관계를 밝히며, 배어법과 동사의 어법 차이는 문장 및 표현의 묘미를 살린다.

독문 해석의 10원칙

1. 단어를 합리적으로 파악하라.

단어는 문장의 기초이자 단위이므로 이것을 완전 극복하는 것이 독문 해석의 첫째 조건이 된다. 단어 실력이 풍부해지면 어학력은 비례하여 향상된다. 사람들이 흔히 하듯이 단어를 기계적으로 암기하는 것은 큰 효과를 기대할 수 없다. 오히려 단어의 성립이나 관계를 합리적으로 학습하는 편이 훨씬 효과적이고 확실하다. 즉 동의어(同義語), 반의어(反意語), 파생어(派生語) 등을 알면 단어의 의미를 정확히 파악하는데 도움이 되며 같은 계통의 단어를 빨리 그리고 쉽게 암기할 수 있다.

2. 관용구(慣用句)를 기억하라.

여기서의 관용구란 전치사구, 동사구, 명사구, 부사구, 숙어, 속담 등이 포함된다. 이러한 것들은 문장 어디나 삽입되어 문체(文體)나 문의(文意)에 중대한 영향을 주기 때문에 이에 대한 충분한 지식을 가지고 있어야 한다.

3. 문법 규칙(Grammatikregel)을 검토하라.

독일어는 외국어 중에서 문법 규칙이 가장 복잡하다고 말할 수 있다. 따라서 독일어 학습자는 먼저 문법 습득에 전념해야 한다. 대개 초보적인 문법 중에서도 명사·동사·형용사의 변화, 전치사의 격지배에 최대의 힘을 쏟지만 독문 해석에 있어서는 오히려 관사, 대명사, 동사, 전치사, 접속사의 용법이 훨씬 더 중요한 역할을 하게 됨을 알게 될 것이다.

4. 문장을 분석하라.

위에서 말한 단어나 관용구에 숙달하고 문법 규칙의 요점을 터득했다하더라도 한 문장을 해석할 때 이것들은 단지 부분적인 지식을 제공해줄 뿐, 문장 중에서 어떤 역할을 하는지 찾지 못하면 문장 전체를 정확하게 해석하기란 불가능하다. 그러므로 각 품사의 문장 중에서의 기능을 알아내는 문장 분석은 문장론(Satzlehre) 중에서도 가장 중요한 부분이라고 말할 수 있다.

5. 문장의 대의(大意)를 파악하라.

독문을 해석할 때 문법적 분석을 해도 원문(原文)의 의미를 파악하기란 그렇게 간단하지 않다. 문법 지식을 토대로 원문의 대의(大意)를 생각하고 논리적으로 문맥을 찾아야 한다. 다시 말해서 문법 지식에 추리력을 더하지 않으면 올바른 문의(文意)를 파악하기 어렵다. 또한 독문의 문법적인 면(面), 즉 어구(語句)의 의미, 구문(構文)의 연결 등을 충분히 이해해도 핵심을 파악하지 못하면 그 문장의 해석은 생명이 없는 것이 되고 만다.

6. 음독(音讀)하여 어감(語感)을 잡아라.

우리나라의 독일어 연구방법은 발음, 회화, 작문 등은 도외시 되고 오로지 학술 전문서적의 강독(講讀)에만 치우쳐 왔다. 그 결과 어학 연구의 태도가 파행적으로 흘러 「귀로 듣고 입으로 말하는 어학」이 아닌 「눈으로 보는 어학」으로 되어버렸다.

본래 언어란 「들어야할 음(音)」으로 성립되었으므로 귀와 입을 통해 듣고 말하기 위주로 해야민 힌다. 어떤 언어든 어감(Sprachgefühl)에 따라 들을 때 그 언어가 가지고 있는 느낌, 즉 뉘앙스가 우러나오게 된다, 음독(音讀)을 부지런히 하면 어감(語感)도 느끼게 되어 단어의 의미, 문장의 강약 등이 저절로 떠오르게 된다.

7. 배어법에 주의하라.

문장 중에서 각 단어의 위치, 즉 어순(語順)은 일정하지만 때때로 도치되는 경우가 있다. 이런 경우는 대개 어느 문장 부분을 강조하려고 하는 것이므로 유의할 필요가 있다. 그리고 부문장에서는 후치되어 정동사가 문미에 놓인다. 이와 같이 배어법에 따라 문장의 구조가 달라지므로 문형(文型)에 따라서 문장의 상호관계를 판단해야 한다.

8. 중단된 문장은 우선 그에 계속되는 문장을 찾아라.

갑문(甲文)이 을문(乙文) 또는 그의 문장 성분에 의해서 중단된 경우에는 우선 콤마 사이에 있는 을문 또는 그의 문장 성분을 빼고 갑문에 계속되는 문장을 찾아서 이것을 해석한 다음 독립된 부분과의 관계를 생각해야 한다.

9. 직역(直譯)이냐, 의역(意譯)이냐.

외국어를 우리말로 번역할 경우 「직역할 것인가, 의역할 것인가」하는 것이 문제가 된다. 직역한다는 것은 원문(原文)에 충실한다는 것인데, 원문의 의미를 분명하게 전달할 수 있다면 직역도 상관없겠지만 무엇보다 우리말이 자연스러워야 한다. 그러나 실제 이것은 매우 어려운 일이며 원래 구문(Satzbau)이 근본적으로 다른 외국어를 우리말로 옮기는 것이기 때문에 엄격한 의미에서 직역은 피해야 한다.

10. 직독직해(直讀直解)하라.

문장의 배어(配語)에는 각기 그 의도한 바가 있으므로 요점을 앞에 놓는 것이 보통이다. 가능하면 배열 순서대로 번역하는 것인 좋을 것이다. 그러나 부문장이 들어 있을 경우에는 부문장부터 먼저 번역해 나가야 하고, 부문장이 몇 개씩 중복되어 있을 경우에는 앞 뒤 관계가 복잡하게 되어 문장 전체의 대의(大意)를 파악하기 어려울 뿐 아니라 때로는 오역(誤譯)하게도 된다. 그것보다는 직독직해 방식에 따라 한 자 한 자를 배열 순서대로 번역하여 복합문장의 경우에도 주문장을 먼저, 부문장을 나중에 번역하는 편히 원문의 진의(眞意)를 올바르게 파악할 수 있다. 그러나 문법적으로나 논리적으로 무리없는 우리말이 된다면 굳이 직독(直讀)만을 고집할 것은 아니다.

Der Lindenbaum

Wilhelm Müller

Am Brunnen von dem Tore
da steht ein Lindenbaum;
ich träumt' in seinem Schatten
so manchen süßen Traum.

Ich schnitt in seine Rinde
so manches liebe Wort;
es zog in Freud' und Leide
zu ihm mich immer fort.

Ich mußt' auch heute wandern
vorbei in tiefer Nacht,
da hab' ich noch im Dunkeln
die Augen zugemacht.

Und seine Zweige rauschten,
als riefen sie mir zu:
Komm her zu mir, Geselle,
hier findest du deine Ruh'!

Die kalten Winde bliesen
mir grad' ins Angesicht,
der Hut flog mir vom Kopfe.
ich wendete mich nicht.

Nun bin ich manche Stunde
entfernt von jenem Ort,
und immer hör' ich's rauschen:
Du fändest Ruhe dort!

보리수

빌헬름 뮐러

성문앞 우물 곁에
서 있는 보리수
나는 그 그늘 아래
단꿈을 꾸었네.

줄기에 새겨놓은
사랑의 말씀은
기쁘나 피로우나
항상 날 이끄네.

오늘도 밤이 깊어
그곳을 거닐제
어두움 속에서도
두 눈을 감았네.

가지는 속삭이며
날부르는 듯이
친구여 이리 와서
평안히 쉬소서

찬바람이 불어와
얼굴에 스치고
모자를 날리어도
줄기가 싫었네.

지금은 그 곳에서
멀리와 있건만
들려오는 속삭임
그 곳이 안식처.

Der menschliche Körper 인체

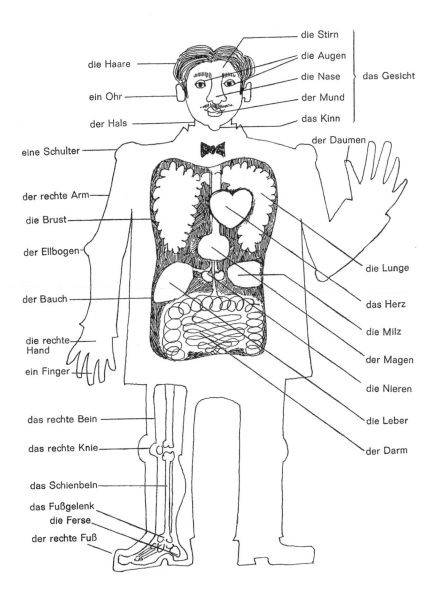

die Haare

ein Ohr

der Hals

eine Schulter

der rechte Arm

die Brust

der Ellbogen

der Bauch

die rechte Hand

ein Finger

das rechte Bein

das rechte Knie

das Schienbein

das Fußgelenk

die Ferse

der rechte Fuß

die Stirn

die Augen

die Nase

der Mund

das Kinn

das Gesicht

der Daumen

die Lunge

das Herz

die Milz

der Magen

die Nieren

die Leber

der Darm

Erster Teil

Wir lesen Texte

第 1 課 관사와 관사류

A. 정관사의 변화

	m.	f.	n.	pl.
N.	der	die	das	die
G.	des	der	des	der
D.	dem	der	dem	den
A.	den	die	das	die

● 정관사류

dieser	(this)
jener	(that)
jeder	(every)
aller	(all)
mancher	(many)
solcher	(such)
welcher	(which)

dieser 의 변화

	m.	f.	n.	pl.
N.	dies-er	dies-e	dies-es	dies-e
G.	dies-es	dies-er	dies-es	dies-er
D.	dies-em	dies-er	dies-em	dies-en
A.	dies-en	dies-e	dies-es	dies-e

1 격   Morgen bleibt *dieser* Schüler zu Hause.
　　　「내일 이 학생은 집에 머문다.」

2 격   Heute ist der Geburtstag *dieses* Schülers.
　　　「오늘은 이 학생의 생일이다.」

3 격   Was schenken Sie *diesem* Schüler?
　　　「당신은 이 학생에게 무엇을 선사합니까?」

4 격   Hans, kennst du *diesen* Schüler?
　　　「한스야, 너는 이 학생을 알고 있느냐?」

B. 부정관사의 변화

	m.	f.	n.	pl.
N.	ein○	eine	ein○	—
G.	eines	einer	eines	—
D.	einem	einer	einem	—
A.	einen	eine	ein○	—

● 부정관사류

소유대명사와 kein	
mein (my)	unser (our)
dein (your)	euer (your)
sein (his)	ihr (their)
ihr (her)	Ihr (존칭)
sein (its)	kein (no)

mein 의 변화

	m.	f.	n.	pl.
N.	mein○	mein-e	mein○	mein-e
G.	mein-es	mein-er	mein-es	mein-er
D.	mein-em	mein-er	mein-em	mein-en
A.	mein-en	mein-e	mein○	mein-e

소유대명사와 부정수사 kein 은 단수 명사와 결합하면 부정관사 어미 변화를, 복
수 명사와 결합하면 정관사 복수 어미 변화를 따른다.

1 격   Er ist *mein* Freund.

　　　「그는 나의 친구이다.」

2 격   Das ist das Haus *meines* Freundes.

　　　「그것은 나의 친구의 집이다.」

3 격   Ich schenke *meinem* Freund diesen Füller.

　　　「나는 나의 친구에게 이 만년필을 선사한다.」

4 격   Ich liebe *meinen* Freund.

　　　「나는 나의 친구를 사랑한다.」

▶ **Beruf** 직업

der Arzt 의사	der Briefträger 우편 집배원
der Pfleger 간호원	(od. der Postbote)
der Arbeiter 노동자	der Pfarrer 목사
der Gärtner 정원사	der Friseur[frizø:r] 이발사
der Sänger 가수	der Soldat 군인
der Schauspieler 배우	der Schutzmann 경찰관
der Fischer 어부	(od. der Wachtmeister)
der Bäcker 빵을 굽는 사람	der Staatsmann 정치가
der Schneider 재단사	der Landmann 농부
der Autofahrer 자동차 운전사	(od. der Bauer)
der Schaffner 차장	der Kaufmann 상인
der Schuhmacher 구두 만드는 사람	der Bergmann 광부
(od. der Schuster)	der Zimmermann 목수
der Uhrmacher 시계 만드는 사람	der Fährmann 뱃사공

◇ 명사의 반대어 ◇

* die Frage 질문
  die Antwort 대답
* das Glück 행복
  das Unglück 불행
* die Liebe 사랑
  der Haß 미움
* die Freude 기쁨
  das Leid (od. die Trauer) 슬픔
* der Himmel 하늘, 천국
  die Erde (die Hölle) 땅 (지옥)
* der Krieg 전쟁
  der Friede[n] 평화
* das Leben (die Geburt) 生 (出生)
  der Tod 死
* der Reichtum 富
  die Armut 貧
* die Komödie 희극
  die Tragödie 비극
* das Tier 동물
  die Pflanze 식물
* die Seele (der Geist) 영혼 (정신)
  der Leib (der Körper) 육체
* die Hoffnung 희망
  die Verzweiflung 절망
* die Kälte 추위
  die Wärme (od. die Hitze) 더위
* der Erfolg 성공
  der Mißerfolg 실패
* der Sieg 승리
  die Niederlage 패배
* das Land 육지
  die See (od. das Meer) 바다
* die Natur 자연
  die Kunst 인공

* die Tapferkeit 용감
  die Feigheit 비겁
* die Fähigkeit 능력
  die Unfähigkeit 무능력
* die Abfahrt (od. die Abreise) 출발
  die Ankunft 도착
* das Licht 빛
  der Schatten 그림자
* der Fortschritt 진보
  der Rückschritt 퇴보
* das Lob 칭찬
  der Tadel 비난
* die Klugheit 현명
  die Dummheit 우둔
* die Achtung 존경
  die Verachtung 멸시
* die Anwesenheit 출석
  die Abwesenheit 결석
* die Aufmerksamkeit 주의
  die Achtlosigkeit 부주의
* die Tugend 미덕
  das Laster 악덕
* der Vorteil 이익
  der Nachteil 손해
* die Erzeugung 생산
  der Verbrauch 소비
* der Gefahr 위험
  die Sicherheit 안전
* die Nachfrage 수요
  das Angebot 공급
* die Einfuhr 수입(무역)
  die Ausfuhr 수출
* das Einkommen 수입
  die Ausgabe 지출

1. Der Frühling ist wieder da. Die Lerchen fliegen singend in die Luft empor. Die warmen Sonnenstrahlen verschmelzen den Schnee und das Eis auf dem Berg und dem Feld. Der Bach rieselt durchs schattige Tal dahin. Die Kinder freuen sich den ganzen Tag im Freien des herrlichen Sonnenscheins. Die Bauern pflügen den Acker und säen die Samen. Ich atme den frischen Frühlingshauch satt und genug ein.

▦ Der Frühling ist da : 봄이 왔다 / die Lerche 종달새 / singend 「노래부르면서」 는 현재분사로서 부사로 쓰였음 / in die Luft emporfliegen : 공중으로 날아 오르다 / der Sonnenstrahl＝der Sonnenschein 햇빛 / verschmelzen 녹이다 / rieseln 졸졸 흐르다 / sich⁴ et.² freuen : ～을 기뻐하다, ～을 즐기다 / den ganzen Tag 「온종일」는 4 격 부사구 / im Freien : 밖에서, 야외에서 / ins Freie : 밖으로, 야외로 / der Bauer＝der Landmann 농부 / der Frühlingshauch 봄의 입김 / einatmen 숨을 들이 마시다

『 봄이 다시 왔다. 종달새는 지저귀며 하늘 높이 날아간다. 따뜻한 햇빛이 산과 들 위의 눈과 얼음을 녹인다. 시냇물이 그늘진 골짜기를 헤치고 졸졸 흘러 내린다. 아이들은 온종일 밖에서 화창한 햇빛을 즐긴다. 농부들은 밭을 갈고 씨를 뿌린다. 나는 이 싱그러운 봄의 입김을 마음껏 들이 마신다. 』

2. Es lief ein Hund über die Brücke und hatte ein Stück Fleisch im Maule. Als er aber den Schatten vom Fleisch im Wasser sah, dachte er, es wäre auch Fleisch, und schnappte gierig danach. Da er aber das Maul auftat, entfiel ihm das Stück Fleisch, und das Wasser führte es weg. Also verlor er beide, das Fleisch und den Schatten.

▦ Es 는 문법상의 주어이고 ein Hund 는 실제상의 주어 / die Brücke 다리 / ein Stück Fleisch : 고기 한덩이 / das Maul (동물의)입 / als 「…했을 때」는 종속접속사 / der Schatten 그림자 / denken - dachte - gedacht /es wäre auch Fleisch 는 dachte 의 내용문. es 는 den Schatten vom Fleisch 를 받고, wäre 는 내용이 비사실이므로 접속법 Ⅱ식을 사용하였음 / nach et. schnappen : ～을 덥석 물다.

danach 는 den Schatten 을 받는 인칭대명사와 전치사 nach 의 융합형 / da=weil 「…때문에」는 종속접속사 / auftun 열다, 벌리다 / jm. entfallen : ~에게서 빠져 떨어지다 / ihm 은 das Maul 을 받고, es 는 das Stück Fleisch 를 받음 / wegführ-ren 운반해 가다 / also=folglich 그러므로 / verlieren「잃다」- verlor - verloren/ beide 「둘, 양쪽」는 명사적 용법이며 das Fleisch und den Schatten 과는 동격

『개 한마리가 다리 위를 달리고 있었는데 입에는 고기 한덩이를 물고 있었다. 그런데 그가 물에 비친 고기의 그림자를 보았을 때 그것도 고기인줄로 생각하고 욕심을 부려 그것을 덥석 물었다. 그러나 그가 입을 벌렸기 때문에 고기덩이는 그의 입에서 빠져 떨어졌다. 그리하여 물이 그것을 떠내려 보냈다. 그러므로 그는 고기와 그림자 둘다 잃어 버렸다.』

3. Es war ein Tag im Sommer. Das Wetter war schön. Die Sonne schien hell und die Luft war warm und angenehm. Wir standen früh auf, denn wir wollten einen Ausflug machen. Wir aßen schnell unser Frühstück und um zehn Minuten vor acht machten wir uns auf den Weg.

▦ Es 는 때를 나타내는 비인칭주어 / das Wetter 날씨 / scheinen 빛나다, (해·달 따위가)비치다 / die Luft 공기 / angenehm 유쾌한, 기분좋은 / aufstehen 일어나다 / denn 「왜냐하면」은 등위접속사 / einen Ausflug machen : 소풍가다 / das Frühstück essen=frühstücken : 아침식사를 하다 / sich⁴ auf den Weg machen: 출발하다, 떠나다

『때는 여름 어느 날이었다. 날씨는 좋았다. 해는 밝게 비치고 공기는 따뜻하고 상쾌했다. 우리는 일찍 일어났다. 왜냐하면 우리는 소풍을 가려고 했기 때문이다. 우리는 빨리 아침식사를 하고 8시 10분 전에 출발했다.』

4. Einmal kam ein Dieb in ein Haus und ging ins Schlafzimmer. Da hörte er jemand und legte sich unters Bett. Die Frau des Hauses kam ins Zimmer und trat vor den Spiegel. Im Spiegel sah sie den Dieb unterm Bett. Aber sie blieb ganz ruhig und sagte dann laut : „Wo ist meine Uhr? Ach, ich bin aber vergeßlich! Sie liegt ja im Wohnzimmer vorm Fenster. "

Dann ging sie aus dem Zimmer und rief leise ihren Mann. Er kam schnell und packte den Dieb.

▥ der Dieb 도둑 / das Schlafzimmer 침실, das Wohnzimmer 안방 / da=dann 그 때 / jemand 누군가 / sich⁴ legen : 눕다 / unters=unter das, unterm=unter dem, vorm=vor dem / treten「걷다」 - trat - getreten, bleiben「머무르다」 blieb - geblieben, rufen「부르다」- rief - gerufen / der Spiegel 거울 / die Uhr 시 계 / vergeßlich 건망증의 / dann 그때, 그러고나서, 그러면 / packen 붙잡다

『한번은 어떤 도둑이 집안에 침입해서 침실로 들어 갔다. 그때 그 도둑은 사람 의 말소리를 듣고 침대 밑으로 숨었다. 그 집 안주인이 방으로 들어와서 거울 앞 에 다가 섰다. 거울 속에서 그녀는 침대 밑의 도둑을 보았다. 그러나 그녀는 가만 히 있다가 큰 소리로 "내 시계가 어디 있지? 아, 깜빡 잊었었구나 ! 참, 안방 창 문 앞에 있지."하고 말했다. 그러고나서 그녀는 방에서 나와 낮은 소리로 자기 남 편을 불렀다. 그는 재빨리 가서 그 도둑을 붙잡았다.』

5. Dein Bild war gut, aber es war nicht dein Bestes. Du liebst nicht die Kunst, du liebst dich selber in der Kunst. Aber jede große Kunst kommt aus dem Herzen. In deinem Bild sehe ich nicht dein Herz. Glaube mir und beginne von neuem ! Dann wirst du dich selbst finden und in dir selbst dein Herz und die wahre Kunst.

▥ das Bild 그림 / sein - war - gewesen /es 는 dein Bild 를 받음 / gut - besser - best. dein Bestes 「너의 최선[의 것]」는 형용사 혼합변화로서 중성 명사화된 것 임 / die Kunst 예술 / du selber (selbst) 「너 자신은」, dich selber (selbst) 「너 자신을」 / aus dem Herzen kommen : 마음에서 우러나오다 / glaube 와 beginne 는 du에 대한 명령형 / jm. glauben : ~의 말을 믿다 / von neuem=aufs neue 새로이 / 명령문 다음에 오는 dann 은 「그러면」의 뜻 / 「wirst … finden」은 미래 형으로서 가정 또는 추측의 의미를 가짐. dich selbst 와 dein Herz 그리고 die wahre Kunst 는 finden 의 목적어

『너의 그림은 훌륭했다. 하지만 그것은 너의 최선의 것은 아니었다. 너는 예술

을 사랑하지 않고 예술에서의 너 자신을 사랑하고 있다. 그러나 모든 위대한 예술
이란 마음에서 우러나오는 것이다. 너의 그림 속에서는 너의 마음이 보이질 않는다.
내말을 믿고 새로 시작해 보아라. 그러면 네 자신을 발견하게 될 것이고 네 자신
속에서 너의 마음과 진정한 예술을 발견하게 될 것이다.』

6. Am Abend kommt der Vater von der Arbeit nach Hause. Zu
Hause fragt er die Tochter nach dem Befinden der Mutter; denn sie
liegt seit einer Woche krank zu Bett. Der Vater geht gleich in das
Zimmer der Mutter.

Dann arbeitet er trotz seiner Müdigkeit noch im Garten. Er pflegt
gerne Blumen. In der Küche arbeitet die Tochter allein, um statt der
Mutter das Abendessen zu kochen. Dann ruft sie laut : Schon fertig !
Der Vater kommt gleich herein. Aber der Sohn kommt etwas spät mit
der Zeitung in der Hand. Dann kommt die Mutter auch ins Eßzimmer.
Zum erstenmal seit einer Woche sitzt sie wieder am Tisch.

Alle sitzen wieder ohne Sorge um den Tisch. Der Sohn bringt seinen
Radioapparat auf den Tisch. Daraus klingt Musik. Der Vater trinkt
auf das Wohl der Mutter. Dann beginnt das Essen, und dabei plaudern
alle lebhaft miteinander. Die Mutter lobt die Kochkunst ihrer Tochter.
Nach der Meinung des Sohnes ist sie nicht so gut.

註 am Abend : 저녁에 / zu Haus[e] : 집에(서) / jn. nach et. fragen : ～에게 ～을
묻다 / das Befinden 건강상태 / seit 「～이래」는 3격지배 전치사 / zu (im)
Bett liegen : 잠자리에 누워 있다 / trotz 「～에도 불구하고」, [an]statt 「～대신에」
는 2격지배 전치사 / die Müdigkeit 피로 / pflegen 돌보다, 손질하다 / um …
zu 부정형 : …하기 위하여 / fertig 다된, 끝난 / die Zeitung 신문 / zum erstenmal (letztenmal) : 처음(마지막)으로 / alle 「모든 사람들」는 부정 대명사의 복수
형 / ohne Sorge : 걱정없이 / um den Tisch sitzen : 식탁 둘레에 앉아 있다 /
daraus 는 aus seinem Radioapparat 를 말함 / auf das Wohl (die Gesundheit)
trinken : 건강을 위해 축배를 들다 / plaudern 잡담하다 / die Kochkunst 요리법

nach meiner Meinung (meiner Meinung nach) : 내 의견으로는 / sie 는 die Kochkunst 를 받음.

『 저녁에 아버지가 직장에서 집으로 돌아 오신다. 집에서 딸에게 어머니의 건강 상태를 물으신다. 왜냐하면 어머니는 일주일째 병으로 누워 계시기 때문이다. 아 버지는 바로 어머니의 방으로 들어 가신다. 그러고나서는 피곤 하신데도 불구하 고 정원에서 일하신다. 그는 꽃 가꾸는 일을 즐겨하신다. 부엌에서는 딸이 혼자 어 머니를 대신하여 저녁 밥을 짓기 위해 일한다. 그때 그녀는 큰 소리로 '이제 다 됐 어요' 하고 소리친다. 아버지가 곧 들어 오신다. 그러나 아들은 약간 늦게 손에 신 문을 들고 온다. 그 다음에 어머니도 식당으로 들어 오신다. 일주일 이래 처음으 로 어머니가 다시 식탁에 앉으셨다. 온 가족이 다시 걱정없이 식탁에 둘러 앉아 있다. 아들이 라디오를 식탁 위로 가져온다. 거기에서 음악이 울려 나온다. 아버지 는 어머니의 건강을 위해 건배 하신다. 그러고나서 식사가 시작된다. 그때는 모 두가 생기 있게 서로 잡담을 나눈다. 어머니는 딸의 요리 솜씨를 칭찬 하신다. 아 들 의견으로는 요리 솜씨가 그렇게 좋지 않다.』

7. In Deutschland besteht Schulpflicht, d. h. alle Kinder müssen in die Schule gehen, wenn sie sechs Jahre alt sind. Zuerst gehen sie in die Volksschule. Diese hat heute in den meisten Bundesländern neun Klassen. Jede Klasse dauert ein Jahr. Nach der 9. Klasse verlassen die Kinder die Schule und lernen einen Beruf. Sie sind dann drei Jahre Lehrling. Auch während dieser Zeit müssen sie mehrmals in der Woche eine Berufsschule besuchen. Am Ende ihrer Lehrzeit machen sie die Gesellen- oder die Gehilfenprüfung. Wenn sie einige Jahre als Gesellen gearbeitet haben, können sie noch die Meisterprüfung machen. Sie dürfen dann selbst Lehrlinge ausbilden.

Viele Kinder gehen aber nach vier Jahren Volksschule auf ein Gymnasium. Dort bleiben sie 9 Jahre und machen dann mit etwa 19 Jahren das Abitur, d. i. die Schlußprüfung einer höheren Schule. Wenn sie diese Prüfung bestehen, können sie ein Studium an einer Universität oder an einer Hochschule, z. B. an einer Technischen Hochschule, beginnen. Aber nicht alle diese Jungen und Mädchen studieren. Viele beginnen nach dem Abitur ihre Lehrzeit in verschiedenen Berufen. Diese dauert dann aber keine 3 Jahre, sie ist viel kürzer.

▨ bestehen 존재하다 / die Schulpflicht 취학 의무 / d. h.＝das heißt : 즉, 다시 말하면 / in die Schule gehen : 학교에 가다 / die Volksschule 국민학교, die Mittelschule 중학교, die höhere Schule＝die Oberschule 고등학교, die Hochschule (단과)대학, die Universität (종합)대학 / diese 는 지시대명사로서 diese Volksschule 를 말함 / das Bundesland 연방국 / die erste (zweite) Klasse : 1 (2)학년 / der Beruf 직업 / der Lehrling 도제(徒弟), 견습생 / die Lehrzeit 도제의 견습기간 / die Geselle 장인(匠人) (수업을 마친 도제, 즉 徒弟와 都匠의 중간) / der Gehilfe 조수 / der Meister 도장(都匠) / die Prüfung⁴ machen : 시험을치다, die Prüfung⁴ bestehen : 시험에 합격하다 / ausbilden 양성하다 / das Gymnasium 김나지움(독일의 9년제 인문고등학교) / das Abitur 김나지움의 졸업시험(대학입학을 허가하는 고교 졸업시험) / die Schlußprüfung 최종시험 / das Studium (대학에서의) 공부, 연구 / z. B.＝zum Beispiel : 예를들면 / die Technische Hochschule : 공과대학 / viel＋비교급 : 훨씬 ～한

『독일에는 취학 의무가 있다. 다시 말하면, 모든 어린이는 6세가 되면 학교에 가야 한다. 맨 먼저 그들은 국민학교에 간다. 이 국민학교에는 오늘날 대부분의 연방국에서 9학년이 있다. 매 학년은 1년간이다. 9학년이 끝난 후에 아이들은 학교를 떠나 직업 수업을 받는다. 그들은 그때 도제(徒弟) 기간이 3년이다. 이 기간중에도 그들은 일주일에 여러번 직업 학교에 나가야 한다. 그들의 도제 수업기간이 끝날 때에 그들은 장인(匠人) 시험 또는 조수 시험을 친다. 그들이 2, 3년 동안 장인으로서 일을 하고 나면 그들은 또 마이스터(都匠) 시험을 치를 수 있다. 그렇게 되면 그들 자신이 도제를 양성할 수 있게 된다. 많은 어린이들은 그러나 국민학교 4년을 마친 후에 김나지움 (고등학교)으로 간다. 그곳에서 그들은 9년간 머물다가 약 19세에 졸업 시험, 즉 고등학교의 최종 시험을 치룬다. 그들이 이 시험에 합격하면 대학교나 대학, 예를 들면 공과대학 같은 대학에서 공부를 시작할 수 있게 된다. 그러나 이 모든 소년 소녀들이 대학에 진학하는 것은 아니다. 많은 학생들이 졸업 시험 후에 여러 직종에서 도제 수업 기간에 들어간다. 이 도제 기간은 이때는 그러나 3년이 걸리지 않는다. 그 기간은 훨씬 짧다.』

8. Gott nahm ein Stück Erde und schuf daraus Adam. Dann nahm er aus Adams Brust eine Rippe und schuf Eva daraus. Gott sprach zu Adam : „Du darfst alles, was du im Paradiese findest, essen. Nur die Früchte dieses einen Baumes darfst du nicht essen, denn das ist der Baum der Erkenntnis. "

Aber die Schlange kam zu Eva und sprach: „Du sollst davon essen. Wenn du die Früchte dieses Baumes genießest, dann bist du so weise wie Gott selbst. "

Eva folgte dem Rate der schlauen Schlange und aß eine der Früchte von dem Baume der Erkenntnis. Dann sagte sie zu Adam : „Auch du sollst davon essen!" und gab ihm eine andere Frucht.

Da kam Gott zu Adam und sprach: „Du darfst nicht mehr bei mir im Paradiese wohnen. Du mußt aus diesem Garten gehen. Von heute ab kannst du nicht mehr so ruhig leben wie bisher in meinem Paradiese. Im Schweiße deines Gesichts sollst du dein Brot essen. Auch mußt du eines Tages sterben. Denn du bist Erde und mußt wieder zu Erde werden. "

▥ ein Stück Erde : 흙 한덩어리 / schaffen「창조하다」- schuf - geschaffen /daraus 는 재료의 뜻을 가진 aus 와 ein Stück Erde 를 가리키는 지시대명사 das 의 융합형 / aus Adams Brust=aus der Brust Adams / die Rippe 갈빗대 / was 는 관계대명사로서 선행사는 alles /das Paradies 낙원, 에덴의 동산 / die Frucht 열매, 과실 / dieses einen Baumes 는 형용사의 약변화, ein 이 형용사로 쓰였음 / die Erkenntnis 인식 / die Schlange 뱀 / von et. essen : ~(의 일부)을 먹다. davon 은 von den Früchten 을 말함 / genießen 즐기다, 먹다 / so … wie ~ : ~와 똑같이 / dem Rate folgen : 충고를 따르다 / eine der Früchte : 열매들 중의 하나 / von heute ab (an) : 오늘부터 / bisher 지금까지 / der Schweiß 땀 / eines Tages「어느날」는 2 격 부사구 / wieder zu Erde werden : 흙으로 돌아가다

『 하나님이 흙 한 덩어리를 집어서 그 흙으로 Adam 을 만들어 내셨다. 그러고 나서 Adam 의 가슴에서 갈빗대 하나를 취하여 그 갈빗대로 Eva 를 만드셨다. 하나님께서는 Adam 에게 "에덴 동산에 있는 것은 무엇이든 모두 네가 먹을 수 있다. 이

한나무의 열매만은 먹어서는 안된다. 왜냐하면 이것은 인식의 나무 (선악을 알게
하는 나무) 이기 때문이다. "하고 말씀 하셨다. 그러나 뱀이 Eva에게 와서 "너는
이것을 먹어야만 한다. 네가 이 나무의 열매를 먹으면 너는 하나님 자신과 똑같이
현명해 진다. "하고 말했다. Eva는 그 교활한 뱀의 권고에 따라 인식의 나무 열매
중 하나를 먹었다. 그러고나서 그녀는 Adam에게 "너도 이것을 먹어야만 한다"하고
말하고서 그에게 다른 열매 하나를 주었다. 그때 하나님께서 Adam에게 오셔서 "너
는 더 이상 내가 있는 에덴 동산에서 살 수 없다. 너는 이 동산을 떠나야 한다. 오
늘부터는 더 이상 여태까지 나의 에덴 동산에서와 같이 그렇게 편안히 살지는 못
한다. 네가 얼굴에 땀을 흘리고 빵을 먹어야 한다. 또한 어느 날엔가는 필경 죽게
된다. 왜냐하면 너는 흙이니 흙으로 돌아 가야만 할 것이니라" 하고 말씀하셨다. 』

▶ 복합명사

명사 앞에 다른 낱말이 결합되어 하나의 명사를 이룰 때 이 명사를 복합명
사라고 하는데 성(性)과 변화는 맨 끝 명사를 따르고 제 1 액센트(Hauptakzent)
는 첫 낱말에 있다. 복합명사를 구성할 때 앞에 붙는 규정어 (Bestimmungs-
wort)는 명사・형용사・부사・전치사・동사・수사 등이며 기초어(Grundwort)
는 반드시 명사이어야 한다.

* das Haus+die Frau ── → die Hausfrau [f. -en] 주부
* der Arm+das Band+die Uhr ── → die Armbanduhr [f. -en] 팔목시계
* die Geburt+der Tag+das Geschenk ── → das Geburtstagsgeschenk [n.
  -es, -e] 생일 선물
* die Woche+der Tag ── → der Wochentag [m. -es, -e] 요일
* die Schule+das Zimmer ── → das Schulzimmer [n. -s, -] 교실
* das Wort+das Buch ── → das Wörterbuch [n. -es, ¨er] 사전
* groß+die Stadt ── → die Großstadt [f.¨e] 대도시
* ja+das Wort ── → das Jawort [n. -es, -e] 승낙
* vor+die Stadt ── → die Vorstadt [f.¨e] 교외
* fahren+die Karte ── → die Fahrkarte [f. -n] 차표
* drei+das Blatt ── → das Dreiblatt [n. -es,¨er] 3 잎의 식물

第❷課 동사의 현재 인칭변화 (I)

현 재 인 칭 어 미		강변화동사 *kommen*	약변화동사 *lernen*	혼합변화동사 *bringen*
ich —— e	ich	komme	lerne	bringe
du —— st	du	kommst	lernst	bringst
er sie } —— t es	er sie } es	kommt	lernt	bringt
wir —— en	wir	kommen	lernen	bringen
ihr —— t	ihr	kommt	lernt	bringt
sie —— en	sie	kommen	lernen	bringen
Sie —— en	Sie	kommen	lernen	bringen

註 복수 1인칭·3인칭과 존칭은 동사의 부정형과 동일한 형태이다.

1) arbeiten	2) reisen	3) klingeln
ich arbeite	reise	kling[e]le
du arbeit**est**	**reist**	klingelst
er arbeitet	reist	klingelt
wir arbeiten	reisen	klingeln
ihr arbeitet	reist	klingelt
sie arbeiten	reisen	klingeln

註 ① 어간이 -d, -dm, -dn, -t, -tm, -tn, -chn, -ckn, -fn, -gn 으로 끝나는 동사
    는 du, er (sie, es), ihr 에서 발음상 e 를 넣는다.
  ② 어간이 치음 -s, -ss, -ß, -sch, -tsch, -z, -tz 로 끝나는 동사는 du 에서 -t 또
    는 -est 를 붙일 수 있다.
  ③ 어간이 -el, -er 로 끝나는 동사는 ich 에서 발음상 어간 -e 를 보통 생략한
    다.

◇ 동사의 격 지배 ◇ (js. 는 2 격, jm. 은 3 격, jn. 은 4 격)

* js. gedenken 「〜를 생각하다」   : Ich gedenke deiner immer.
* js. bedürfen 「〜를 필요로 하다」   : Der Kranke bedarf des Arztes.
* js. spotten 「〜를 비웃다」   : Er spottet seiner selbst.

* jm. begegnen「~를 만나다」　　　　　　　: Ich begegnete ihm auf der Straße.
* jm. helfen「~를 돕다」　　　　　　　　　: Er hilft mir aus der Not.
* jm. folgen「~를 따라가다」　　　　　　　: Er ist mir bis ins Haus gefolgt.
* jm. glauben「~를 믿다」　　　　　　　　: Ich glaube ihm nicht.
* jm. gehören「~에게 속하다」　　　　　　: Der Hut gehört mir.
* jm. gefallen「~의 마음에 들다」　　　　　: Sie gefällt mir.
* jm. dienen「~에게 봉사하다」　　　　　　: Der Diener dient seinem Herrn.
* jm. trauen「~를 신뢰하다」　　　　　　　: Deinem Wort traue ich unbedingt.
* jm. gelingen「~는 성공하다」　　　　　　: Es ist mir gelungen.
* jm. drohen「~를 위협하다」　　　　　　　: Er droht ihr mit dem Tode.
* jm. gleichen「~를 닮다」　　　　　　　　: Sie gleichen sich (=einander) sehr.
* jm. schreiben「~에게 편지 쓰다」　　　　: Ich habe ihm (an ihn) geschrieben.
* jm. nützen「~에게 유익하다」　　　　　　: Das Werk soll vielen Menschen nützen.
* jm. schaden「~에게 해가 되다」　　　　　: Das Rauchen schadet Ihrer Gesundheit.
* jm. gehorchen「~에게 순종하다」　　　　: Die Kinder gehorchen ihren Eltern.
* jn. grüßen「~에게 인사하다」　　　　　　: Grüßen Sie ihn von mir!
* jn. heiraten「~와 결혼하다」　　　　　　: Er hat das Mädchen geheiratet.
* jn. küssen「~에게 입맞추다」　　　　　　: Er küßt ihren (sie auf den) Mund.
* jn. anrufen「~에게 전화걸다」　　　　　　: Ich rufe Sie morgen an.
* jn. et.⁴ lehren「~에게 ~을 가르치다」: Er lehrt mich Deutsch.
* et.⁴ unterschreiben「~에 서명하다」　　: Er unterschreibt den Brief.

● sein, haben, werden 의 현재 인칭변화

부 정 형		sein	haben	werden
단　수	ich	bin	habe	werde
	du	bist	hast	wirst
	er ⎫ sie ⎬ es ⎭	ist	hat	wird
복　수	wir	sind	haben	werden
	ihr	seid	habt	werdet
	sie	sind	haben	werden
존　칭	Sie	sind	haben	werden

9. Im Hörsaal: Der Unterricht ist aus. Man geht zu Mittag essen. Ein Student aus Korea fragt einen Kommilitonen: „Wo ist die Mensa? Hier bin ich heute zum erstenmal." Der Kommilitone antwortet: „Ja, dann führe ich dich in die Mensa. Ich gehe auch dorthin." „Wie schmeckt denn das Essen dort?" „Es schmeckt nicht schlecht, und es ist billig. Wir essen eigentlich gerne dort."

In der Mensa: „Hast du Durst?" „Ja." „Was trinkst du?" „Ich möchte eine Cola." „Dann bekommst du sie bei dem Automaten dort." „Wo wohnst du?" „Ich wohne in Düsseldorf." „Bei wem?" „Provisorisch bei meiner Tante. Ihr Mann arbeitet in einer Firma dort." „Womit kommst du zur Universität? Mit dem Zug?" „Ja, mit dem Zug. Jetzt suche ich aber ein Zimmer hier."

▦ der Hörsaal 강의실 / Der Unterricht ist aus : 수업이 끝났다. aus 는 완료의 뜻으로 쓰인 부사 / zu Mittag(Abend) essen : 점심(저녁)식사를 하다. essen gehen : 식사하러 가다 / ein Student aus Korea : 한국 태생의 한 학생. Er ist aus Korea : 그는 한국 태생이다 / jn. fragen : ∼에게 묻다 / der Kommilitone (대학의) 학우 / die Mensa 학생 간이식당 / zum erstenmal (=zum ersten Mal) : 처음으로, zum letztenmal : 마지막으로 / schmecken ① ∼한 맛이 나다 ② 맛있다, 맛좋다 / denn (의문문에서) 도대체, 대관절 / Ich habe Durst (=Ich bin durstig) : 나는 목이 마르다 / möchte 는 mögen 의 접속법 Ⅱ식으로 「∼을 원하다」의 뜻 / eine Cola=eine Flasche Cola / der Automat 자동판매기 / bei+사람 : ∼집에 / provisorisch 임시의 / die Firma 회사 / Womit 는 전치사 mit 와 의문대명사 was 의 융합형 / die Universität 대학교 / mit dem Zug : 기차를 타고

『 강의실에서 : 수업이 끝났다. 사람들은 점심 식사를 하러 간다. 한국 태생의 한 학생이 급우에게 "학생 식당이 어디 있니? 이곳이 나는 오늘 처음이거든"하고 묻는다. 그 급우는 "그래, 그러면 내가 너를 학생 식당으로 안내하지. 나도 그 곳으로 가는 길이야." 하고 대답한다. "대관절 그곳 음식맛은 어떠니?" "음식맛은 나쁘지는 않아. 값도 싸고. 우리는 그곳에서 식사하기를 정말 좋아해."

학생식당에서 : "너는 목이 마르니?" "그래." "너는 무엇을 마시겠니?" "나는 콜라가 좋겠어." "그러면 저기 자동 판매기에서 콜라를 사오지." "너는 집이 어디

니 ? ” “나는 Düsseldorf 에서 살고 있어. ” “누구 집에 ? ” “임시로 나의 아주머니댁
에. 그 아주머니의 남편은 그곳에 있는 한 회사에서 일하고 있지. ” “너는 무엇을
타고 대학에 오니 ? 기차를 타고 오니 ? ” “그래, 기차를 타고. 그러나 지금 나는
이곳에 방을 하나 구하는 중이야. ” 』

1 O. Für mich bedeutet jeder Tag ein neues Leben, einen neuen
Anfang. Jeder neue Tag verlangt eine andere Arbeit von mir, und zeigt
mir eine andere Möglichkeit. Was ich gestern nicht verstand, verstehę
ich heute, und was ich heute nicht kann, werde ich morgen vielleicht
können.

▦ bedeuten 의미하다 / jeder Tag「매일」는 1 격으로서 주어로 쓰였음 / das Leben
생활, 생명, 인생 / der Anfang 시작 / et.⁴ von jm. verlangen : ∼을 ∼에게 요
구하다 / jm. et.⁴ zeigen : ∼에게 ∼을 보여주다, 가리키다 / die Möglichkeit 가
능성 (↔die Unmöglichkeit) / was 는 관계대명사이며 후행사인 지시대명사 das
가 생략되었음 / verstehen 이해하다 / vielleicht 아마도

『 나에게는 하루 하루가 새로운 생활, 새로운 시작을 의미한다. 하루 하루의 새
로운 날은 나에게 다른 일을 요구하고, 그래서 나에게 다른 가능성을 보여준다. 내
가 어제 이해하지 못한 것을 오늘 이해하게 되고, 내가 오늘 할 수 없는 것을 내
일은 아마도 할 수 있게 될 것이다. 』

1 1. Viele Menschen lieben den Sport. Deshalb sehen sie auch gern
Sportsendungen im Fernsehen. Zu den bekanntesten Sportarten gehören
überall in der Welt Fußball und Boxen. In Korea ist das Baseballspiel,
das in Deutschland kaum gespielt wird, sehr beliebt. Schon während
ihrer Schulzeit spielen viele Jungen Baseball. Einige von ihnen werden
später auch Mitglied eines Sportklubs.

▦ deshalb=deswegen=daher=darum 그때문에 / die Sendung 방송 / das Fernsehen
텔레비젼 / bekannt 알려진 / die Sportart 운동종목 / zu et. (Pl.) gehören : ∼

의 일원 (일부)이다 / überall 도처에, 어디에서나 / der Fußball 축구 / der
Baseballspiel 야구경기 / Baseball[4] (Fußball) spielen : 야구 (축구)를 하다 /
kaum 거의 ···않다 / gespielt wird 는 현재수동형 / während 「~동안에」는 2 격
지배 전치사 / die Schulzeit 학생시절 / einige von ihnen : 그들 중의 몇사람,
einige 는 부정대명사로서 정관사의 복수어미변화를 함 / später 후에, 나중에 (↔
früher) / das Mitglied 회원

『 많은 사람들이 스포츠를 좋아한다. 그래서 그들은 역시 텔레비젼의 스포츠방송
을 즐겨 본다. 세계 어디에서나 축구와 권투가 가장 잘 알려진 운동 종목에 속한
다. 독일에서는 거의 하지 않는 야구 경기가 한국에서는 매우 인기가 있다. 많은
소년들은 그들의 학생 시절 중에 이미 야구를 한다. 그들 중의 몇 사람은 후에 스
포츠클럽의 회원이 되기도 한다. 』

1 2. Seit vielen Jahren finden in Wimbledon in England sehr interessante Tennis-Meisterschaften statt. Viele Deutsche lieben das Tennis-
spiel, denn 1, 2 Millionen Deutsche sind Mitglied in einem Tennis-Verein,
und außerdem spielen noch ungefähr 800, 000 Menschen regelmäßig
Tennis, ohne in einem Verein zu sein. Aber einen international berühmten Tennisspieler gibt es leider zur Zeit in Deutschland nicht.

▦ seit vielen Jahren : 여러 해 전부터 / stattfinden 열리다, 거행되다 / die Meis-
terschaften (Pl.) 선수권대회 / Deutsche=die Deutschen 「독일사람들」은 형용사
의 명사화 / das Spiel 경기 / denn 「왜냐하면」은 등위접속사 / das Mitglied 회
원 / der Verein 협회 / außerdem 그외에 / ungefähr=etwa 약 / Tennis[4] spielen
: 테니스를 하다 / ohne ··· zu 부정형 : ···하지 않고 / der Spieler 선수 / es gibt
+4 격 : ···이 있다 / zur Zeit : 지금, 목하(目下)

『 여러 해 전부터 영국에 있는 Wimbledon 에서 매우 흥미 있는 테니스 선수권 대
회가 열리고 있다. 많은 독일인들이 테니스 경기를 좋아한다. 왜냐하면 1, 2 백만
독일인들이 테니스 협회의 회원이고 그 외에 또 약 80 만이나 되는 사람들이 협회
에 가입은 하지 않았지만 규칙적으로 테니스를 하기 때문이다. 그러나 국제적으로
이름난 테니스 선수는 유감스럽게도 지금 독일에는 없다. 』

1 3. Wenn er auf der Schule ist, dann denkt er: jetzt kann ich gar

nichts lernen, ich werde arbeiten, wenn ich erst zu Hause in meinem
Zimmer sitze. Er kommt nach Hause, sitzt an seinem Arbeitstisch,
macht sein Buch auf, denkt aber gleich: nein, zu Hause kann man doch
nichts lernen, morgen in der Schule werde ich schon alles viel besser
lernen. Dann macht er sein Buch zu und geht aus, oder schläft über
dem aufgeschlagenen Buch ein.

▦ 「Wenn …, dann …」은 상관어구 / nichts 「아무것도 (…않다)」는 부정대명사 / zu
Hause : 집에〔서〕 / nach Hause kommen : 집으로 오다 / der Arbeitstisch 공부
하는 책상 / aufmachen 열다, 펴다(↔zumachen) / viel＋비교급 : 훨씬 ∼한·
gut - besser - best / ausgehen 외출하다 / einschlafen 잠들다 / aufgeschlagen
「펼쳐진」은 aufschlagen 의 과거분사로서 형용사로 쓰였음.

『그가 학교에 있을 때는 '지금 나는 전혀 아무 것도 배울 수가 없다. 내가 집에
가서 비로소 내 방에 앉으면 공부 하리라' 하고 생각한다. 그가 집으로 와서 책상
옆에 앉아 책을 펴고는 곧 '아니야, 그렇지만 집에서는 아무것도 배울 수가 없어.
내일 학교에서 틀림없이 모든 것을 훨씬 잘 배우게 될거야.' 하고 생각한다. 그러
고 나서는 책을 덮고 밖으로 나가거나 아니면 책을 펼쳐 놓은 채 잠이 들어 버린
다.』

1 4. Ist es nicht erstaunlich, daß auch im Winter die Fische nicht in
den Seen erfrieren? Wenn z. B. 10 Grad Kälte sind und auf den Seen
eine Eisschicht liegt, dann ist die Temperatur unter dem Eis genau null
Grad. Aber im Winter bleiben die Fische dort niemals, denn sie leben
dann ganz tief unten am Grund der Seen. Hier ist es nämlich erträglich,
weil die Wassertemperatur vier Grad über Null beträgt.

▦ es 는 daß 이하를 받음 / erstaunlich 놀라운 / der Fisch 물고기 / der See〔m. -s,
-n〕 호수, die See〔f. -〕 바다 / erfrieren 얼어죽다 / 「Wenn …, dann …」은 상관
어구 / z. B.＝zum Beispiel : 예를 들면 / 10 Grad Kälte＝10 Grad unter Null :
영하 10°, 10 Grad Wärme＝10 Grad über Null : 영상 10° / die Eisschicht 빙

층 / die Temperatur 기온 / niemals 결코 …않다 / denn 「왜냐하면」은 등위접
속사이고, weil 「…때문에」은 종속접속사 / der Grund (호수·바다따위의) 바닥/
es 는 앞문장 내용의 일부를 받음 / nämlich 즉, 자세히 말하면 / erträglich 견디
어낼 수 있는 / betragen (∼의) 액수에 달하다

『 겨울에도 고기들이 호수에서 얼어죽지 않는 것은 놀라운 일이 아닌가? 이를
테면 영하 10°가 돼서 호수 위에 빙층이 생기면 얼음 밑의 기온은 정확히 0°이다.
하지만 겨울에는 고기들이 그곳에 결코 머무르지 않는다. 왜냐하면 그들은 그때는
아주 깊이 호수 밑바닥에서 살기 때문이다. 말하자면 이곳에서는 수온이 영상 4°
에 달하기 때문에 고기들이 견디어 낼 수 있는 것이다.』

1 5. Wer eine fremde Sprache beherrschen will, soll wissen, daß
zum Sprachstudium unter anderem Geduld gehört. Er muß jeden Tag
etwas lernen und keinen Tag vergehen lassen, ohne etwas gelernt zu
haben. Auch nur ein einziges neues Wort oder eine einzige Regel genügt,
um ihn vorankommen zu lassen. Er muß keine Mühe scheuen, sich
Wörter, Wendungen und die wichtigsten Regeln einzuprägen. Er muß
sich bewußt sein, daß zu diesem Zweck Wiederholung immer eines de r
besten Mittel ist. Er muß sich klar darüber sein, daß ein ungenutzt
verbrachter Tag nicht Stillstand, sondern Rückgang bedeutet. Wer einer
fremden Sprache Herr werden möchte, muß also fleißig arbeiten, regelmäßig und geduldig über Jahre hin wiederholen.

註 「Wer …, (der)…」는 관계문 / die fremde Sprache(=die Fremdsprache) : 외국
어 / das Sprachstudium 언어연구 / unter anderem=vor allem : 무엇보다도 /zu
et. gehören : ① ∼의 일부(일원)이다 ② ∼에 필요하다 / Er 는 「Wer eine
fremde Sprache beherrschen will」을 말함 / jeden Tag=alle Tage⁴ 「매일」은 4
격부사구 / ohne … zu 부정형 : …하지 않고, um … zu 부정형 : …하기 위하여
/ genügen 충분하다 / vorankommen 진보하다 / keine Mühe⁴ scheuen : 수고를
아끼지 않다 / sich³ et.⁴ einprägen : ∼을 기억에 남게 하다 / sich³ eines
Dinges bewußt sein : ∼을 알고 있다 / eines der besten Mittel 「최선의 방법
중 하나」, eines 는 부정대명사 / sich⁴ über et.⁴ klar sein : ∼에 대하여 명백히

알다. darüber 는 daß 이하를 받음 / 형용사 verbracht 는 verbringen 「(때를)
보내다」의 과거분사형인데 타동사의 과거분사가 형용사로 쓰이면 수동의 완료의
의미를 가진다 / nicht …, sondern … : …이 아니고 …이다 / eines Dinges Herr
werden : ~을 지배하다. einer fremden Sprache² Herr werden : 외국어를 마
스터하다 / möchte 「…하고싶다」는 접속법 II식으로 원망(願望)을 나타냄 / über
Jahre hin : 다년간에 걸쳐서

『외국어를 마스터 하려는 사람은 어학 공부에는 무엇보다도 인내가 필요하다는
것을 알아야 한다. 그 사람은 매일 뭔가를 배워야 하며 하루라도 뭔가를 배우지 않
고 보내는 일이 있어서는 안된다. 단 하나의 새로운 단어나 단 하나의 규칙이라도
자기를 향상시키는 데 도움을 준다. 그 사람은 단어나 숙어 그리고 가장 중요한
규칙들을 기억해 두는 노력을 게을리 해서는 안된다. 그 사람은 이러한 목적을 위
해서는 반복이 언제나 최선의 방법중 하나라는 사실을 알고 있어야 한다. 그 사람
은 무위로 보낸 하루는 정지가 아니고 후퇴를 의미한다는 것을 명백히 알아야 한
다. 외국어를 마스터하고 싶은 사람은 그러므로 열심히 공부해야 하며 규칙적으로
또한 끈기있게 다년간에 걸쳐 반복해야만 한다.』

1 6. Herr Müller will Dr. Breuer anrufen, aber er hat zu Hause kein
Telefon. Er muß zur Post gehen und dort telefonieren.

Er geht in die Post. Dort sind acht Telefonzellen. Eine Zelle ist noch
frei. Er geht in die Zelle, nimmt das Telefonbuch und sucht die Telefonnummer.

Jetzt nimmt er den Hörer ab, wirft zwei Zehnpfennigstücke ein, und
wählt die Nummer. Er dreht die Wählerscheibe sechsmal : 2, 8, 6, 0, 3, 2.
Er hört eine Stimme.

— Hier Breuer.

— Hier Robert Müller. Guten Tag, Frau Breuer ! Kann ich mit Ihrem
Mann sprechen ?

— Mein Mann ist leider nicht zu Haus. Er kommt aber um 8 Uhr
nach Haus. Wollen Sie bitte nach 8 Uhr noch einmal anrufen ?

— Das ist nicht nötig. Grüßen Sie ihn bitte von mir ! Ich danke Ihnen
und Ihrem Mann für die Einladung. Ich komme morgen abend.

— Schön, Herr Müller. Wir erwarten Sie morgen um 7 zum Abendessen. Auf Wiederhören!

— Auf Wiederhören, Frau Breuer! Herr Müller hängt den Hörer
wieder ein und verläßt die Zelle.

語 jn. anrufen : ~에게 전화를 걸다 / zu Haus[e] : 집에(서) / zur (auf die) Post
gehen : 우체국에 가다 / die Telefonzelle 전화실 / frei 비어 있는 (↔besetzt)/
den Hörer abnehmen (auflegen) : 수화기를 절어들다(내려놓다) / ein Stück
Geld : 동전 한닢 / einwerfen 던져넣다 / die Nummer⁴ (die Telefonnummer)
wählen : 전화번호를 돌리다 / die Wählerscheibe=der Wähler 다이알 / die
Stimme 목소리 / mit jm. sprechen : ~와 이야기하다 / noch einmal : 한번 더
/ Grüßen Sie ihn von mir! 그에게 내 안부를 전해 주십시오! / jm. für et.
danken : ~에게 ~에 대해 감사하다 / die Einladung 초대 / morgen abend
(früh) : 내일 저녁에(아침에) / Auf Wiederhören! (전화·라디오에서) 안녕히
계십시오! / einhängen 걸다, 매달다 / verlassen 떠나다

『Müller 씨는 Breuer 박사에게 전화를 걸려고 하지만, 집에는 전화가 없다. 그
는 우체국에 가서 그곳에서 전화를 걸어야 한다. 그는 우체국으로 들어 간다. 그곳
에는 8개의 전화실이 있다. 전화실 하나가 아직 비어 있다. 그는 전화실로 들어가
서 전화 번호부를 들고 전화번호를 찾는다. 이제 그는 수화기를 들고 10페니히 짜
리 동전 두 닢을 집어 넣고 번호를 돌린다. 그는 다이알을 여섯번 돌린다. 2, 8, 6,
0, 3, 2. 소리가 들린다.

— 여기는 Breuer 입니다.

— 여기는 Robert Müller 입니다. 안녕 하십니까, Breuer 부인! 댁의 남편과
이야기를 나눌 수 있겠읍니까?

— 저의 남편은 유감스럽게도 집에 계시지 않읍니다. 하지만 그 분은 8시에 집
으로 오십니다. 8시 이후에 한번 더 전화를 주시겠읍니까?

— 그럴 필요는 없읍니다. 그분에게 제 안부를 전해 주십시오! 댁 내외분께 초
대에 대해 감사 드립니다. 내일 저녁에 뵙겠읍니다.

— 그러시지요, Müller 씨. 내일 7시 저녁 식사에 우리는 당신을 기다리겠읍니다.
안녕히 계십시오!

안녕히 계십시오, Breuer 부인! Müller 씨는 수화기를 다시 걸어두고 전화실
을 나선다. 』

第 **3** 課   명 사 의 변 화

● 명사변화의 종합

		강 변 화			약 변 화	혼 합 변 화
		I 식	II 식	III 식		
단	N.	—	—	—	—	—
	G.	—s	—[e]s	—[e]s	—[e]n	—[e]s
수	D.	—	—[e]	—[e]	—[e]n	—[e]
	A.	—	—	—	—[e]n	—
복	N.	(··)	(··)e	··er	—[e]n	—[e]n
	G.	(··)	(··)e	··er	—[e]n	—[e]n
수	D.	(··)n	(··)en	··ern	—[e]n	—[e]n
	A.	(··)	(··)e	··er	—[e]n	—[e]n
소 속		남성명사 } 중성명사 } 의 대부분 (이외에 여성명사의 소수)			여성명사의 대 부분 (이외에 남성명 사의 소수)	남성명사와 중성 명사의 극소수

≪ 강변화 I 식에 속하는 명사 ≫

① -el, -en, -er 로 끝나는 남성·중성명사 전부 (예외 : der Bauer, der Vetter
[m. -s(-n), -n])

② -chen, -lein 으로 끝나는 중성명사 전부

③ Ge - e 형의 중성명사 전부

④ 여성명사는 die Mutter, die Tochter 둘뿐 (복수에서 모두 Umlaut를 붙임)
   * **변모음하는 명사** : 남성명사(약 20개), 여성명사(2개), 중성명사 (das Klos-
   ter 뿐)

≪ 강변화 II 식에 속하는 명사 ≫

① 단음절 남성·중성명사의 대부분

② -ig, -ich, -ing, -ling, -at 로 끝나는 남성명사 전부 (복수에서 모두 Umlaut 붙
   지 않음)

③ 단음절 여성명사 약 20개 (복수에서 모두 Umlaut를 붙임)

④ -nis, -sal 로 끝나는 여성·중성명사 전부 (복수에서 모두 Umlaut 붙지 않음)
   * **변모음하는 명사** : 남성명사(다수), 여성명사(단음절명사 전부), 중성명사
   (das, Floß, das Chor 둘뿐)

≪ 강변화 Ⅲ식에 속하는 명사 ≫

① 여성명사는 강변화 Ⅲ식에 전혀 소속되지 않는다.

② -tum 으로 끝나는 남성 · 중성명사 전부 (남성명사는 der Reichtum, der Irrtum 둘뿐)

③ 단음절 남성명사 8 개

④ 단음절 중성명사 약 50 개

✶ 변모음하는 명사 : a, o, u, au 가 있으면 복수에서 모두 Umlaut 를 붙임

≪ 약변화에 속하는 명사 ≫

① 중성명사는 약변화에 전혀 소속되지 않는다.

② 여성명사의 대부분

③ -e 로 끝나는 남성명사 전부 (예외 : der Käse [m, -s, -])

④ 어미에 액센트가 있는 외래어 남성명사 전부

≪ 혼합변화에 속하는 명사 ≫

① 여성명사는 혼합변화에 전혀 소속되지 않는다.

② -or 로 끝나는 외래어 남성명사 전부

③ 남성명사 약 20 개

④ 중성명사 약 10 개

◇ 사전 찾는 법 ◇

명사가 어느 변화에 속하는가를 사전에서는 단수 2 격과 복수 1 격형으로 표시해 두었다. 여성명사는 단수에서 무변화이므로 복수 1 격형만을 표시해 두었다. 그러므로 단수 1 격과 복수 1 격을 동시에 외우는 것이 원칙이다.

강 Ⅰ 식
- Onkel [m. -s, -] = des Onkels, die Onkel
- Vater [m. -s, ¨] = des Vaters, die Väter
- Mädchen [n. -s, -] = des Mädchens, die Mädchen
- Mutter [f. ¨] = der Mutter, die Mütter

강 Ⅱ 식
- Tisch [m. -es, -e] = des Tisches, die Tische
- Baum [m. -(e)s, ¨e] = des Baum(e)s, die Bäume
- Jahr [n. -(e)s, -e] = des Jahr(e)s, die Jahre
- * Geheimnis [n. -ses, -se] = des Geheimnisses, die Geheimnisse
- Hand [f. ¨e] = der Hand, die Hände

강 Ⅲ 식
- Mann [m. -(e)s, ¨er] = des Mann(e)s, die Männer
- Haus [n. -es, ¨er] = des Hauses, die Häuser
- Kind [n. -(e)s, -er] = des Kind(e)s, die Kinder

약 변 화
{
Junge [m. -n, -n] = des Jungen, die Jungen
Mensch [m. -en, -en] = des Menschen, die Menschen
* Herr [m. -n, -en] = des Herrn, die Herren
Frau [f. -en] = der Frau, die Frauen
Blume [f. -n] = der Blume, die Blumen
* Lehrerin [f. -nen] = der Lehrerin, die Lehrerinnen
}

혼합 변화
{
Doktor [m. -s, -en] = des Doktors, die Doktoren
Staat [m. -(e)s, -en] = des Staat(e)s, die Staaten
Auge [n. -s, -n] = des Auges, die Augen
* Herz [n. -ens, -en] = des Herzens, die Herzen
}

◇ 重 要 成 句 ◇
(명사는 모두 4격)

* Hunger haben 배가 고프다
* Durst haben 목이 마르다
* Fieber haben 열이 있다
* Kopfschmerzen haben 머리가 아프다
* Zahnschmerzen haben 이가 아프다
* Glück haben 운이 좋다
* Erfolg haben 성공하다
* Geduld haben 참다
* Eile haben 급하다, 서두르다
* Angst haben 무서워하다, 걱정하다
* Furcht haben 무서워하다
* Appetit haben 먹고 싶어하다
* Besuch (Gäste) haben 손님이〔와〕 있다
* viel Geschäft haben 바쁘다
* keine Schule haben 수업이 없다
* Spaziergang machen 산보하다
* Ausflug machen 소풍가다
* Reise machen 여행하다
* Versuch machen 시도하다
* Fortschritte machen 진보하다
* Fehler machen 오류를 범하다
* Feuer machen 불을 피우다

* Besuch machen 방문하다
* Rast machen 쉬다
* Einkäufe machen 물건을 사다
* Ausgang machen 외출하다
* Bewegung machen (체육상의) 운동을 하다
* Gebrauch machen 사용하다
* Ausnahme machen 예외로 하다
* Prüfung (Examen) machen 시험을 치다
* Prüfung (Examen) bestehen 시험에 합격하다
* Arznei (Medizin) nehmen 약을 복용하다
* Unterricht nehmen 수업을 받다
* Platz nehmen 자리를 잡다, 앉다
* Taxi nehmen 택시를 타다
* Urlaub (Ferien) nehmen 휴가를 받다
* Bad nehmen 목욕하다
* Abschied nehmen 작별하다
* Freundschaft schließen 우정을 맺다
* Vertrag schließen 계약을 맺다

* Handel schließen 거래의 계약을
  맺다
* Klavier spielen 피아노를 치다
* Violine spielen 바이얼린을 연주하다
* Tennis spielen 정구를 치다
* Fußball spielen 축구를 하다
* Karten spielen 트럼프놀이를 하다
* Rolle spielen 역할을 하다
* Preis gewinnen 상을 타다
* Sieg gewinnen 승리를 얻다
* Wette gewinnen (verlieren) 내기에
  이기다(지다)
* Schlacht gewinnen (verlieren) 전투
  에 이기다(지다)
* Rede halten 연설하다
* Vortrag halten 강연하다
* Hochzeit halten 결혼식을 거행하다
* Mund halten 입을 다물다
* Treue halten 신의를 지키다
* Versprechen (Wort) halten 약속을
  지키다
* Versprechen (Wort) brechen 약속을
  어기다
* Salz tun 소금을 치다
* Tinte tun 잉크를 넣다
* das Beste tun 최선을 다하다
* Brille tragen 안경을 쓰고 있다
* Ring tragen 반지를 끼고 있다
* Hut tragen 모자를 쓰고 있다
* Anzug tragen 옷을 입고 있다
* Krawatte tragen 넥타이를 매고 있다

* Früchte tragen 열매를 맺다
* Atem holen 숨을 들이쉬다
* Wurzel schlagen 뿌리를 박다
* Linie ziehen 선을 긋다
* Schlange stehen 장사진을 이루다
* Schi laufen (fahren) 스키이를 타다
* Schlittschuh laufen (fahren) 스케이
  트를 타다
* Sport treiben 운동을 하다
* Gymnastik treiben 체조를 하다
* Frage stellen 질문하다
* Bedingung stellen 조건을 제시하다
* Satz bilden 문장을 짓다
* Kreis bilden 원을 이루다
* Schrecken bekommen 놀라다
* Schuß bekommen 총탄을 맞다
* Auto fahren 자동차를 운전하다
* Entschluß fassen 결심하다
* Fest feiern 축제를 올리다
* Puls fühlen 맥을 짚다
* Beifall finden 찬성을 얻다, 갈채를
  받다
* Beifall klatschen 박수갈채를 보내다
* Leben führen 생활을 영위하다
* Rechnung bezahlen 계산서의 금액을
  지불하다
* Eier legen 알을 낳다
* Dienst leisten 근무하다
* Bild malen 그림을 그리다
* Gedichte schreiben 시를 쓰다
* Loch graben 구멍을 파다

1 7. Karl Heinrich war der einzige im Hause, der noch wach war. Er versuchte einzuschlafen, aber er konnte nicht. Endlich stand er auf und zündete ein Licht an. Mit dem Licht in der Hand sah er die Bilder an den Wänden aufmerksam an. Die meisten waren Photographien von Studenten, die wahrscheinlich früher einmal hier gewohnt hatten. Und jetzt war er selber Student. Dann machte er das Fenster auf und sah auf den Markt. Die Nacht war immer noch warm wie in der Mitte des Sommers. Vom Hotel, wo die Studenten ihr Fest feierten, konnte er Musik hören. Erst als es im Osten hell wurde, ging er zu Bett.

▦ der einzige im Hause, der … war: der einzige 「유일한 사람」는 명사적 용법으로 형용사의 약변화를 하며, 관계대명사 der 의 선행사 / versuchen … zu 부정형: …하려고 시도하다 / einschlafen 잠이 들다 / ein Licht⁴ anzünden (anmachen): 불을 켜다 / das Bild 그림, 사진 / aufmerksam 주의깊은 / ansehen=anschauen 보다, 바라보다 / die meisten 다음에는 Bilder 가 생략되었음 / Photographien von Studenten, die … hatten: die 는 관계대명사로서 선행사는 Studenten / wahrscheinlich=vielleicht 아마도 / er selber (selbst): 그 자신 / aufmachen 열다 (↔zumachen) / immer noch=noch immer: 여전히 / Vom Hotel, wo die Studenten … feierten: wo 는 관계부사로서 선행사는 Hotel / ein Fest⁴ feiern: 축제를 열다 / Erst als es … wurde: als 「…했을 때」는 종속접속사이고, es 는 비인칭주어 / zu (ins) Bett gehen: 취침하다

『Karl Heinrich 는 이집에서 아직 잠을 자지 않고 있는 유일한 사람이었다. 그는 잠을 이루려고 애써 보았지만 잠이 오질 않았다. 마침내 그는 일어나서 불을 켰다. 손에 불을 들고 벽에 걸려 있는 사진들을 주의깊게 살펴 보았다. 대부분의 사진들은 아마 과거에 한번 이곳에서 산 일이 있었던듯한 학생들의 사진들이었다. 그런데 지금은 그 자신이 학생인 것이다. 그러고나서 그는 창문을 열고 시장을 바라보았다. 밤은 여전히 한 여름 같이 더웠다. 학생들이 축제를 열고 있는 호텔에서는 음악 소리가 들려 왔다. 동녘이 밝아왔을 때야 비로소 그는 잠자리에 들었다.』

1 8. Sie stiegen langsam den Berg hinauf. Unter ihnen verschwand nach und nach die Stadt, auf allen Dächern lag die helle Sonne, drüben

konnte man deutlich den grünen Odenwald sehen, und nun sahen sie
im Tale auch den Fluß, den Neckar. Sie blieben eine Weile stehen und
genossen die herrliche Landschaft. Dann stiegen sie schweigend weiter
und traten durch das alte Tor in den Schloßgarten. Ein paar Führer
standen am Eingang, aber unter den alten Bäumen war alles still und
einsam. Sie gingen über die Brücke in den Hof und besichtigten das
Schloß.

▩ den Berg hinaufsteigen: 산에 오르다 / verschwinden「사라지다」- verschwand
- verschwunden / nach und nach=mit der Zeit=allmählich 점차로 / das Dach
지붕 / drüben 저편에(서) / der Odenwald 남독일에 있는 산맥 이름 / das Tal
계곡 / den Fluß 와 den Neckar 는 동격 / eine Weile 「잠깐동안」는 4 격부사구 /
stehenbleiben 선채로 있다 / genießen「즐기다」- genoß - genossen / die Landschaft
경치 / das Tor 큰문, der Tor 바보 / das Schloß 성(城) / ein paar=einige 2, 3
의 / der Führer 안내자, 지도자 / der Eingang 입구 (↔der Ausgang) / die
Brücke 다리 / der Hof 뜰, 안마당 / besichtigen 구경하다

『그들은 천천히 산에 올라갔다. 그들의 아래에선 점점 도시가 사라지고 있었고,
어느 지붕에나 밝은 햇빛이 내리쬐고 있었으며, 저편으로는 뚜렷이 푸른 Odenwald
를 볼 수 있었다. 그리고 계곡에서는 Neckar 강도 보였다. 그들은 잠시 발걸음을
멈추고 이 훌륭한 경치를 즐겼다. 그러고나서 그들은 말없이 계속 올라 옛 성문을
지나서 성내의 뜰안으로 들어갔다. 두서너명의 안내원들이 입구에 서 있었지만 고
목(古木) 아래에는 모든 것이 고요하고 쓸쓸했다. 그들은 다리를 건너 내원(內園)
으로 들어가서 성(城)을 구경하였다.』

1 9. Kyongju war einst die Hauptstadt des Silla Königreichs, welches
Korea vor ungefähr 1300 Jahren zum ersten Mal vereinigte. Die Stadt
und ihre Umgebung sind eine wahre Schatzkammer mit ihren Dutzenden
von Hügelgräbern, in denen wertvolle Gegenstände der einstigen Silla-
Könige und -Königinnen gefunden wurden. Und im ganzen Gebiet findet
man viele Überreste der koreanischen Geschichte und Kultur. Diese
Stadt wurde von der **UNESCO** zu einer der zehn historischen Stätten

der Welt ernannt. In der Nähe von Kyongju ist der Bomun Stausee jetzt voll im Betrieb.

||||||||||||||||||||||||||||||||||||||||||||||||||||||||||||||

🈩 einst=einmal 일찌기, 옛날에 / die Hauptstadt 수도(首都) / das Königreich 왕국 / welches Korea … vereinigte: welches 는 관계대명사로서 관계문의 주어이고, Korea 는 vereinigte 의 목적어 / ungefähr=etwa 약 / zum ersten Mal (zum erstenmal) : 처음으로 / vereinigen=vereinen 통일하다, 통합하다 / die Umgebung 주위, 환경 / die Schatzkammer 보고(寶庫) / das Dutzend 다스(12 개) / der Hügelgrab 구릉묘지(丘陵墓地) / denen 은 관계대명사 복수 3 격으로 선행사는 Hügelgräbern / der Gegenstand 물체, 대상 / das Gebiet 지역, 분야 / der Überrest 나머지, 페허 / die Geschichte 역사, 이야기 / eine der zehn Stätten: 10 개 지역들 중의 하나 / et.⁴ zu et. ernennen: ~을 ~에 지정하다 / in der Nähe (Ferne) : 가까운 곳(먼곳)에 / der Stausee 저수지 / im Betrieb sein : 작업중이다, (기계가) 운전중이다

『경주는 옛날 약 1300 년 전에 처음으로 한국을 통일한 신라 왕국의 수도였다. 이 도시와 이 도시의 주변 지역은 수십개의 구릉 묘지가 있는 진정한 보고(寶庫)인데, 그 구릉 묘지 안에서 옛날의 신라왕들과 여왕들의 귀중한 물건들이 발견되었다. 이 지역 어디에서나 한국 역사와 문화의 많은 잔재를 찾아 볼 수 있다. 이 도시는 UNESCO 에 의해 세계의 10 개의 역사적인 지역중 하나로 지정되었다. 경주 가까운 곳에는 보문 인공 호수가 지금 성업중에 있다.

20. Die Insel Chejudo, nur eine Flugstunde von Seoul entfernt, hat viele Sehenswürdigkeiten. Die Umgebung dieser Insel ist sehr schön. Darum besuchen viele Touristen diese Insel.

Seit gestern sind mein Freund und ich hier in Chejudo. Obgleich es regnet, besichtigen wir heute die Insel, denn wir haben leider nicht so viel Zeit. Wir bleiben nur noch zwei Tage hier, dann fahren wir nach Hause, weil unsere Ferien zu Ende sind.

Chejudo entwickelt sich immer mehr zu einem beliebten Reise- und Ferienziel mit neuen Hotels und einer Vielfalt an Sportmöglichkeiten wie Fischfang, Jagd, Golf und Bergsteigen.

▦ die Insel 섬 / nur eine Flugstunde von Seoul entfernt (= die nur … entfernt
ist)는 관계대명사와 동사가 생략된 단축문임 / eine Flugstunde 한시간의 비행
/ entfernt 먼, 떨어진 / die Sehenswürdigkeiten (Pl.) 명소(名所) / die Umgebung
주위, 환경 / darum=daher=deshalb=deswegen 그때문에 / der Tourist[turíst]
관광객 / seit gestern (heute) : 어제(오늘)부터 / obgleich=obwohl 「…에도 불구
하고」은 종속접속사 / es regnet: 비가 오다, es schneit: 눈이 오다 / besichtigen
관람하다, 시찰하다 / denn 「왜냐하면」은 등위접속사, weil 「…때문에」은 종속접
속사 / die Ferien (Pl.) 휴가, 방학 / zu Ende sein: 끝나다 / sich⁴ entwickeln :
발전하다 / immer mehr: 점점 더 많이 / das Reiseziel 여행의 목표지 / die
Vielfalt=die Vielfältigkeit 다종, 다양 / die Möglichkeit 가능성 (↔die Unmöglichkeit) / wie 「…과 같은」는 비교 또는 유사의 뜻을 가진 종속접속사 / der
Fischfang 고기잡이 / die Jagd 사냥 / das Bergsteigen 등산

『서울에서 단 한시간의 비행거리 밖에 안되는 섬, 제주도에는 많은 명소(名所)
가 있다. 이 섬의 주변 지역은 매우 아름답다. 그래서 많은 관광객들이 이 섬을 찾
는다. 어제부터 내 친구와 나는 이곳 제주도에 와 있다. 비가 오지만 우리는 오늘
이 섬을 구경한다. 왜냐하면 우리는 유감스럽게도 그렇게 많은 시간이 없기 때문
이다. 우리는 단 이틀만 더 이곳에 머문후 집으로 간다. 우리의 휴가가 끝나기 때
문이다. 제주도는 새 호텔이 있고 고기잡이, 사냥, 골프, 등산과 같은 다양한 스
포츠를 할 수 있는 인기 있는 여행의 목표지로 또한 휴가의 목표지로 발전되고 있
다.』

21. Herr Heinze hat Geburtstag. Seine Frau und seine Kinder
umarmen ihn und gratulieren. Das Geburtstagskind lächelt dankbar
und öffnet die Geschenkpakete. Die Taschenuhr und der Füller sind
von seiner Frau, das Briefpapier ist von seiner Tochter und die Brieftasche von seinem Sohn. „Ich danke euch sehr, Geschenke machen mir
viel Freude, " sagt Vater Heinze und gibt allen einen Kuß. „Kinder, der
Kaffee wird kalt!" ruft Frau Heinze. Die Familie eilt an den Kaffee-
tisch. Alle trinken, essen und erzählen und vergessen so die Zeit.
Plötzlich ruft die Tochter: „Mutti, unser Mittagessen! Es ist schon
Viertel nach elf!" Mutter und Tochter stürzen in die Küche. Auch der

Sohn hilft. Nach einer Stunde kann Frau Heinze ihrem Mann seine Lieblingsspeise servieren. Zum Dank für alles lädt Herr Heinze seine Familie zu einem Theaterbesuch ein. So endet der Tag wie ein Fest.

▦ der Geburtstag 생일 / umarmen 껴안다 / gratulieren=Glück⁴ wünschen 축하하다 / das Geburtstagskind「생일을 축하받는 사람」는 Herr Heinze 를 말함 / das Geschenkpaket 선물꾸러미 / die Taschenuhr 회중시계 / von 「~으로부터」은 3 격지배 전치사로서 출발점을 나타냄 / die Brieftasche 수첩 / jm. danken: ~에게 감사하다. euch 는 복수 2 인칭 인칭대명사 ihr 「너희들」의 3 격 (ihr, euer, euch, euch) / jm. (viel) Freude⁴ machen: ~를 (매우) 기쁘게 하다 / allen 은 부정대명사 alle 「모든 사람들」의 복수 3 격. jm. einen Kuß geben: ~에게 키스하다 / plötzlich=auf einmal 갑자기 / 15 분은 (ein) Viertel $\left(\frac{1}{4}\right)$, 30 분은 halb $\left(\frac{1}{2}\right)$, 45 분은 drei Viertel $\left(\frac{3}{4}\right)$ / in die Küche stürzen : 부엌으로 뛰어 들어가다 / die Lieblingsspeise 좋아하는 음식 / einladen 초대하다 / das Fest 축제

『Heinze 씨는 생일을 맞이한다. 그의 아내와 자녀들은 그를 껴안고 축하 인사를 한다. 생일을 축하 받는 사람(Herr Heinze)이 감사의 미소를 지으며 선물꾸러미를 펼친다. 회중 시계와 만년필은 아내의 선물이고, 편지 용지는 딸의 선물, 그리고 수첩은 아들의 선물이다. "정말 고맙구나, 너희들의 선물은 나를 매우 기쁘게 한다" 하고 아버지인 Heinze 가 말하시고는 모두에게 키스를 한다. "얘들아, 커피가 식겠다 !" 하고 Heinze 부인이 큰 소리로 말씀하신다. 가족은 서둘러 커피 탁자 옆으로 모인다. 온가족이 마시고 먹으며 이야기한다. 그렇게해서 시간가는 줄을 모른다. 갑자기 딸이 소리지르기를 : "엄마, 점심을 준비해야지요 ! 벌써 11 시 15 분이에요 !" 모녀가 부엌으로 뛰어 들어간다. 아들도 돕는다. 한 시간 후에 Heinze 부인은 자기 남편에게 그가 좋아하는 음식을 대접할 수 있게 된다. 모든 것에 대한 감사의 뜻으로 Heinze 씨는 자기 가족을 극장에 초대한다. 이렇게 하여 그날은 축제일처럼 끝난다.』

22. Heute morgen hat sich in der Neustadt ein schwerer Verkehrsunfall ereignet. Ein Personenwagen stieß an der Kreuzung Gerber- und Marktstraße mit einer voll besetzten Straßenbahn zusammen.

Der Fahrer hatte die Verkehrszeichen nicht beachtet und wollte trotz des roten Lichtes links abbiegen. Zu spät sah er, daß eine Frau mit einem kleinen Kind die Straße überqueren wollte. Er mußte den beiden Fußgängern ausweichen und stieß mit der Straßenbahn zusammen. Dabei überschlug sich der Wagen, und die Straßenbahn sprang aus den Schienen. Der Fahrer des Personenwagens und seine Begleiterin waren sofort tot, zwei Fahrgäste der Straßenbahn waren schwer verletzt.

▦ heute morgen (abend) : 오늘 아침에(저녁에) / die Neustadt 신시가지(新市街地) / der Verkehrsunfall 교통사고 / sich⁴ ereignen: 일어나다, 생기다 / der Personenwagen 승용차 / zusammenstoßen 충돌하다 / die Kreuzung 교차[점] / voll besetzt: 꽉찬 / die Straßenbahn 전차 / der Fahrer 운전사 / das Verkehrszeichen 교통표지(신호) / et.⁴ beachten: ~에 주의를 하다 / trotz「~에도 불구하고」는 2격지배 전치사 / links (rechts) abbiegen: 좌(우) 회전하다 / die Straße⁴ überqueren: 길을 횡단하다 / der Fußgänger 보행자 / jm. ausweichen : ~를 피하다 / sich⁴ überschlagen : 전복하다 / die Schiene 궤도, 레일 / die Begleiterin 동반녀 / der Fahrgast 승객 / schwer verletzt (verwundet) : 중상을 입은

『오늘 아침에 신시가지(新市街地)에서 큰 교통 사고가 일어났다. 승용차가 Gerberstr. 와 Marktstr. 교차점에서 초만원의 전차와 충돌한 것이다. 운전사가 교통 신호에 주의를 기울이지 않고 빨간 불인데도 불구하고 좌회전하려고 했다. 어떤 부인이 한 아이를 데리고 길을 건너려고 하는 것을 그가 보았을 때는 너무 늦었다. 그는 이 두 보행자를 피해야만 했고 그래서 전차와 충돌하게 되었다. 그때 자동차는 전복하고 전차는 레일에서 탈선했다. 승용차의 운전사와 그의 동반녀는 즉사하고 전차의 두 승객이 중상을 입었다.』

23. Eine Fußballmannschaft hat elf Spieler. Der Fußball ist rund. Die Spieler schießen den Ball mit den Füßen oder mit dem Kopf. Sie wollen ihn ins Tor der anderen Mannschaft schießen. Nur der Torwart darf den Ball in die Hände nehmen. Alle anderen Spieler dürfen den Ball weder mit den Händen noch mit den Armen berühren.

Ein Fußballspiel dauert anderthalb Stunden. Nach den ersten 45 Minuten gibt es eine Pause von 15 Minuten. Alle Spieler sollen die ganzen anderthalb Stunden spielen. Manchmal wird ein Spieler verletzt, und die Mannschaft muß ohne ihn weiter spielen.

Der Fußball ist aber in Deutschland sehr beliebt. In diesem Land ist dieses Spiel der Nationalsport. In der Fußballsaison gehen viele Leute dort zum Fußballspiel. Jede Stadt hat ihre eigene Mannschaft, und jedes Kind kennt die Namen der Spieler seiner Stadt. Heute ist das Fußballspiel wohl auch in allen anderen Ländern der Welt beliebt.

▦ der Fußball 축구〔공〕 / die Mannschaft 팀 / der Spieler 선수 / der Fuß 발 / der Kopf 머리 / den Ball ins Tor schießen: 공을 골안으로 차 넣다 / der Torwart 골키퍼 / weder … noch … : …도 …도 아니다 / et.[4] berühren: ~에 대다, 접촉하다 / das Spiel 경기 / anderthalb=eineinhalb : $1\frac{1}{2}$ / es gibt+4격 : ~이 있다 / die Pause 휴식 / manchmal 때때로, 이따금 /「wird … verletzt」는 수동형 / beliebt 인기있는 / die Saison [sɛzɔ́] 시즌

『한 축구팀의 선수는 11명이다. 축구공은 둥글다. 선수들은 공을 발로 차거나 머리로 받는다. 그들은 상대편 팀의 골안으로 공을 차 넣으려 한다. 골키퍼만이 공을 손에 잡을 수 있다. 다른 모든 선수는 공에 손을 대거나 팔을 멜 수 없다. 축구 경기는 1시간 30분 동안 계속된다. 전반 45분 후에 15분간 휴식을 취한다. 모든 선수는 꼭 1시간 30분 동안 경기를 해야 한다. 이따금 선수가 부상을 입는데 그러면 그 팀은 그 선수없이 계속 경기를 해야만 한다. 그렇지만 축구는 독일에서 매우 인기가 있다. 이 나라에서는 이 경기가 국기(國技)로 되어 있다. 축구 시즌에는 그곳에 있는 많은 사람들이 축구 경기를 보러 간다. 도시마다 그 도시의 독자적인 팀이 있는데, 어느 어린이나 자기 도시의 선수들 이름을 알고 있다. 오늘날 축구 경기는 아마 세계의 다른 모든 나라에서도 인기가 있는 것 같다.』

24. Vor vielen hundert Jahren trugen die Menschen ihre Lasten auf der Schulter und gingen zu Fuß von einem Ort zum andern. Später wurden Ochsen, Pferde und Esel zum Tragen der Lasten und als Reittiere benutzt. Es gab noch keine Straßen, und der Verkehr von Ort zu Ort und von Land zu Land war sehr schwer.

Nach und nach entstanden die Pfade für die Lasttiere, wodurch die Verbindungen erleichtert wurden. Die Pfade wurden breiter und ebener gemacht und gepflastert; so entstanden die Straßen. Die Wagen wurden erfunden. Sie rollten zuerst auf zwei, dann auf vier Rädern.

Als zu Beginn des 19. Jahrhunderts die Dampfmaschine erfunden wurde, kam eine große Umwälzung in den Land- und Seeverkehr. Heute kann man schnell und bequem reisen. Eine Reise, die früher Tage oder Wochen dauerte, kann heute in einigen Stunden gemacht werden, Waren und Produkte werden in kurzer Zeit überallhin geliefert.

Durch die Erfindung des Flugzeugs wurden Menschen und Länder einander noch näher gebracht. Zahlreiche Luftlinien bestehen jetzt überall und ermöglichen einen regelmäßigen Verkehr selbst zwischen entferntsten Erdteilen.

▦ die Last 짐 / die Schulter 어깨 / zu Fuß gehen : 걸어서가다 / Von einem Ort zum andern「한 장소에서 다른 장소로」, von Ort zu Ort「이 장소에서 저 장소로」, von Land zu Land「이 지방에서 저 지방으로」/「wurden … benutzt」, 「erleichtert wurden」등은 과거수동형. 과거수동 : wurde+과거분사(문미) / es gab 는 es gibt「~이 있다」의 과거형 / der Verkehr 교통 / nach und nach=mit der Zeit=allmählich 점차로 / entstehen「생기다」- entstand - entstanden, erfinden 「발명하다」- erfand - erfunden / das Pfad 좁은길 / das Lasttier 짐을 나르는 짐승 / wodurch 는 주문의 내용을 받는 관계대명사 was 와 전치사 durch 의 융합형임 / die Verbindung 결합, 연락 / das Rad 바퀴 / als「…했을 때」는 종속접속사 / die Dampfmaschine 증기기관 / die Umwälzung 혁명 / der Landverkehr 육상교통, der Seeverkehr 해상교통 / Eine Reise, die … : die 는 관계대명사 / die Ware 상품 / das Flugzeug 비행기 / noch+비교급 : 더욱~한 / die Luftlinie 항공노선 / entferntst「아주 먼」는 절대적 최상급 / der Erdteil 대륙

『수백년 전에 사람들은 그들의 짐을 어깨에 메고 날랐고 한 장소에서 다른 장소로 걸어서 다녔다. 그 후에 소나 말 그리고 당나귀가 짐을 나르는데 이용되었고 타고 다니는 짐승으로서도 이용되었다. 길이라곤 아직 없어서 이 장소에서 저 장소로 간다든지, 이 지방에서 저 지방으로 가는 교통은 매우 불편했다. 점차 짐을 나르는 짐승이 다닐 길이 생겨나 교통이 수월해졌다. 길은 보다 넓고 평탄하게 만들어지고 포장도 되었다. 그렇게 도로가 생겨났다. 마차가 발명되었다. 마차는 처음에

는 두 바퀴로 굴러갔으나 나중에는 네 바퀴로 굴렀다. 19세기초에 증기 기관이 발명되었을 때 육상 교통이나 해상 교통에 큰 혁명이 일어났다. 오늘날 사람들은 빠르고 편하게 여행을 할 수가 있다. 옛날에는 몇일이나 몇 주일 걸리던 여행이 오늘날에는 몇 시간 안에 이루어질 수 있게 되고, 상품이나 생산물들이 짧은 시간 안에 어디로든지 공급되게 된다. 비행기의 발명으로 사람과 나라는 서로가 더욱 가까워지게 되었다. 수많은 항공 노선이 이제는 곳곳에 있어서 아주 먼 대륙간까지도 정기적인 교통을 가능케 하고 있다. 』

▶ 주요 나라 · 국민 · 언어

나라	국민	언어
A. Koréa	der Koreáner	Koreánisch
Jápan	der Japáner	Japánisch
Amérika	der Amerikáner	Amerikánisch
Éngland	der Éngländer	Énglisch
Itálien	der Italiéner	Italiénisch
Spánien	der Spánier	Spánisch
Índien	der Índer	Índisch
B. Chína	der Chinése	Chinésisch
Fránkreich	der Franzóse	Französisch
Rúßland	der Rússe	Rússisch
Gríechenland	der Gríeche	Gríechisch
C. Déutschland	der Déutsche	Deutsch

註 ① -er 로 끝난 명사에 -in 을 붙이면 여성이 된다.
　　der Koreaner (한국 사람) ⟶ die Koreanerin (한국 여자)
　　der Engländer (영국 사람) ⟶ die Engländerin (영국 여자)
② -e 로 끝난 명사는 e 를 없애고 -in 을 붙이면 여성이 된다.
　　der Chinese (중국 사람) ⟶ die Chinesin (중국 여자)
　　der Franzose (프랑스 사람) ⟶ die Französin (프랑스 여자)
③ der Deutsche (독일 사람)는 형용사의 변화를 따른다.
　　　남(男)　　　　　　　　여(女)
　　Deutscher (형용사 강변화) ⟶ Deutsche
　　der Deutsche (형용사 약변화) ⟶ die Deutsche
　　ein Deutscher (형용사 혼합변화) ⟶ eine Deutsche

第 4 課   동사의 현재 인칭변화 (Ⅱ)·명령법

§1. 동사의 현재 인칭변화 (강변화)

1) 강변화동사로서 간모음(幹母音)이 a 또는 e인 것은 du와 er에서 다음과 같이
어간 모음이 변화한다.

<table>
<tr><td>

1) a 는   ──→ ä 로 (fahren)
2) 단모음 e 는 ──→ i 로 (helfen)
3) 장모음 e 는 ──→ ie 로 (sehen)

</td><td>

	fahren	*helfen*	*sehen*
ich	fahre	helfe	sehe
du	**fährst**	**hilfst**	**siehst**
er	**fährt**	**hilft**	**sieht**

</td></tr>
</table>

2) 강변화동사중 어간이 -t로 끝난 동사로서 간 모음이 변하면 (a→ä, e→i) du
에서 -st를 붙이고 er에서 인칭어미 t를 붙이지 않는다.

<table>
<tr><td>

$\dfrac{a→ä}{e→i}$ t $<$ st (halten)
                    x (gelten)

</td><td>

	halten	*gelten*
ich	halte	gelte
du	**hältst**	**giltst**
er	**hält**	**gilt**

</td></tr>
</table>

● 특수변화 동사

	nehmen	*treten*	*geben*	*laden*	*wissen*
ich	nehme	trete	gebe	lade	**weiß**
du	**nimmst**	**trittst**	**gibst**	**lädst**	**weißt**
er	**nimmt**	**tritt**	**gibt**	**lädt**	**weiß**

《 Bitte, wiederholen Sie! 》

essen:	ich esse,	du ißt,	er ißt
lesen:	ich lese,	du liest,	er liest
geben:	ich gebe,	du gibst,	er gibt
nehmen:	ich nehme,	du nimmst,	er nimmt
treten:	ich trete,	du trittst,	er tritt
halten:	ich halte,	du hältst,	er hält
laden;	ich lade,	du lädst,	er lädt

laufen:	ich laufe,	du läufst,	er läuft
werden:	ich werde,	du wirst,	er wird
haben;	ich habe,	du hast,	er hat
sein:	ich bin,	du bist,	er ist
wissen:	ich weiß,	du weißt,	er weiß

§2. 명 령 법

```
du 에  대한 명령      :  ___어간_[e]!
ihr 에  대한 명령      :  ___어간_t!
Sie 에  대한 명령      :  ___어간_en Sie!
                        (부정형)
```

부 정 형	du	ihr	Sie
1. sagen	sage!	sagt!	sagen Sie!
arbeiten	arbeite!	arbeitet!	arbeiten Sie!
kommen	komm(e)!	kommt!	kommen Sie!
gehen	geh(e)!	geht!	gehen Sie!
2. helfen	hilf!	helft!	helfen Sie!
sprechen	sprich!	sprecht!	sprechen Sie!
sehen	sieh!	seht!	sehen Sie!
lesen	lies!	lest!	lesen Sie!
3. sein	sei!	seid!	seien Sie!
haben	hab(e)!	habt!	haben Sie!
werden	werde!	werdet!	werden Sie!

① 약변화 동사(규칙동사)의 du 에 대한 명령에서는 동사 어간에 -e 를 붙인다.

② 강변화 동사(불규칙동사)의 du 에 대한 명령에서는 동사 어간에 -e 를 붙여도 무방하나 보통 붙여 쓰지 않는다.

③ 간모음 e 를 가진 강변화 동사는 du 에 대한 명령에서 e 를 i 또는 ie 로 바꾸고 어간만을 쓴다. e 이외의 모음은 절대로 변하지 않는다.

◇ 전치사격 지배 동사 ◇

* an jn. (et.⁴) denken : ～를 생각하다
  Ich denke an meine Eltern in der Heimat.
  「나는 고향에 계시는 나의 부모님을 생각한다. 」
  Ich denke jetzt an meine Kindheit.
  「나는 지금 나의 유년시절을 생각한다. 」
  Sie denkt immer nur an sich selbst.
  「그녀는 항상 자기 자신만을 생각한다. 」
* an jn. schreiben : ～에게 편지를 쓰다
  Er hat [einen Brief] an seinen Vater geschrieben.
  (=Er hat seinem Vater [einen Brief] geschrieben.)
  「그는 그의 아버지에게 편지를 썼다. 」
* an jm. (et.³) vorbeigehen : ～의 옆을 지나가다
  Mit gesenktem Haupt ging er an mir vorbei.
  「그는 고개를 숙이고 내 옆을 지나갔다. 」
  Wir gingen an seinem Haus vorbei.
  「우리는 그의 집 옆을 지나갔다. 」
* an et.³ teilnehmen : ～에 참가하다
  Ich nahm an der Sitzung nicht teil.
  「나는 회의에 참석하지 않았다. 」
* an et.³ riechen : ～의 냄새를 맡다
  Riechen Sie mal an der Rose!
  「장미꽃 냄새를 한번 맡아 보세요! 」
* an et.³ (über et.⁴) verzweifeln : ～에 절망하다
  Er verzweifelt am Leben.
  「그는 인생의 허무함을 느낀다. 」
* an einer Krankheit leiden : 어떤 병에 걸려 있다
  Er leidet an einer schweren Krankheit.
  「그는 중병을 앓고 있다. 」
* an einer Krankheit sterben : 어떤 병으로 죽다
  Er ist mit 30 Jahren an Krebs gestorben.
  「그는 30세에 암으로 죽었다. 」
* auf jn. (et.⁴) warten : ～를 기다리다
  Ich habe lange auf Sie gewartet.

「나는 오랫동안 당신을 기다렸읍니다. 」

Viele Leute warten auf den Bus.

「많은 사람들이 버스를 기다리고 있다. 」

* auf et.⁴ hoffen : ~을 기대하다

Er hofft auf die Zukunft.

「그는 미래에 기대를 걸고 있다. 」

Auch der faulste Schüler hofft auf gute Noten.

「아주 게으른 학생도 좋은 점수를 기대한다. 」

* auf et.⁴ achten : ~에 주의하다

Der Lehrer achtet auf eine gute Erziehung der Schüler.

「선생은 학생들의 훌륭한 교육에 주의를 기울인다. 」

* auf et.⁴ verzichten : ~을 포기(단념)하다

Du darfst darauf nicht verzichten.

(=Du darfst das nicht aufgeben.)

「너는 그것을 포기해서는 안된다. 」

Du mußt auf die Reise verzichten.

「너는 여행을 단념해야 한다. 」

* auf et.⁴ zugehen : ~을 향하여 가다

Er ging mit schnellen Schritten auf die Post zu.

「그는 빠른 걸음으로 우체국 쪽으로 갔다」

Es geht auf den Winter (auf Weihnachten) zu.

「겨울이(크리스마스가) 다가온다. 」

* auf et.⁴ zählen : ~에 기대를 걸다

Ich zähle auf deine Hilfe.

「나는 자네의 도움을 믿고 있네. 」

* auf et.⁴ zielen : ~을 목표로 하다

Worauf zielt deine Frage?

「너의 질문의 의도는 무엇이냐? 」

Die Bemerkung zielt auf dich.

「그 말은 너를 두고 하는 말이다. 」

* aus et. bestehen : ~으로 구성되다

Wasser besteht aus Wasserstoff und Sauerstoff.

「물은 수소와 산소로 되어 있다. 」

* aus et. stammen : ~태생(출신)이다

Er stammt aus Seoul.

「그는 서울 태생이다. 」

* für jn. sorgen : ～를 돌보다
  Der Vater sorgt für seine Familie.
  「아버지는 그의 가족을 돌본다.」
* für et. zahlen : ～의 대금을 치르다
  Er hat für das Essen gezahlt.
  「그는 식사대를 지불했다.」
* in et.⁴ versinken : ～에 몰두하다
  Er ist in Gedanken versunken.
  「그는 생각에 잠겼다.」
* mit jm. umgehen : ～와 교제하다
  Du darfst mit solchem Mädchen nicht umgehen.
  「너는 그러한 소녀와 교제해서는 안된다.」
* mit et. anfangen (beginnen) : ～을 시작하다
  Er fängt mit der Arbeit an.
  「그는 일을 시작한다.」
* mit et. zusammenstoßen : ～과 충돌하다
  An der Kreuzung ist ein Lastwagen mit einem Personenwagen zusammenge-
  stoßen.
  「십자로에서 화물자동차가 승용차와 충돌했다.」
* mit et. zusammenhängen : ～과 관계가(관련이) 있다
  Sein Tod hängt mit dem Vorfall nicht zusammen.
  (=Sein Tod steht in keinem Zusammenhang mit dem Vorfall.)
  「그의 죽음은 이 사건과는 관계가 없다.」
* mit et. zusammenfallen : ～과 일치(부합)하다
  Dieses Jahr⁴ fällt mein Geburtstag mit Weihnachten zusammen.
  「금년에 내 생일은 크리스마스와 같은 날이다.」
* nach et. verlangen : ～을 갈망하다
  Der Kranke verlangt nach Wasser.
  「그 환자는 물을 마시고 싶어한다.」
* nach et. streben : ～을 얻으려고 노력하다
  Er strebt nach dem Ziele.
  「그는 목표를 달성하려고 노력한다.」
  Er strebt danach, seine Ideale zu verwirklichen.
  「그는 자기의 이상을 실현시키려고 노력한다.」
* nach et. forschen (suchen) : ～을 탐구하다
  Wir forschen nach der Wahrheit.

「우리는 진리를 탐구한다.」

Ich habe überall nach dir gesucht.

「나는 도처에서 너를 (너의 거처를) 찾았다.」

* nach et. schmecken : ~의 맛이 나다

Die Suppe schmeckt nach Butter.

「수우프는 버터맛이 난다.」

* nach et. tasten : 손으로 더듬어 ~을 찾다

Er tastete im Dunkeln nach dem Schalter für das Licht.

「그는 어둠속에서 손으로 더듬어 전등 스위치를 찾았다.」

* über jn. (et.⁴) spotten : ~를 비웃다

Sie spottete über ihn (seine Dummheit).

「그녀는 그를 (그의 어리석음을) 비웃었다.」

* über jn. (et.⁴) urteilen : ~에 대하여 판단하다

Urteilen Sie nicht so böse über ihn (darüber)!

「그를 (그것을) 그렇게 나쁘게 생각하지 마시오!」

* um jn. trauern : ~의 죽음을 애도하다

Wir alle trauerten um ihn.

「우리 모두는 그의 죽음을 애도했다.」

* zu et. (Pl. 3 격) gehören : ~중의 하나이다

Die Schweiz gehört zu den schönsten Ländern der Welt.

「스위스는 세계에서 가장 아름다운 나라들 중의 하나이다.」

Goethe gehört zu den berühmtesten Dichtern der Welt.

「괴테는 세계에서 가장 유명한 시인들 중의 한사람이다.」

25. Herr Kim studiert in Köln. Er fährt nicht mit dem Bus, sondern er hat ein Fahrrad und fährt damit zur Universität. Er sucht im Vorort ein Zimmer. Er wohnt seit gestern bei Frau Feldmann. Er fragt sie: „Wo ist ein Kaufhaus? Ich gehe jetzt einkaufen." Sie antwortet ihm: „Warten Sie bitte, bis meine Tochter aus der Schule kommt! Dann führt sie Sie dorthin." Frau Feldmann sagt zu ihrer Tochter: „Nimm die Tasche und geh zum Kaufhaus. Hole bitte ein Päckchen Spaghetti und zehn Brötchen. Dazu noch zwei Flaschen Milch und zwei Stück Butter! Hier ist das Geld. Herr Kim fährt auch zum Kaufhaus. Führe ihn dorthin und hilf ihm beim Einkaufen! Vergiß das Geld nicht! Sei vorsichtig im Verkehr!" Sie fährt mit ihrem Rad zum Kaufhaus. Herr Kim begleitet sie. Sie zeigt ihm den Weg.

🈯 mit dem Bus (Auto) fahren : 버스(자동차)로 가다 / nicht …, sondern … : …이 아니고 …이다 / das Fahrrad 자전거 / damit 는 ein Fahrrad 를 받는 es(das)와 전 치사 mit 의 융합형 / zur Universität (Schule) gehen : 대학(학교)에 다니다 / der Vorort 교외 / seit gestern (heute) : 어제 (오늘)부터 / bei+사람 : ~집에 / jn. fragen : ~에게 묻다 / einkaufen gehen : 물건을 사러가다 / bis 「…할 때까지」는 종속접속사 / dann 그러면, 그때, 그후에 / Nimm (nehmen), geh, Hole, Führe, hilf (helfen), Vergiß (vergessen), Sei (sein) 등은 모두 du 에 대한 명령형 / ein(zwei) Päckchen Spaghetti : 한 (두)포의 스빠게띠, ein (zwei) Stück Butter : 한(두) 덩어리의 버터, eine Flasche (zwei Flaschen) Milch : 한병(두병)의 우 유 / dazu 거기다가, 덧붙여서 / jm. helfen : ~를 돕다 / der Verkehr 교통

『 김군은 Köln(대학)에서 공부하고 있다. 그는 버스로 다니질 않고, 자전거를 갖 고 있어서 그 자전거로 대학에 다닌다. 그는 교외에 방을 구한다. 그는 어제부터 Feldmann 부인댁에 거주한다. 그는 그 부인에게 "백화점은 어디에 있읍니까? 지 금 쇼핑을 하러 가려고 합니다." 라고 물었다. 그 부인은 그에게 "내딸이 학교에서 돌아올 때까지만 기다려 보세요! 그러면 그 아이에게 당신을 그곳으로 안내해 드 리도록 하지요." 라고 대답했다. Feldmann 부인은 자기딸에게 말하기를 "바구니를

들고 백화점에 다녀 오너라. 스빠게티 한포와 빵 10개를 사 가지고 오려무나. 그
밖에 또 우유 두병과 버터 한 덩어리 ! 여기에 돈이 있다. 김선생님도 백화점에
가신다. 그곳으로 안내해 드리고 물건 사실 때 도와 드려라 ! 돈을 잘 간수해라 !
길조심 하고 ! " 그녀는 자기 자전거를 타고 백화점으로 간다. 김군이 그녀를 따라
간다. 그녀는 그에게 길을 가리켜 준다.』

26. Herr Müller liest viel. Wenn er ein interessantes Buch liest,
vergißt er alles andere. Eines Tages wollte er seinen Freund abends
um 6 Uhr in der Stadt treffen. Weil er lange mit dem Bus fahren
mußte, nahm er ein Buch mit. Im Bus setzte er sich auf einen freien
Platz und begann zu lesen. Er las und las und vergaß auszusteigen.
Plötzlich merkte er, daß der Bus nicht mehr fuhr.

▦ wenn 「만약… 하면, …할 때에」, weil 「…하기 때문에」은 종속접속사 / vergessen
「잊다」- vergaß - vergessen / alles andere 「다른 모든 것」는 형용사의 약변화 /
eines Tages 「어느날」는 2격 부사구 / jn. treffen : ～를 만나다 / mit dem Bus
fahren : 버스를 타고 가다 / mitnehmen 가지고 가다 / sich⁴ setzen : 앉다 /be-
ginnen (anfangen) … zu 부정형 : …하기 시작하다 / aussteigen (차에서) 내리다(↔
einsteigen). auszusteigen 은 vergaß 의 목적어 /plötzlich = auf einmal : 갑자기
/ merken 알아채다

『 Müller 씨는 책을 많이 읽는다. 그가 재미있는 책을 읽을 때는 다른 모든 것을
잊어 버린다. 어느날 그는 자기 친구를 저녁 6시에 시내에서 만나기로 했다. 그는
오랫동안 버스를 타고 가야만 했기 때문에 책 한 권을 가지고 갔다. 버스에서 그는
빈자리에 앉아 책을 읽기 시작했다. 그는 읽고 또 읽었다. 그러다가 내리는 것을
잊어버렸다. 갑자기 그는 버스가 더 이상 가지 않는다는 것을 알았다.』

27. Viele Menschen lesen jeden Tag die Zeitung, weil sie wissen
möchten, was in ihrem Land und in der Welt geschieht. Sie lesen auch
dann die Zeitung, wenn sie die Nachrichten im Radio gehört haben,
denn die Zeitungen können viel ausführlicher berichten als das Radio.

<!-- IIIIIIIIIIIIIIIIIIIIIIIIIIIIIIIIIIIIIII-->

田 jeden Tag, 「매일」, jeden Morgen 「매일 아침」, jeden Abend 「매일 저녁」, jede Nacht 「매일밤」 등은 모두 4 격 부사구 / die Zeitung 신문 / weil 「…때문에」은 종속접속사 / was 이하는 wissen 의 목적어 /möchte 「…하고 싶다」는 mögen 의 접속법 Ⅱ식으로 원망(願望)을 나타냄 / geschehen 일어나다 / 「dann …, wenn …」 은 상관어구 / die Nachricht 소식 / denn 「왜냐하면」은 등위접속사 / viel+비교 급 : 훨씬 ~한 / 비교급+als~ : ~보다 더 /berichten 보고(보도)하다

『 많은 사람들이 매일 신문을 읽는다. 그들은 자기 나라에서 그리고 세계에서 무슨 일이 일어나고 있는지를 알고 싶어하기 때문이다. 그들은 라디오에서 뉴스를 다 들었을 때에도 신문을 읽는다. 왜냐하면 신문이 라디오 보다 훨씬 더 자세히 보도할 수 있기 때문이다. 』

28. Der Wohlstand eines Landes hängt hauptsächlich von seiner Wirtschaft und von seinem Handel ab. Wenn ein Land eine gesunde Volkswirtschaft hat, hebt sich der Lebensstandard des Volkes, und alle Menschen sind zufrieden.

Nach dem letzten Krieg befand sich Deutschland in einer hoffnungslosen Lage. Um das Land vor dem Untergang zu retten, mußte sich die Regierung vor allem bemühen, die Wirtschaft wieder in Gang zu bringen. Nach langen Jahren der Arbeit und nicht ohne die Hilfe des Auslandes war es möglich, die zerstörten Industrien wieder aufzubauen und neue Handelsverbindungen mit dem Ausland zu finden.

<!--IIIIIIIIIIIIIIIIIIIIIIIIIIIIIIIIIIIIIII-->

田 der Wohlstand 번영, 안녕 / von et. abhängen = von et. abhängig sein : ~에 달려 있다, 좌우되다 / hauptsächlich 주로 / seiner 와 seinem 은 ein Land 를 받 는 소유대명사 / die Wirtschaft 경제 / der Handel 상업, 무역 / sich⁴ heben : 오르 다, 높아지다 / der Lebensstandard 생활 수준(기준) /sich⁴ befinden : (~한 상태 에) 있다 / hoffnungslos 희망이 없는 / die Lage 상태 /um …zu 부정형 : …하기 위하여 / der Untergang 침몰, 몰락 / vor allem=vor allen Dingen : 무엇보다도 / sich⁴ bemühen : 수고(노력)하다 / et.⁴ in Gang⁴ bringen (setzen) : ~을 움직이 다, (사업 따위를) 일으키다 / ohne 「~없이」는 4격지배 전치사이며 nicht 와 결합

하여 긍정적인 의미를 나타냄 / das Ausland 외국 / es 는 aufzubauen 과 zu finden 을 받음 / die Handelsverbindung 통상관계

『 한 나라의 번영은 주로 그 나라의 경제와 무역에 좌우된다. 한 나라가 건전한 국민 경제를 가지면 국민의 생활 수준이 높아지고 모든 사람들이 만족한다.
지난 전쟁후 독일은 절망적인 상태에 처해 있었다. 나라를 멸망에서 구하기 위하여 정부는 무엇보다도 경제를 다시 일으키려는 노력을 기울여야만 했다. 여러해 애쓴 끝에 외국의 도움을 받기도 해서 파괴된 산업을 재건하고 외국과의 새로운 통상관계를 갖는 일이 가능했다.』

29. Die Katze hängt nicht so sehr am Menschen, als am Hause. Es ist ja eine bekannte Tatsache, daß es schwierig ist, mit Katzen umzuziehen. Sie kehren meist wieder in das alte gewohnte Haus zurück. Wie ganz anders ist der Hund! Ihm ist es ganz gleich, wo er sich befindet, wenn er nur möglichst nahe bei seinem Herrn sein darf.

▦ die Katze 고양이 / an jm. (et.³) hängen : ~에게 애착을 느끼다 / so ~, als (od. wie) … : …과 같이 / Es ist …, daß es … ist, mit Katzen umzuziehen : Es 는 daß 이하를 받고, es 는 mit Katzen umzuziehen 을 받음 / eine bekannte Tatsache : 잘 알려진 사실 / schwierig 어려운 (↔leicht) / umziehen 이사하다 /zurückkehren 돌아가(오)다 / Wie 문장은 감탄문 / Es ist mir gleich : 나(에게)는 아무래도 좋다. Ihm 은 der Hund 를 말하며, es 는 wo 이하를 받음 / sich⁴ befinden : (어떤 장소에) 있다 / wenn 「만약 …하면」은 종속접속사 / möglichst 가능한 한

『 고양이는 집 만큼 사람에게 애착을 갖지 않는다(사람보다 더 집에 애착을 갖는다). 고양이를 데리고 이사하는 것이 어렵다는 것은 너무나 잘 알려진 사실이다. 고양이는 대개 다시 옛날 살던 집으로 되돌아 가는 것이다. 이에 비하면 개는 정말 얼마나 다른가 ! 개는 가능한 한 자기 주인 가까이에 있을 수만 있다면 어디에 있든 개에게는 아무래도 좋다.』

30. Wenn die Minister einer neuen Regierung zum erstenmal nach einer Wahl zusammenkommen, so ist das ein aufregendes Ereignis. Vor allem interessiert sich die Presse für die Politik des neuen Kabinetts. Alle großen Zeitungen schicken ihre Berichterstatter in die Hauptstadt, weil sie erfahren wollen, wie sich die neue Regierung die Zukunft des Landes vorstellt. Die Minister haben es dann nicht leicht, auf die neugierigen Fragen der Reporter zu antworten.

▦ 「wenn ···, so (od. dann) ···」는 상관어구 / zum erstenmal=zum ersten Mal : 처음으로, zum letztenmal=zum letzten Mal : 마지막으로 / die Wahl 선택, 선거 / zusammenkommen 모이다 / aufregend 자극적인 / das Ereignis 사건 / vor allem : 무엇보다도, vor allen : 누구보다도 / sich⁴ für et. interessieren : ~에 관심·흥미를 가지다 / die Presse 신문[계] / das Kabinett 내각 / die Zeitung 신문 / der Berichterstatter = der Reporter 통신원 / die Hauptstadt 수도 / weil sie ··· wollen, wie sich ··· vorstellt: sie는 alle großen Zeitungen을 받고, wie 이하는 erfahren의 목적어 / die Zukunft 미래 / sich³ et.⁴ vorstellen : ~을 상상하다 / es는 auf ··· zu antworten을 받음 / auf die Frage antworten = die Frage⁴ beantworten : 질문에 대답하다

『 새 정부의 장관들이 선출된 후에 처음으로 회합을 가지면 이것은 매우 주목을 끌게 하는 일이다. 특히 신문계가 새 내각의 정치에 관심을 가진다. 큰 신문들은 모두 새 정부가 나라의 장래를 어떻게 구상하고 있는지를 알고자 하기 때문에 그들의 통신원들을 수도로 파견한다. 장관들은 그럴 때에 통신원들의 호기심에 찬 질문에 대답하는 것이 쉽지 않다.』

31. Diese Geschichte handelt nicht von einem Professor an der Universität, sondern von dem Lehrer einer Volksschule.

Am Ende jedes Schuljahres prüfte er die Schüler. Zu dieser Prüfung kamen auch die Eltern der Schüler und einige andere Lehrer. Jedesmal, wenn der Lehrer eine Frage stellte, hob jeder Schüler die Hand auf und der Lehrer bekam nie eine falsche Antwort. Jeder Schüler gab laut und deutlich die richtige Antwort, ob die Frage schwer oder leicht war. Niemand gab eine falsche Antwort. Alle Leute, auch die anderen Leh-rer, waren sehr erstaunt. Endlich war die Prüfung zu Ende. Ein anderer

Lehrer war neugierig. Er ging zu dem Lehrer der Volksschule und fragte ihn leise: „Wie kommt es, daß Sie nie eine falsche Antwort be- kommen?" „Das ist sehr einfach," antwortete der Lehrer, „wenn ein Schüler die richtige Antwort weiß, hebt er die rechte Hand auf, und wenn er sie nicht weiß, hebt er die linke Hand auf."

▦ die Geschichte 이야기, 역사 / von et. (über et.⁴) handeln : ～을 논하다, 다루다 / nicht …, sondern … : …이 아니고 …이다 / die Universität (종합) 대학 / die Volksshule 국민학교 / das Schuljahr 학년 / prüfen 시험하다, 검사하다 / zu dieser Prüfung : 여기에서는 「이 시험에」란 뜻이 아니고 「이번 시험에」라고 해석함이 옳음 / jedesmal 매번 / wenn이 과거 시칭과 결합하면 「…할 때마다」와 같은 반복의 뜻 / eine Frage⁴ stellen : 질문하다, eine Antwort⁴ geben : 대답하다 / die Hand⁴ aufheben : 손을 들다 / nie 결코 …않다 / falsch 틀린 (↔richtig) / ob 「… 인지」는 종속접속사 / niemand 「아무도 …않다」는 부정대명사 / zu Ende sein : 끝나다 / neugierig 호기심이 있는 / jn. fragen : ～에게 묻다 / Wie kommt es, daß Sie … bekommen? : es 는 daß 이하를 받음 / recht 오른쪽의 (↔link) / sie 는 die richtige Antwort를 받음

『 이 이야기는 대학 교수에 관한 이야기가 아니고, 어느 국민학교의 선생님에 관한 이야기다.
매학년이 끝날 무렵에 그 선생은 학생들을 시험했다. 이번 시험에는 학부모님들과 몇분의 다른 선생님들도 참석하였다. 선생이 질문을 할 때마다 매번 모든 학생이 손을 들었고 그 선생은 한번도 틀린 대답을 받지 않았다. 모든 학생은 질문이 어렵던 쉽던간에 큰 소리로 분명하게 옳은 대답을 했다. 틀린 대답을 한 사람은 한 사람도 없었다. 모든 사람들과 다른 선생님들도 매우 놀랐다. 마침내 시험이 끝났다. 다른 선생 한 분이 호기심이 났다. 그는 그 국민학교의 선생에게로 가서 낮은 소리로 "당신이 한번도 틀린 대답을 받지 않는 것은 어찌된 일입니까?" 하고 그에게 물었다. 그 선생은 대답하기를 "그것은 매우 간단한 일이지요. 어느 학생이던 옳은 답을 알면 오른손을 들고, 옳은 답을 모르면 왼손을 들지요."』

32. Es gibt in Deutschland viele Anekdoten über Dichter und Pro- fessoren. Heute werden wir zwei solche Geschichten lesen. Die erste Ge- schichte handelt von einem bekannten Dichter. Dieser bekannte Dichter heißt Ludwig Uhland und lebte in der ersten Hälfte des letzten Jahrhunderts. Er schrieb schöne Lieder und lange Gedichte, aber meistens nur sehr kurze Briefe. Einmal besuchte der alte Dichter mit seiner lieben Frau einen alten Freund. Während des Gesprächs sagte Uhland: „Jedes Ding hat zwei Seiten." Seine Frau lächelte und sagte: „Nein, ein Ding hat nicht zwei Seiten." Neugierig fragte Uhland „Was ist das? " Schnell antwortete seine Frau: „Deine Briefe haben immer nur eine Seite." Nun lachten auch der Dichter und sein alter Freund.

Die zweite Geschichte handelt von einem bekannten Professor, und Professoren sind oft zerstreut. Dieser zerstreute Professor hatte zwei Paar Schuhe, ein gelbes Paar und ein schwarzes Paar. Eines Tages zog er einen schwarzen Schuh auf seinen linken Fuß und einen gelben Schuh auf seinen rechten Fuß an. Auf der Straße blieben viele Leute stehen, sahen seine Füße an und lächelten. Endlich merkte der zerstreute Professor, warum die Leute stehenblieben und lächelten. Dann blieb er auch stehen und sagte zu ihnen : „Sie sind erstaunt, nicht wahr? Aber glauben Sie mir, zu Hause habe ich noch ein Paar wie dieses. "

▦ es gibt＋4 격 (Sg.Pl.) : ～이 있다. viele Anekdoten 은 복수 4 격 / die Anekdote 일화 / der Dichter 시인 / die Geschichte 이야기, 역사 / von et. handeln : ～을 다루다 / bekannt = berühmt 유명한 / das Lied 노래 / das Gedicht 시(詩) / während 「～동안에」는 2 격지배 전치사 / das Gespräch 대화 / das Ding 사물 / die Seite 면(面), 페이지 / lächeln 미소짓다, lachen 웃다 / Deine Briefe 당신의 편지들. 가족 관계에서는 보통 dein 을 사용하여 친근감을 나타냄 / ein (zwei) Paar Schuhe : 한 (두)켤레의 구두 / eines Tages 「어느날」, eines Abends 「어느날 저녁」, eines Nachts 「어느날 밤」 등은 2 격 부사구 / Schuh⁴ anziehen (ausziehen) : 구두를 신다(벗다). anziehen - zog an - angezogen / stehenbleiben 정지하고 있다 / ansehen 바라보다 / endlich=schließlich 마침내 / warum 이하는 merkte 의 목적어 / dann 그때, 그후에, 그러면 / nicht wahr? 그렇지 않은가? 그렇지? / jm. glauben : ～의 말을 믿다 / dies[es], jenes, das 등은 지시대명사로서 앞에 나온 명사의 성·수에 관계없이 지시할 수 있음.

『 독일에는 시인들과 교수들에 관한 일화가 많다. 오늘 우리는 두 가지의 그러한 이야기를 읽게 될 것이다. 첫번째 이야기는 한 유명한 시인에 관한 것이다. 이 유명한 시인의 이름은 Ludwig Uhland 인데 그는 지난 세기의 전반기에 살았었다. 그는 아름다운 노래와 긴 시(詩)를 썼는데 편지만은 대개 매우 짧게 썼다. 한번은 그 노시인이 자기의 사랑하는 부인과 함께 옛 친구 한분을 방문한 적이 있었다. 대화 도중에 Uhland 는 "모든 것은 양면이 있지요."라고 말했다. 그의 부인은 미소를 띄우며 "아니에요, 한가지는 양면을 지니고 있지 않습니다." 하고 말했다. 호기심이 나서 Uhland 는 "그것은 무엇이오?" 하고 물었다. 재빨리 그의 부인은 "당신의 편지는 언제나 일면만을 갖고 있어요." 라고 대답했다. 그제야 그 시인도 그의 옛 친구도 웃었다.

두번째 이야기는 어느 유명한 교수에 관한 이야기인데, 교수들은 정신이 멍할 때가 종종 있다. 이 얼빠진 교수는 두 켤레의 구두, 즉 노란색 한켤레와 검정색 한켤레를 갖고 있었다. 어느날 그는 검정 구두를 그의 왼발에, 노란 구두를 오른발에 신었다. 거리에서 많은 사람들이 걸음을 멈추고 그의 발을 바라보고는 웃었다. 마침내 그 얼빠진 교수는 어째서 사람들이 서서 웃고 있는지를 알아챘다. 그때 그도 걸음을 멈추고 그들에게 "당신네들은 놀랐지요, 그렇지요? 하지만 내발을 믿어 주시오. 집에 나는 이것(이 구두)과 같은 또 한 켤레를 갖고 있습니다." 라고 말했다.』

第 5 課   형용사의 변화

A. 형용사의 강변화 (形＋名)

형용사 앞에 관사 또는 관사류가 없이 형용사만이 명사의 부가어로 쓰일 때
형용사의 어미는 정관사와 같은 어미변화를 한다.

	m.	f.	n.	pl.
N.	-er	-e	-es	-e
G.	-es (-en)	-er	**-en**	-er
D.	-em	-er	-em	-en
A.	-en	-e	-es	-e

① 남성 2격의 형용사 어미는 명사의 2격어미
가 〈-s〉일 때 (강·혼합변화 명사)는 -en 으
로 하고, 명사의 2격 어미가 〈-n〉일 때 (약
변화 명사)는 -es 로 한다.

② 중성 2격의 형용사 어미는 언제나 -en 이다.
중성명사는 약변화 명사에 해당이 없기 때문
이다.

B. 형용사의 약변화 (der [dieser]＋形＋名)

형용사 앞에 정관사 또는 정관사류(dieser, jener, jeder, aller, mancher, solcher, welcher)가 있을 때 형용사는 약변화 어미 변화를 한다.

m.   f.   n.   pl.

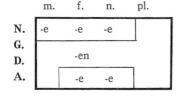

약변화 어미의 특징 : 남성 1격과 여성·중
성 1격과 4격의 5개소는 -e 이고 그 나머지
는 모두 -en 이다.

C. 형용사의 혼합변화 (ein [mein]＋形＋名)

형용사 앞에 부정관사 또는 부정관사류(소유대명사와 kein) 등이 있을 때 형용
사는 혼합변화 어미 변화를 한다.

m.   f.   n.   pl.

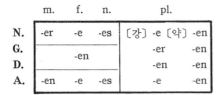

① **혼합변화의 단수 :** 단수 1격과 4격
은 정관사 어미와 같고 2격과 3격
은 모두 -en 이다.

② **혼합변화의 복수 :** 1) 부정관사 ein
은 복수형이 없기 때문에 복수에서
는 무관사가 되므로 자동적으로 **강**

변화 복수형을 취하게 된다.

③ mein 과 kein 등 부정관사류는 복수에서 정관사 어미 변화를 하므로 그 뒤에
오는 형용사는 자동적으로 **약변화 복수형**을 취하게 된다.

형용사 (부사)의 반대어

* arm　가난한
  reich　부유한
* alt　늙은 (낡은)
  jung (od. neu)　젊은 (새로운)
* kalt　추운
  warm (od. heiß)　더운 (뜨거운)
* frei　빈 (방·좌석)
  besetzt　차지된
* klug　영리한
  dumm　우둔한
* billig　값 싼
  teuer　값 비싼
* breit　넓은
  schmal　좁은
* dick　두꺼운 (뚱뚱한)
  dünn　얇은 (홀쭉한)
* kurz　짧은
  lang　긴
* nah(e)　가까운
  fern　먼
* nützlich　유익한
  schädlich　해로운
* groß　큰
  klein　작은
* langsam　느린
  schnell　빠른
* dunkel　어두운
  hell　밝은
* lebendig　살아있는
  tot　죽은
* leer　빈
  voll　가득찬
* richtig (od. recht)　올바른 (맞는)
  falsch　거짓의 (틀린)

* leicht　가벼운 (쉬운)
  schwer　무거운 (어려운)
* link(s)　왼쪽
  recht(s)　오른쪽
* fleißig　부지런한
  faul　게으른
* fett　살찐
  mager　여윈
* früh　이른
  spät　늦은
* gut　좋은
  schlecht　나쁜
* stark　강한
  schwach　약한
* viel　많은
  wenig　적은
* sauber　깨끗한
  schmutzig　더러운
* glücklich　행복한
  unglücklich　불행한
* gesund　건강한
  krank　병든
* hoch　높은
  niedrig　낮은
* tief　깊은
  seicht　얕은
* trocken　마른
  naß (od. feucht)　젖은
* oben　위에
  unten　아래에
* innen　안에
  außen　밖에
* vorn　앞에
  hinten　뒤에

◇ 전치사격 지배 형용사 ◇

＊ an et.³ schuld[ig] sein: ～에 책임이 있다
　 Ich bin an allem schuldig.
　 「모든 것은 내 책임이다.」
　 Ich bin an diesem Unfall unschuldig.
　 「나는 이번 사고에 책임이 없다.」
＊ an et.³ reich (arm) sein: ～이 풍부하다(부족하다)
　 Das Land ist reich an natürlichen Schätzen.
　 「그 나라는 천연자원이 풍부하다.」
　 Er ist arm an Mut.
　 (＝Es fehlt ihm an Mut³.)
　 「그는 용기가 없다.」
＊ auf et.⁴ aufmerksam sein: ～에 주의를 기울이다
　 Du mußt auf die Worte des Lehrers aufmerksam sein.
　 「너는 선생님의 말씀에 주의를 기울여야 한다.」
＊ auf et.⁴ stolz sein: ～을 자랑하다
　 Sie ist stolz auf ihre Schönheit.
　 「그녀는 자기의 아름다움을 자랑한다.」
＊ auf jn. ([mit] jm.) böse sein: ～에게 화내다
　 Warum sind Sie auf mich böse?
　 「왜 당신은 나에게 화내십니까?」
＊ für et. nichts übrig haben: ～에 관심이 없다.
　 Für solche Sachen habe ich nichts übrig.
　 「그러한 일에는 나는 전혀 관심이(흥미가) 없다.」
＊ mit et. zufrieden sein: ～으로 만족하다
　 Er ist mit nichts zufrieden.
　 「그는 무엇으로도 만족하지 못한다.」
＊ mit et. fertig sein: ～을 끝마치다
　 Er ist mit der Hausarbeit fertig.
　 「그는 숙제를 끝마쳤다.」
＊ mit et. einverstanden sein: ～에 동의하다
　 Ich war damit einverstanden.
　 「나는 그것에 동의했다.」
　 Mein Vater war mit unserer Heirat nicht einverstanden.
　 「나의 아버지는 우리의 결혼에 찬성하지 않았다.」
＊ mit et. beschäftigt sein: ～에 종사·몰두하다

Er ist mit der Frage beschäftigt.

「그는 그 문제에 몰두하고 있다.」

Ich war den ganzen Tag damit beschäftigt, meine Bücher zu ordnen.

「나는 하루종일 나의 책을 정리하는데에 전념했다.」

* mit jm. verwandt sein: ~와 친척이다

Er ist mit mir nah[e] (entfernt) verwandt.

「그는 나와 가까운(먼) 친척이다.」

* mit jm. vertraut sein: ~와 친하다

Ich bin mit ihm sehr vertraut.

「나는 그와 매우 친한 사이다.」

Wir sind sehr vertraut miteinander.

「우리는 서로가 매우 친한 사이다.」

* mit jm. allein sein: ~와 단둘이 있다

Er ist jetzt mit ihr allein.

「그는 지금 그녀와 단둘이 있다.」

* nach et. begierig sein: ~을 열망하다

Der Kranke ist begierig nach Wasser.

「그 환자는 물을 먹고 싶어한다.」

* über et.⁴ froh sein: ~을 기뻐하다

Er ist froh über die bestandene Prüfung.

(=Er freut sich über die bestandene Prüfung.)

「그는 시험에 합격하여 기뻐한다.」

* um jn. besorgt sein: ~를 염려(걱정)하다

Er ist sehr um seine Kinder besorgt.

「그는 자기 자녀들을 매우 걱정하고 있다.」

* von et. abhängig sein: ~에 달려있다

Alles ist von dir abhängig.

(=Alles hängt von dir ab.)

「모든 것은 너에게 달려있다.」

* von et. überzeugt sein: ~을 확신하다

Ich bin fest von seiner Unschuld überzeugt.

(=Ich überzeuge mich fest von seiner Unschuld.)

「나는 그의 무죄(결백)를 확신하고 있다.」

Ich bin fest davon überzeugt, daß er recht hat.

「나는 그가 옳다는 것을 굳게 믿고 있다.」

* voll von et. (voll et.²) sein: ~으로 가득차 있다

Der Saal ist voll von Menschen.

(=Der Saal ist voll[er] Menschen[2].)

「홀은 사람으로 가득차 있다.」

Ihre Augen sind voll von Tränen.

(=Ihre Augen sind voll[er] Tränen[2].)

「그녀의 눈은 눈물로 가득하다.」

* zu et. fertig sein: ～의 준비가 되어있다

Ich bin zur Abfahrt fertig.

「나는 떠날 준비가 되어있다.」

* zu et. (et.[2]) fähig sein: ～할 능력이 있다

Er ist zu allem fähig.

「그는 뭐든지 할 수 있다.」

Er ist keiner Lüge[2] fähig.

「그는 거짓말을 할 줄 모른다.」

* zu jm. freundlich sein: ～에게 친절하다

Die Verkäuferin ist zu jedermann freundlich.

「그 여점원은 누구에게나 친절하다.」

* über (auf) jn. ärgerlich sein: ～에게 화를 내다

Er war sehr ärgerlich auf mich.

(=Er ärgerte sich sehr über mich.)

「그는 나에게 매우 화를 냈다.」

* jm. an (in) et.[3] überlegen sein: ～에 있어서 ～보다 뛰어나다

Er ist uns allen an Kraft überlegen.

「그는 힘에 있어서는 우리들 중 누구보다도 앞선다.」

Er ist mir in jeder Beziehung überlegen.

「그는 모든 점에서 나보다 낫다.」

* jm. für et. dankbar sein: ～에게 ～에 대하여 감사하다

Ich bin Ihnen sehr dankbar für Ihre Hilfe.

(=Ich danke Ihnen sehr für Ihre Hilfe.)

「나는 당신에게 당신의 도움에 대해 매우 감사드립니다.」

* jn. mit jm. bekannt machen: ～를 ～에게 소개하다

Er machte mich mit ihr bekannt.

「그는 나를 그녀에게 소개했다.」

Darf ich Sie mit meiner Frau bekannt machen?

(=Darf ich Ihnen meine Frau vorstellen?)

「당신을 내 아내에게 소개할까요?」

33. Seoul, die Hauptstadt Koreas, ist eine alte und schöne Stadt mit einer Geschichte von mehr als 500 Jahren. Aber Seoul ist auch eine moderne Großstadt mit der Einwohnerzahl von mehr als 8 Millionen. Diese Stadt liegt etwa in der Mitte der koreanischen Halbinsel und ist das kulturelle, politische und wirtschaftliche Zentrum und gleichzeitig das Erziehungs- und Verkehrszentrum dieses Landes.

Seoul ist das Symbol der rasch heranwachsenden Republik Korea. Abends und morgens, wenn die Leute ihren Arbeitsplatz aufsuchen oder heimkehren, sind die Straßen von Seoul voll von Leuten und Wagen.

<hr>

Seoul 과 die Hauptstadt Koreas 는 동격 / die Hauptstadt 수도 / die Geschichte 역사, 이야기 / 비교급+als~ : ~보다 더. viel - mehr - meist /die Einwohnerzahl 주민의 수, 인구 / etwa=ungefähr 약, 대략 / in der Mitte: 한가운데에 / die Halbinsel 반도(半島) / wirtschaftlich 경제적인 / das Zentrum 중심[지] / gleichzeitig 동시의 / die Erziehung 교육 / der Verkehr 교통 / heranwachsend 「성장하는」는 현재분사 / die Republik Korea: 대한민국 / abends=am Abend: 저녁에, morgens=am Morgen: 아침에 / wenn 「…일 때에, 만약 … 하면」은 종속접속사 / die Leute (Pl.) 사람들 / der Arbeitsplatz 직장 /aufsuchen 찾다, 방문하다 / heimkehren 귀가(귀향)하다 / voll von et.=voll et.[2]: ~으로 가득찬 / der Wagen=das Auto 자동차

『 한국의 수도인 서울은 500년 이상의 역사를 가진 오래되고 아름다운 도시이다. 그러나 서울은 8백만 이상의 인구를 가진 현대적인 대도시이기도 하다. 이 도시는 한반도의 가운데 쯤 위치하고 있으며 문화적, 정치적, 경제적 중심지이면서 동시에 이 나라의 교육의 중심지이고, 교통의 중심지이다. 서울은 급성장하는 대한민국의 상징이다. 아침 저녁으로, 사람들이 그들의 직장에 출근하거나 귀가할 때에 서울의 거리는 사람들과 차들로 가득찬다. 』

34. Der Deogsu-Palast ist einer der Königspaläste der Yi-Dynastie. Er liegt ganz in der Nähe des Rathauses von Seoul und nicht weit vom Südtor. Es ist angenehm, eine solche Sehenswürdigkeit mitten in der Stadt zu haben. Dieser Palast ist so groß und umfangreich, daß man ziemlich lange laufen muß, um alles darin zu sehen. Es gibt darin viele alte Gebäude, die für den koreanischen Baustil charakteristisch sind, schöne Gärten, Springbrunnen und Pinakotheken. Man kann dort auch verschiedene Denkmäler aus der Yi-Dynastie wie königliche Betten, Kostüme und Geschirre sehen. Viele Leute besuchen diesen berühmten Palast. Auch viele Ausländer kommen und bewundern hier den koreanischen Baustil und das kulturelle Erbe Koreas.

▦ der Palast 궁전 / einer der Königspaläste: 궁궐들중의 하나. einer 는 부정대명사로서 정관사의 어미변화를 함 / die Dynastie 왕조 / in der Nähe: 가까운곳에 / das Rathaus 시청 / das Südtor 남대문, das Osttor 동대문 / Es 는 eine solche Sehenswurdigkeit … zu haben 을 받음 / die Sehenswürdigkeit 명소(名所) /so ∼, daß … : ∼하므로 …하다 / umfangreich 범위가 넓은, 광대한 / um … zu 부정형: …하기 위하여 / darin 은 dieser Parast 를 받는 인칭대명사와 전치사 in의 융합형 / es gibt+4 격(Sg. 또는 Pl.) : ∼이 있다 / das Gebäude 건물 / der Baustil 건축양식 / für et. charakteristisch sein: ∼의 특색이 있다 / der Springbrunnen 분수 / die Pinakothek 미술관 / verschieden 상이한, 여러가지의 / das Denkmal 기념물, 기념비 / aus 는 출처·기원의 뜻으로 쓰인 3격지배 전치사 / das Kostüm 의상, 복장 / das Geschirr 그릇, 용기 / der Ausländer 외국인 /bewundern 경탄하다 / das Erbe=die Erbschaft 유산

『덕수궁은 이씨 왕조의 왕궁들 중의 하나이다. 덕수궁은 서울 시청 아주 가까이에, 남대문에서 멀지 않은 곳에 위치하고 있다. 도시 가운데에 그러한 명소(名所)를 갖는다는 것은 기쁜 일이다. 이 궁궐은 크고 범위가 넓어서 그 안에 있는 모든 것을 구경하기 위해서는 상당히 오랫동안 걸어 다녀야만 한다. 그 안에는 한국적인 건축 양식의 특색이 있는 많은 오래된 건물과 아름다운 정원, 분수와 미술관이 있다. 그곳에서는 또한 왕의 침대와 의상과 용기류같은 이씨조선 시대의 여러가지 기념물들도 볼 수 있다. 많은 사람들이 이 유명한 궁궐을 찾는다. 많은 외국인들도 와서 이곳에서 한국의 건축 양식과 한국의 문화 유산을 보고 경탄한다.』

35. An einem schönen Sonntag machten wir einen Ausflug in die Umgebung. Bei klarem Wetter fuhren wir mit unserem eigenen Wagen

anderen Ufer sah man besonnte Weinberge. Vor einem kleinen Dorf hielt mein Vater den Wagen an und fragte einen Alten nach dem Weg. Der Alte nickte und zeigte mit seinem dicken Stock in der Richtung unseres Weges. Wir dankten ihm für seine freundliche Auskunft und fuhren weiter. Nach einer halben Stunde erreichten wir endlich unser Ziel. Der Ort war nichts Besonderes, hatte aber eine schöne gotische Kirche. Wir bewunderten das bunte Glasfenster der Kirche und aßen dann zu Mittag in einem hübschen Restaurant vor der Kirche. Die dortigen bäuerlichen Gerichte aßen wir mit großem Appetit, denn wir hatten mächtigen Hunger nach der langen Fahrt.

譁 einen Ausflug machen: 소풍가다 / die Umgebung 근교 / bei klarem Wetter: 청명한 날씨에 / der Wagen 차(車), 자동차 / die Landstraße 국도, 시골 큰 길 / am Fluß entlang＝den Fluß entlang: 강을 따라서 / das Ufer 강가 / der Weinberg 포도원 / anhalten 정지시키다 / jn. nach et. fragen: ~에게 ~을 묻다 / der Alte, ein Alter 는 형용사의 명사화 / der Stock 지팡이 / die Richtung 방향 / jm. für et. danken: ~에게 ~에 대해 감사하다 / die Auskunft 안내 / das Ziel⁴ erreichen: 목적지에 도달하다, 목적을 달성하다 / nichts 와 Besonderes 는 동격, Besonderes 는 형용사의 중성명사화임 / zu Mittag (Abend) essen: 점심 (저녁) 식사를 하다 / das Gericht 요리 / der Appetit 식욕 / die Fahrt 차타고 감, 운행

『어느 쾌청한 일요일에 우리는 근교로 소풍을 갔다. 맑은 날씨에 우리는 자가용 차를 타고 먼저 강을 따라 아름다운 시골길을 달렸다. 건너편 강가에는 양지 바른 포도원이 보였다. 한 작은 마을 입구에서 나의 아버지는 차를 세우시고 어떤 노인에게 길을 물으셨다. 그 노인은 고개를 끄떡이고 굵은 지팡이로 우리가 갈 길의 방향을 가리켰다. 우리는 그 노인에게 친절한 안내에 대해 감사하고 계속 달렸다. 반시간 후에 우리는 마침내 우리의 목적지에 도달했다. 그 장소는 별다른 특별한 장소는 아니였지만 아름다운 고딕 양식의 교회가 있었다. 우리는 그 교회의 가지 각색의 유리창을 보고 경탄했다. 그러고나서 교회 앞에 있는 아담한 식당에서 점심 식사를 했다. 그곳 시골 음식을 우리는 아주 맛있게 먹었다. 왜냐하면 우리는 오랫동안 차를 탄 뒤라서 매우 배가 고팠기 때문이었다.』

36. Jeder Deutsche spricht Deutsch, aber nicht jeder Deutsche kann jeden anderen Deutschen verstehen. Ein ungcbildeter Mann aus dem Norden Deutschlands kann einen ungebildeten Mann aus dem Süden überhaupt nicht verstehen, obgleich sie beide Deutsch sprechen. Die deutsche Sprache hat nämlich mehrere Dialekte, die sehr verschieden sind. Wenn man aber eine Zeitung aus Hamburg und eine aus München in die Hand nimmt, so sieht man gleich, daß sie beide in derselben Sprache geschrieben sind. Es gibt also eine deutsche Sprache, die jeder nur halbwegs gebildete Deutsche liest und spricht. Diese allgemeine Sprache nennt man die deutsche Schriftsprache oder das Hochdeutsche. Jeder gebildete Deutsche lernt diese Sprache schon in seiner Jugend, wenn nicht von den Eltern zu Hause, so doch in der Schule.

▦ jeder Deutsche 「모든 독일사람」는 형용사의 명사화 /(das) Deutsch=die deut-sche Sprache : 독일어 / jn. verstehen : ∼의 말을 알아듣다 / ungebildet 교양이 없는(↔gebildet) / aus dem Norden (Süden) : 북부(남부)출신의 / überhaupt 대개, 일반적으로 / obgleich=obwohl 「…에도 불구하고, 비록 …이긴 하지만」은 종속접속사 / sie beide : 그들 두사람 / nämlich 즉, 말하자면 / der Dialekt 사투리 / verschieden 상이한, 여러가지의 /「wenn …, so(dann) …」는 상관어구 / die Zeitung aus Hamburg: 함부르크에서 발행되는 신문 / eine aus München: eine 는 부정대명사로서 eine Zeitung 을 말함 / et.⁴ in die Hand nehmen : ∼을 손에 넣다 /geschrieben sind 는 상태수동 / es gibt+4 격 : ∼이 있다 / halbwegs 얼마간, 중도에서 / allgemein 일반적인 / et.⁴ et.⁴ nennen : ∼을 ∼라고 부르다 / die Schriftsprache 문(장)어, das Hochdeutsche 고지독일어(표준어) / in der Jugend : 젊었을 적에

『 독일 사람은 누구나 독일말을 하지만 독일사람이라고 해서 누구나 다 모든 상대편 독일 사람의 말을 알아 들을 수 있는 것은 아니다. 독일 북부 출신의 교양 없는 사람은 남부 출신의 교양 없는 사람의 말을, 그들 양쪽이 모두 독일말을 하긴 해도, 대개 알아 듣질 못한다. 즉 독일어에는 매우 상이한 여러가지의 방언이 있는 것이다. 그렇지만 Hamburg 에서 발행되는 신문이나 München 에서 발행되는 신문을 입수해 보면, 곧 이들 두 신문이 같은 말로 쓰여져 있는 것을 알 수 있다.

그러므로 어느 정도만이라도 교양있는 독일 사람이라면 누구나 읽고 말하는 독일어가 있는 것이다. 이러한 일반적인 언어를 독일 문장어 또는 고지 독일어라고 부른다. 교양있는 독일 사람은 누구나 이러한 언어를 자기가 젊었을 적에 이미 배운다. 가정에서 부모로부터 배우지 못하면 학교에서. 』

37. Ein Mann ritt auf seinem Esel nach Hause und ließ seinen Sohn zu Fuß nebenher laufen.

Ein Wanderer kam und sagte: „Das ist nicht recht, Vater, daß Sie reiten und Ihren Sohn laufen läßt. Sie haben stärkere Glieder." Da stieg der Vater vom Esel herab und ließ den Sohn reiten.

Wieder kam ein Wandersmann und sagte: „Das ist nicht recht, Bursche, daß du reitest und deinen Vater zu Fuß gehen läßt. Du hast jüngere Beine." Da saßen beide auf und ritten eine Strecke.

Ein dritter Wandersmann kam und sagte: „Was ist das für ein Unverstand, zwei Kerle auf einem schwachen Tier?" Da stiegen beide ab und gingen zu dritt zu Fuß.

Ein vierter Wandersmann kam und sagte: „Ihr seid drei seltsame Gesellen. Ist es nicht genug, wenn zwei zu Fuß gehen?" Da band der Vater dem Esel die Beine zusammen, der Sohn zog einen starken Baumpfahl durch, der an der Straße stand, und sie trugen den Esel auf der Achsel heim.

🔢 auf einem Esel (Pferd) reiten : 나귀(말)를 타고가다 / lassen 「…하게하다」는 준화법조동사로서 zu 없는 부정형과 결합 / zu Fuß : 걸어서 / nebenher 나란히 / der Wanderer=der Wandersmann 나그네 / Das 는 daß 이하의 내용을 가리킴 / stärker 와 jünger 는 비교급 / die Glieder (Pl.) 사지 / da=dann 그때 / vom Esel herabsteigen : 나귀에서 내리다 / der Bursche 젊은이 / das Bein 다리 / beide 「두사람」는 정관사의 복수어미변화를 함 / die Strecke 거리(距離) / Was ist das für ein Unverstand, zwei Kerle auf einem schwachen Tier? : was … für ein+명사(=was für ein+명사) : 어떤 [종류·성질의]. das 는 뒤에 오는 zwei Kerle auf einem schwachen Tier 를 가리키는 지시대명사 / das Unverstand

무분별, 몰상식 / der Kerl＝der Geselle 놈, 녀석 / das Tier 동물 / zu dritt＝
zu drei[en] : 셋이서, 셋씩 / Ist es nicht genug, wenn zwei … gehen?: es 는
wenn 이하의 내용을 받음 / dem Esel 은 소유의 3격 / zusammenbinden 한데묶
다 / durchziehen (구멍따위에) 꿰다 / der Baumpfahl 어린나무를 괴는 말뚝
/die Achsel ＝ die Schulter 어깨 / heimtragen 집으로 운반하다

『어떤 사람이 나귀를 타고 집으로 가면서 자기 아들은 옆에서 뛰어 가게 했다.
한 나그네가 오더니 "아버지 되시는 분, 당신은 타고가고 당신 아들을 뛰어가게 하
는 것은 옳지 않는 일이오. 당신은 더 튼튼한 사지를 갖고 있지 않소." 하고 말했
다. 그때 아버지는 나귀에서 내리고 아들로 하여금 타고 가게 하였다. 다시 한 나
그네가 오더니 "젊은이, 자네는 타고 가고 자네 부친을 걸어가게 하는 것은 옳지
않는 일이네. 자네는 더 싱싱한 다리를 갖고 있지 않는가." 하고 말했다. 그때 두
사람이 올라타고 얼마간의 거리를 갔다. 세번째의 나그네가 오더니 "약한 짐승 잔
등에 두녀석이 타다니 이런 몰상식한 일이 어디 있소?" 하고 말했다. 그때 두사
람이 내려 셋이서 걸어 갔다. 네번째의 나그네가 오더니 「녀희들 셋은 기이한 녀
석들이로구나. 둘이 걸어가도 충분하지 않는가?" 하고 말했다. 그때 아버지는 나
귀의 다리를 한데 묶고 아들은 길가에 서 있는 단단한 나무 말뚝을 사이에 꿰었
다. 그리고 그들은 나귀를 어깨에 메고 집으로 운반해 갔다.』

38. In Berlin lebte ein berühmter Medizinprofessor, der bei seinen
Studenten sehr gefürchtet war. Wenn er Vorsitzender in der nächsten
Prüfungskommission werden sollte, dann war stets große Aufregung,
denn er war dafür bekannt, daß er die schwierigsten Fragen stellte
und oft einen Kandidaten durchfallen ließ, wenn dieser nicht die Antwort gab, die der Professor zu hören wünschte. Hatte aber ein Kandidat
bei ihm eine Prüfung bestanden, dann brauchte er sich um seine
Zukunft keine Sorgen zu machen, denn kein Arzt konnte eine bessere
Empfehlung haben als die, von diesem Professor geprüft worden zu
sein.

▦ berühmt＝bekannt 유명한 / der Medizinprofessor 의학교수 / bei＋사람 : ～집에,
～에게서 / jn. fürchten : ～를 두려워하다. gefürchtet war 는 상태수동 / Wenn
…, dann …」은 상관어구 / Vorsitzender 「의장」는 형용사의 명사화 / die Prüfu-

ngskommission 시험위원회 / die Aufregung=die Erregung 흥분 / dafür 는 daß
이하를 받음 / eine Frage⁴ stellen : 질문하다, eine Antwort⁴ geben : 대답하다
/ der Kandidat 수험생 / lassen 「…하게하다」은 준화법조동사로서 zu 없는 부정
형과 결합 / wenn dieser nicht die Antwort gab, die der Professor zu hören
wünschte : dieser 는 지시대명사로서 「후자」의 뜻 (↔jener). die 는 관계대명사
이며 선행사는 die Antwort / wünschen … zu 부정형 : …하기를 원하다 / Hatte
aber ein Kandidat … bestanden (=Wenn aber ein Kandidat … bestanden hatte),
dann … : 전제부의 접속사 wenn 을 생략하면 정동사가 wenn 자리에 놓인다 / die
Prüfung⁴ bestehen : 시험에 합격하다, bei der Prüfung durchfallen : 시험에 떨
어지다 / brauchen … zu 부정형 : …할 필요가 있다 / die Zukunft 미래 / sich³
um et. Sorgen machen : ~을 걱정하다 / die Empfehlung 추천 / kein Arzt
konnte eine bessere Empfehlung haben als die, von diesem Professor geprüft
worden zu sein : die 는 지시대명사로서 앞의 명사 Empfehlung 의 반복을 피해
쓰였고, geprüft worden zu sein 은 수동의 완료 부정형으로 지시대명사 die 의
부가어로 쓰였음 / prüfen 시험하다, 검사하다

『Berlin 에 그의 학생들에게서 매우 두려움을 받고 있던 한 유명한 의학교수가
살았다. 그가 다음 시험위원회에 의장이 될 경우에는 언제나 크게 흥분했다. 왜냐
하면 그 교수는 아주 어려운 문제를 출제하고서 자기가 듣기를 바라는 대답을 그
수험생이 하지 못하면 번번이 수험생을 낙제시켜 버리는 것으로 유명했기 때문이
다. 하지만 수험생이 그에게서 시험에 합격을 하게되면 그는 자기의 장래를 걱정
할 필요가 없었다. 왜냐하면 어떤 의사도 이 교수에게서 테스트를 받은 추천보다
더 훌륭한 추천을 얻을 수는 없었기 때문이다.』

39. Keine Reise war bisher so eindrucksvoll für mich wie die, die
ich voriges Jahr in Deutschland machte.

Es war in der schönsten Jahreszeit im Mai. Die bunten Blumen blüh-
ten, die Vögel sangen, die Mädchen und Jungen, die zusammen spazie-
rengingen, schienen mir die glücklichsten Menschen der Welt zu sein.
Auch ich war in guter Laune, obwohl ich meine Familie zu Hause
lassen mußte. Überall, wo ich meine Bekannten besuchte, wurde ich
herzlich empfangen.

▦ bisher=bis jetzt : 지금까지 / eindrucksvoll 감명 · 인상깊은 /〔eben〕so … wie ~

: ~와 똑같이 / wie die, die ich … machte: wie die 의 die 는 앞의 Reise 를 가
리키는 지시대명사이고, 뒤의 die 는 관계대명사. eine Reise⁴ machen : 여행하다
/ voriges Jahr⁴ (=im vorigen Jahr)「지난해에, 작년에」는 4 격 부사구 / Es 는 때
를 나타내는 비인칭주어 / die Jahreszeit 계절 / spazierengehen=einen Spaziergang machen : 산보하다 / scheinen … zu 부정형 : …인 것같이 보이다 /[in od.
bei] guter Laune sein : 기분이 좋다 /obwohl=obgleich 「…에도 불구하고, 비
록 … 일지언정」는 종속접속사 / et.⁴ zu Hause lassen : ~을 집에 두고 나오다 /
überall 도처에, 어디에서나 /wo 는 관계부사이며 선행사는 Überall / der Bekannte 「아는사람」는 형용사의 명사화 / wurde … empfangen 은 과거수동

『 내가 작년에 독일에서 경험한 여행만큼 나에게 인상 깊었던 여행은 지금까지
없었다. 때는 아름다운 계절 5 월이었다. 가지 각색의 꽃들이 피고, 새들이 노래부
르며, 함께 산보하는 남녀 젊은이들이 나에게는 이 세상에서 가장 행복한 사람들
인 것같이 보였다. 비록 내 가족을 집에다 두고 와야만 했지만 나도 기분이 좋았
다. 내 친지들을 방문하는 어디에서나 나는 따뜻하게 영접을 받았다.』

40. Sie wollen Ihren Urlaub oder Ihre Ferien sicher nicht zu Haus
verbringen. Vielleicht wollen Sie in diesem Jahr einmal nach Deutschland oder Österreich fahren! Beide Länder können alle Ihre Reisewünsche erfüllen.

Wenn Sie das Meer lieben, dann fahren Sie an die Ost- oder Nordsee!
Dort finden Sie viele moderne Badeorte mit schönem Sandstrand. Wenn
Sie aber Wassersportmöglichkeiten im Binnenland suchen, dann fahren
Sie an den Bodensee, den größten Binnensee Deutschlands, an die herr-
lichen oberbayerischen Seen oder an die vielen malerischen Seen Öst-
erreichs, die in einer wundervollen Berglandschaft liegen.

Die hohen Berge Österreichs und Oberbayerns sind ebenso wie die
lieblichen Berge der deutschen Mittelgebirge ein Paradies für Bergsteiger
und Skifahrer. Bergbahnen und Skilifte bringen Sie mühelos auf die
höchsten Gipfel.

Viele Hotels, Pensionen und Gasthäuser warten auf Sie und möchten
Ihnen Ihren Ferienaufenthalt so schön wie möglich machen.

Wenn Sie bequem und sorglos reisen wollen, dann gehen Sie zu Ihrem nächsten Reisebüro. Das nimmt Ihnen alle Arbeit ab. Die Reisebüros suchen Ihnen die besten Verkehrsverbindungen, besorgen Ihnen die Fahr- oder Flugkarte und bestellen Ihnen auch ein Zimmer an Ihrem Ferienort. Sie können dort auch die Adressen guter Hotels und die genauen Preise für Übernachtung, Frühstück und die übrigen Mahlzeiten erfahren.

Und nun eine recht gute Fahrt und herzlich willkommen in Deutschland und Österreich!

▦ der Urlaub 휴가, die Ferien (Pl.) 방학 / zu Haus : 집에(서) / verbringen＝zubringen (때를)보내다 /(das) Österreich 오스트리아 / einen Wunsch erfüllen : 소원을 이루워주다 / das Meer＝die See 바다, der See 호수 / der Badeort 온천장 / der Sandstrand 모래사장 / die Wassersportmöglichkeit 수상경기의 기회 / das Binnenland 내륙(內陸) / den Bodensee 와 den größten Binnensee 는 동격 / die Berglandschaft 산의 경치 /hoch 「높은」는 부가어로 쓰일 때 hoh 가 됨 / ebenso wie〜 : 〜와 똑같이 / das Mittelgebirge 중간높이 (1000m 내외)의 산맥 / der Bergsteiger 등산가 / die Bergbahn 등산 철도 / der Skilift 스키이 케이블카 / der Gipfel 꼭대기 / die Pension 하숙집 / auf jn. warten : 〜를 기다리다 / der Aufenthalt 체류 / so 〜 wie möglich : 가능한〜하게 / das Reisebüro 여행사 / Das 는 앞의 Reisebüro 를 가리킴 / jm. et.⁴ abnehmen : (무엇)을 (누구)대신으로 도맡다 / die Verkehrsverbindung 교통관계 / die Übernachtung 숙박 / die Mahlzeit 식사

『 당신은 당신의 휴가나 방학을 틀림없이 집에서 보내려고 하시지는 않겠지요. 아마 금년에는 한번 독일이나 오스트리아로 가 보시기를 바라겠지요. 이 두 나라는 당신의 모든 여행의 소망을 충족시켜 줄 수 있읍니다. 당신이 바다를 좋아하시면 동해나 북해로 가 보십시오 ! 그곳에는 아름다운 모래 사장이 있는 현대식 온천장이 있읍니다. 그러나 내륙(內陸)에서 수상 경기의 기회를 찾으신다면 독일에서 가장 큰 호수인 Bodensee 나, 훌륭한 상부 바이에른의 호수나 경탄할만한 산의 경치에 둘러 쌓여 있는 오스트리아의 수많은 그림같은 호수로 가 보십시오. 오스트리아와 상부 바이에른의 높은 산들은 독일의 높이가 중간 정도 되는 산맥의 경치좋은 산들과 똑같이 등산가나 스키이 타는 사람들에게는 낙원같은 곳입니다. 등산 철

도와 스키이용 케이불카가 당신을 힘들지 않게 가장 높은 꼭대기로 실어다 줍니
다. 많은 호텔, 여인숙과 여관이 당신을 기다리고 있으며 당신에게 휴가중의 체류
를 가능한 즐겁게 해 드릴 것입니다. 당신이 편안하게 아무 격정없이 여행하시려
면 가까운 여행사로 가 보십시오. 그 여행사가 모든 일을 당신 대신 말아 해줍니
다. 여행사는 당신에게 최선의 교통 관계를 알선해 주며 차표나 비행기표를 주선
해 주고 휴가지에서의 방도 예약해 줍니다. 당신은 그곳에서 좋은 호텔의 주소
와 숙박, 아침식사, 그리고 그의 식사의 정확한 요금도 알 수 있읍니다. 그러면 아
주 즐거운 여행이 되시길 바라며 독일과 오스트리아에 오시는 것을 진심으로 환영
합니다 ! 』

▶ **Sprichwörter** 속담

* Aller Anfang ist schwer.
  (만사의 시초는 어려운 법.)
* Übung macht den Meister.
  (노력은 성공의 어머니.)
* Ohne Fleiß, kein Preis.
  (노력 없이는 댓가 없다.)
* Kein Meister fällt vom Himmel.
  (날 때부터 천재는 없다.)
* Steter Tropfen höhlt den Stein.
  (끊임없이 떨어지는 물방울은. 바위를 뚫는다.)
* Zeit und Stunde warten nicht.
  (세월은 기다림이 없다.)
* Frisch gewagt ist halb gewonnen.
  (시작은 반이다.)
* Alles hat seine Zeit.
  (만사는 때가 있는 법.)
* Ohne Saat, keine Ernte.
  (씨를 뿌리지 않고서는 거둘 수 없다.)
* Ende gut, alles gut.
  (끝이 좋아야 만사가 좋다.)

第 ❻ 課 전 치 사

A. 2 격지배 전치사

(an)statt ～대신에	außerhalb ～외부에
während ～동안에	innerhalb ～내부에, ～이내에
wegen ～때문에	oberhalb ～상부에
trotz(=ungeachtet) ～에도 불구하고	unterhalb ～하부에
diesseit(s) ～이쪽에	unweit (=unfern) ～에서 멀지 않는
jenseit(s) ～저쪽에	곳에
um ... willen ～을 위하여	

① wegen 은 명사 뒤에도 놓일 수 있다.
② um ... willen 은 2 격 명사를 um 과 willen 사이에 둔다.

B. 3 격지배 전치사

aus ～에서부터	seit ～이래로
bei ～옆에, ～집에, ～때에	außer ～밖에, ～을 제외하고
mit ～와 함께, ～로	gegenüber ～맞은편에
nach ～을 향하여, ～후에,	entgegen ～을 향하여,
～에 의하면	～을 반대하여
von ～으로부터, ～에 관하여,	gemäß ～에 따라서
～에 의하여, ～의	zuwider ～에 반하여
zu ～에게, ～로	

* gegenüber, entgegen, gemäß, zuwider, nach (～에 의하면)는 보통 명사
뒤에 놓인다.

C. 4 격지배 전치사

durch ～을 통과하여, ～을 통하여,	um ～주위에
～으로 인하여	bis ～까지
gegen ～을 향하여 (대항하여)	wider ～에 반대하여
für ～을 위하여	entlang ～을 따라서
ohne ～없이	

① bis 다음에 3·4격지배 전치사가 올 때는 언제나 4격지배이다.

② entlang 은 언제나 명사 뒤에 놓인다.

D. 3·4격지배 전치사

an ∼가에 (∼가로)	auf ∼위에 (∼위로)
hinter ∼뒤에 (∼뒤로)	in ∼안에 (∼안으로)
neben ∼옆에 (∼옆으로)	über ∼위에 (∼위로)
unter ∼아래에 (∼아래로)	vor ∼앞에 (∼앞으로)
zwischen ∼사이에 (∼사이로)	

* 사람 또는 사물의 정지 상태이거나 일정한 장소 내에서의 운동을 나타낼 때
는 3격을 지배하고, 운동의 방향을 가리킬 때는 4격을 지배한다(3정, 4동).

▶ 전치사의 목적어가 명사 또는 대명사가 아니고 zu 부정법(不定法)이거나,
daß 로 인도되는 부문(副文)일 경우에는 「da(r)＋전치사」의 융합형을 써서 뒤에 오
는 zu 부정구나 daß 로 인도되는 종속절(부문)을 받는다.

* Ich danke dir *dafür*, mir geholfen *zu* haben.

　「나는 너에게 나를 도와준데 대해 감사한다.」

* Die Kinder freuen sich *darauf*, in den Sommerferien an die See *zu* fahren.

　「아이들은 여름방학에 바다로 가는 것을 고대하고 있다.」

* Die Freude des Lebens liegt *darin* das Glück nicht außer sich, sondern in sich
　zu haben.

　「인생의 기쁨은 행복을 자기 밖에서가 아니라 자기 안에 갖는데에 있다.」

* Ich bin ihm *dafür* dankbar, *daß* er mir geholfen hat.

　「나는 그가 나를 도와준데 대해 감사한다.」

* Die Frau freute sich *darüber daß* ihr Mann gestern sicher in Hamburg ankam.

　「그 부인은 자기의 남편이 무사히 함부르크에 도착한 것을 기뻐했다.」

* Wir sind *damit* zufrieden, *daß* unser Volk einen guten Präsidenten gewählt
　hat.

　「우리는 우리국민이 훌륭한 대통령을 선출한 것에 만족한다.」

◇ 重 要 成 句 ◇

* an die See (ans Meer) gehen : 바다로 가다
* an den See gehen : 호수로가다
* ans Fenster gehen : 창가로가다
* ans Ufer gehen : 물가로가다
* an[s] Land gehen : 상륙하다
* auf den Acker gehen : 밭으로가다
* auf die Schule gehen : 학교에 다니다 (=die Schule besuchen)
* auf die Wiese gehen : 초원으로 가다
* aufs Feld gehen : 들로가다
* aufs Land gehen : 시골로 가다
* auf die Jagd gehen : 사냥하러 가다
* in den Zoo gehen : 동물원으로 가다
* in die Stadt gehen : 시내로 가다
* in die Heimat gehen : 고향으로 가다
* in die Sommerfrische gehen : 피서지에 가다
* in [die] Gesellschaft gehen : 모임에 가다
* ins Kino gehen : 영화관에 가다
* ins Theater gehen : 극장에 가다
* ins Zimmer gehen : 방으로 들어가다
* ins Warenhaus gehen : 백화점에 가다
* ins Dorf gehen : 마을로 가다
* ins Gebirge (in die Berge) gehen : 산으로 가다
* ins Ausland (ins fremde Land) gehen : 외국으로 가다
* ins Feld (zu Felde) gehen : 전쟁터로 가다
* ins Konzert gehen : 음악회에 가다
* ins Meer fließen : 바다로 흘러 들어가다
* nach Haus gehen : 집으로 가다
* nach der Stadt gehen : 도시로 가다
* über das Meer gehen : 해외로 가다
* zu Fuß gehen : 걸어서 가다
* zu (ins) Bett gehen : 취침하다
* zum Bahnhof gehen : 역으로 가다
* zum (auf den) Markt gehen : 시장에 가다
* zum Fenster gehen : 창문쪽으로 가다
* zum Arzt gehen : 의사에게 가다
* zum Baden gehen : 목욕하러 가다
* zum Friseur gehen : 이발소에 가다
* zum Bier gehen : 맥주를 마시러 가다
* zur (in die) Schule gehen : 학교에 가다
* zur (in die) Kirche gehen : 교회에 가다
* zur Fabrik gehen : 공장에 가다
* zur (auf die) Post gehen : 우체국에 가다
* zur Bank gehen : 은행에 가다
* zur Apotheke gehen : 약국에 가다
* zur Arbeit gehen : 일하러 가다
* zur Wahl gehen : 투표하러 가다
* zur Ruhe gehen : 취침하다 (=sich[4] zur Ruhe begeben)

41. Peter hat eine Einladung zum Abendessen bei Familie Schmidt. Nach der Arbeit geht er zuerst in ein Blumengeschäft und kauft Blumen für Frau Schmidt. Um acht Uhr klingelt er bei Familie Schmidt. Der Hausherr öffnet die Tür. Seine Frau arbeitet noch in der Küche. Herr Schmidt führt den Gast in das Wohnzimmer. Bald kommt auch Frau Schmidt. Sie grüßt Peter und dankt ihm herzlich für die Blumen. Dann bittet sie zu Tisch. Sie reicht Schinken, Wurst und Käse. Der Schinken schmeckt Peter besonders gut. Nach dem Essen bringt Herr Schmidt eine gute Flasche Wein. Das Gespräch macht viel Vergnügen, und bald sind alle in fröhlicher Stimmung. Schließlich erzählt Herr Schmidt von seiner Reise nach Österreich. Der Abend ist sehr nett. Erst um Mitternacht geht Peter nach Hause. „Gute Nacht! Und vielen Dank für den netten Abend!" „Nichts zu danken. Angenehme Ruhe!"

🈯 die Einladung 초대 / bei+사람 : ~집에 / das Blumengeschäft 꽃가게 / klingeln 초인종을 울리다 / der Hausherr 집주인, 가장 / die Küche 부엌 / der Gast 손님 / das Wohnzimmer 안방, 거실 / jn. grüßen : ~에게 인사하다 / jm. für et. danken : ~에게 ~에 대해 감사하다 / zu Tisch bitten : 식사를 하도록 이르다 / der Schinken 햄 / din Wurst 소세지 / der Käse 치즈 / schmecken ① ~한 맛이 나다 : Es schmeckt süß (bitter). 단(쓴)맛이 난다 ② 맛이 좋다 : Es schmeckt [gut]. 그것은 맛이 좋다, Es schmeckt mir nicht. 그것은 나에게는 맛이 없다 / eine Flasche (zwei Flaschen) Wein : 포도주 한병(두병) / das Gespräch 대화 / Vergnügen⁴ machen : 즐겁게하다 /alle 「모든 사람들」는 부정대명사로서 정관사의 복수 어미변화를 함 / die Stimmung 분위기 / um Mitternacht : 자정에 / Guten Morgen! Guten Tag! Guten Abend! Gute Nacht! Angenehme Ruhe! 등은 모두 4격, 앞에는 Ich wünsche Ihnen이 생략되었음.

『Peter는 Schmidt씨 가정에 저녁 식사 초대를 받는다. 일을 끝낸 후에 그는 먼저 꽃 가게로 가서 Schmidt 부인에게 줄 꽃을 산다. 8시에 그는 Schmidt씨집 초인종을 누른다. 주인이 문을 열어 준다. 그의 부인은 아직 부엌에서 일을 하고 있다. Schmidt씨는 손님을 안방으로 안내한다. 곧 Schmidt 부인도 온다. 그녀는 Peter에게 인사를 하고 그에게 꽃에 대해 진심으로 감사 한다. 그러고나서 그녀는

식사를 하도록 이른다. 그녀는 햄과 소세지와 치즈를 건네 준다. Peter에게는 햄
이 특히 맛이 있다. 식사 후에 Schmidt씨는 좋은 포도주 한병을 가지고 온다. 대
화는 매우 화기 애애하여 곧 모두 즐거운 분위기에 쌓인다. 마침내 Schmidt씨는
오스트리아 여행에 관해 이야기 한다. 저녁은 매우 즐거웠다. 자정이 되어서야 비
로소 Peter는 집으로 간다. "안녕히 주무십시요! 즐거운 저녁을 보내게 되어 대
단히 감사 합니다." "별 말씀을, 안녕히 가십시오!"』

42. Paul studiert seit einem Jahr in Frankfurt. Er wohnt dort bei
seiner Tante. Sie sorgt immer freundlich für ihn. Morgens um acht
Uhr fährt er mit dem Fahrrad zur Universität. Heute geht er nachmit-
tags nicht zu den Vorlesungen, denn um dreizehn Uhr kommt sein
Bruder Ludwig von Hamburg. Ludwig macht gerade eine Reise nach
Stuttgart, aber er hat sieben Stunden Aufenthalt in Frankfurt. Der
Schnellzug aus Hamburg kommt pünktlich um dreizehn Uhr an, und
die Brüder verlassen den Bahnhof und gehen zusammen zu einem
Gasthaus. Während des Essens erzählen sie viel und die Zeit vergeht
sehr schnell. Nach dem Essen machen sie einen Spaziergang durch die
Stadt. Sie gehen zu Fuß die Hauptstraße entlang und dabei zeigt Paul
dem Bruder die Kaufhäuser und die Kinos. Abends essen sie zu Haus.
Nach dem Abendessen sagt Ludwig zu seinem Bruder. „Jetzt brauche
ich ein Taxi, denn mein Zug fährt schon um zwanzig Uhr ab."

🈐 seit einem Jahr : 일년전부터 / bei seiner Tante : 그의 아주머니 댁에 / für jn.
sorgen : ~를 돌보다 / mit dem Fahrrad : 자전거로 / zur Universität fahren :
대학에 가다 / zu den Vorlesungen gehen : 강의를 들으러 가다 / denn 「왜 냐하
면」은 등위접속사 / eine Reise⁴ machen=reisen 여행하다 / Aufenthalt⁴ haben=
sich⁴ aufhalten : 체류하다 / der Schnellzug 급행열차 / pünktlich 정각에 / ankommen 도착하다 / der Bahnhof 역 / das Gasthaus 식당 / während 「~동안에」는
2격지배 전치사 / einen Spaziergang machen=spazierengehen 산보하다 / zu
Fuß gehen : 걸어가다 / die Hauptstraße 중앙도로 / entlang「~을 따라서」은 보
통 명사 뒤에 놓이며 4격 또는 3격지배 전치사로 쓰임 / das Kaufhaus 백화점

/ das Kino [n.-s,-s] 영화관 / zu Haus[e] essen : 집에서 식사하다 / das Frühstück 아침식사, das Mittagessen 점심식사, das Abendessen 저녁식사 / abfahren 출발하다

『Paul은 일년 전부터 Frankfurt에서 공부하고 있다. 그는 그곳에서 그의 아주머니 댁에 거주하고 있다. 아주머니는 언제나 친절히 그를 돌보아 주신다. 아침 8시에 그는 자전거로 대학에 간다. 오늘 오후에는 강의에 가지 않는다. 왜냐하면 13시에 그의 형 Ludwig가 Hamburg에서 오기 때문이다. Ludwig는 마침 Stuttgart로 여행하는 길이었으나 일곱시간 동안 Frankfurt에 체류하게 된다. Hamburg에서 오는 급행 열차는 정각 13시에 도착해서 형제들은 역을 떠나 함께 식당으로 간다. 식사하는 동안에 그들은 이야기를 많이 나눈다. 그래서 시간은 매우 빨리 흘러간다. 식사 후에 그들은 시내로 산보를 한다. 그들은 중심가를 거닐면서 Paul은 형에게 백화점과 영화관들을 가리켜 준다. 저녁에 그들은 집에서 식사한다. 저녁식사 후에 Ludwig는 자기 동생에게 "이제 나는 택시를 타야겠구나. 왜냐하면 내가 타야 할 기차가 20시에 출발하니까" 라고 말한다.』

43. Unser Dorf liegt an einem Fluß. Der Fluß fließt unter einer Brücke durch und weiter nach Norden. Von der Brücke aus führt eine Straße durch die Häuser bis zur Mitte des Dorfs. In der Mitte des Dorfs liegt der Marktplatz. Am Marktplatz steht das Rathaus und rechts daneben die Kirche. Auf dem Markt ist vor allem am Samstag-vormittag Hochbetrieb und viele Leute machen ihre Einkäufe. Dagegen geht man am Sonntag zur Kirche. Die Kirche hat einen Turm. Von dem Turm aus übersieht man die ganze Gegend. Auf den Feldern arbeiten Bauern, und auf den Wiesen weiden Kühe und Schafe. Bei schönem Wetter hat man eine herrliche Aussicht auf die blauen Berg-ketten in der Ferne. Unsere Schule liegt in der Nähe des Bahnhofs, gerade der Post gegenüber. Auf dem Weg nach Hause sehe ich oft ein Postauto vor dem Postamt.

▨ das Dorf 마을 / der Fluß 시내(川) / die Brücke 다리 / durch 「통과하여」는 부사로 쓰였음 / der Osten 동, der Westen 서, der Süden 남, der Norden 북 /

von ~ aus : aus 는 von 의 뜻을 보강해 주는 추가사 / führen (길이)통해 있다 / bis zur Mitte : 한가운데 까지 / der Marktplatz 장터 / das Rathaus 시청, 읍사무소 / vor allem : 무엇보다도, vor allen : 누구보다도 / der Hochbetrieb 호황, 대활기 / Einkäufe⁴ (Besorgungen) machen : 물건을 사들이다 / dagegen 그것에 반(反)하여 / zur Kirche gehen : 교회에 가다 / der Turn 탑 / übersehen 내다 보다 / die Wiese 초원 / Bei schönem Wetter=Wenn das Wetter schön ist : 날씨가 좋으면 / die Aussicht=die Landschaft 경치 / die Bergkette 산맥 / in der Ferne : 먼 곳에, in der Nähe : 가까운 곳에 / gegenüber 「~맞은편에」는 3격 지배 전치사로서 보통 명사 뒤에 놓임 / auf dem Weg : 도중에 / das Postamt 우체국

『우리 마을은 시냇가에 위치하고 있다. 시냇물은 다리 아래를 지나 계속 북쪽으로 흘러간다. 다리에서 부터 길이 집들을 지나 마을 한복판까지 통해 있다. 마을 한 가운데에 장터가 있다. 장터 옆에 읍사무소가 있고 그 옆 오른쪽에 교회가 있다. 시장(市場)은 특히 토요일 오전에 붐비며 많은 사람들이 물건을 구입한다. 그와 반대로 사람들은 일요일에는 교회에 간다. 교회에는 탑이 하나 있다. 그 탑에서는 그 지방 전체를 볼 수 있다. 들에는 농부들이 일을 하고 있고 풀밭에는 소와 양들이 풀을 먹고 있다. 날씨가 좋으면 멀리 있는 푸른 산맥 위의 훌륭한 경치를 볼 수 있다. 우리 학교는 역 근처, 바로 우체국 맞은편에 있다. 학교로 가는 도중에 나는 종종 우체국 앞에서 우편차를 보게 된다.』

44. Frau Monika, die Mutter von Frau Müller, kam gestern abend nach München. Auf dem Bahnhof warteten Herr und Frau Müller auf sie. Sie fuhren dann zusammen nach Haus. Zu Haus warteten die Kinder schon ganz ungeduldig auf sie.

Endlich hielt der Wagen vor dem Haus. Die Kinder stürzten aus dem Haus, liefen jubelnd auf den Wagen zu und öffneten die Wagentür.

„Guten Abend, Oma! Wie schön, daß du wieder da bist!"

„Guten Abend, Elisabeth! Guten Abend, Fritz! Wie geht es euch?"

Die Kinder nahmen die Großmutter am Arm und zogen sie mit sich in das Haus. Da kam das Hausmädchen gerade aus der Küche.

„Ach, Fräulein Luise, wie geht es Ihnen?"

„Danke schön, Frau Monika, ganz prima. Hier lebe ich sehr schön.

Frau Müller ist immer gut zu mir, und die Kinder sind so lieb. Sie haben sicher großen Hunger, nicht wahr? Das Abendessen ist bald fertig. "

Bei Tisch gab es viel zu essen und natürlich auch sehr viel zu er- zählen. Man aß gut, man unterhielt sich recht gemütlich.

An diesem Abend ging bei Familie Müller erst gegen zwölf Uhr das Licht aus.

▦ Frau Monika 와 die Mutter von Frau Müller 는 동격 / gestern abend (morgen) : 어제 저녁에(아침에) / auf dem Bahnhof : 역에서 / auf jn. warten = jn. er- warten : ~를 기다리다 / zu Haus[e] : 집에(서) / ungeduldig 초조한 / der Wagen [자동]차 / aus dem Haus stürzen : 집에서 뛰어 나오다 / auf et.⁴ zulaufen : ~ 을 향하여 달리다 / jubelnd 환호하면서 / die Oma=die Großmutter / Wie geht es Ihnen? 어떻게 지내십니까? / jn. am Arm (an der Hand) nehmen : ~의 팔 (손)을 잡다 / mit sich ziehen : 끌고 가다 / da=dann 그때 / das Hausmädchen 하녀 / aus der Küche kommen : 부엌에서 나오다 / prima 최상의 / nicht wahr? 그렇지 않은가? 그렇지? / fertig 준비가 된, 다된 / bei Tisch : 식사중에 / es gibt+4 격 : ~이 있다 / sich⁴ unterhalten : 이야기하다 / gemütlich 유쾌한, 기 분좋은 / bei+사람 : ~집에(서) /Das Licht (Das Feuer) ging aus : 등불(불)이 꺼졌다.

『 Müller 부인의 어머니인 Monika 부인이 어제 저녁에 München 으로 왔다. 역에 서 Müller 부부가 그녀를 기다렸다. 그후 그들은 함께 집으로 갔다. 집에서는 아 이들이 벌써 아주 초조하게 그녀를 기다리고 있었다. 마침내 차(車)가 집앞에 섰 다. 아이들은 집에서 뛰어 나와 환호하면서 차를 향해 달려가 차의 문을 열었다. "안녕 하셨어요, 할머니 ! 다시 오시게 되어서 정말 반가워요!" "잘 있었니, Elisabeth! 잘 있었니, Fritz! 어떻게들 지내니?" 아이들은 할머니의 팔을 잡고 집 으로 모시고 들어 갔다. 그때 하녀가 마침 부엌에서 나왔다. "아, Luise 양, 어떻게 지내세요?" "매우 고마워요, Monika 아주머니, 아주 좋아요. 이곳에서 저는 매우 즐겁게 지내고 있어요. Müller 부인께서 언제나 저에게 잘 해 주셔요. 그리고 아 이들이 매우 귀여워요. 틀림없이 매우 시장하실 거예요, 그렇지요? 저녁식사 준 비가 곧 다 될거예요." 식사중에는 먹을 것이 많이 나왔고 물론 이야기 꺼리도 매 우 많았다. 사람들은 맛있게 먹고 아주 유쾌하게 이야기를 나누었다. 이날 밤 Müller 가정에는 12시경에야 비로소 불이 꺼졌다. 』

45. Ein Jahr, nachdem unser deutsches Vaterland den Krieg mit Frankreich gehabt hatte, brannte in einer Winternacht beinahe unser ganzes Dorf ab. Ich wachte aus tiefem Schlaf auf und sah erstaunt um mich. Draußen und in der Stube war es ganz hell. Ich dachte, die ganze Welt brennt, denn für mich war ja mein Dorf die Welt. Nach ein paar schrecklichen Stunden war von unserem schönen Hause nichts mehr zu sehen. Dann kam der Morgen, und die Sonne schien auf einen traurigen, einst so glücklichen Ort.

▦ nachdem 「…한 후에」은 종속접속사 / das Vaterland 조국 / der Krieg 전쟁 / (das) Frankreich 프랑스 / abbrennen 불타 없어지다 / die Winternacht 겨울밤 / beinahe=fast 거의 / das Dorf 마을 / aus dem Schlaf aufwachen (erwachen) : 잠에서 깨다 / erstaunt 놀란 / draußen 바깥에서(↔drinnen) / die Stube 작은 방 / die ganze Welt brennt 는 dachte 의 목적어 / denn 「왜 나하면」은 등위접속사 / war … zu sehen 은 수동의 가능 「…될 수 있다」의 뜻 / ein paar=einige : 2, 3 의 / einst=einmal 일찌기, 옛날에 / der Ort 장소, 촌락

『 우리의 독일 조국이 프랑스와 전쟁을 한지 1 년후 어느 겨울 밤에 거의 우리 마을 전체가 불타 버렸다. 나는 깊은 잠에서 깨어나 놀란체 내 주위를 둘러 보았다. 바깥과 방안은 아주 밝았다. 나는 온 세상이 불타는 것으로 생각했다. 왜 나하면 나에게는 정말 나의 마을이 세계 였기 때문이었다. 무서운 몇 시간이 지난뒤 아름다운 우리 집에서는 아무것도 더이상 보이질 않았다. 그러고나서 아침이 되었다. 태양은 이 비참한, 이전에는 그렇게도 행복스럽던 마을을 비춰 주고 있었다.』

46. Heute reisen wir am schnellsten mit dem Flugzeug. Die Fluggäste werden in der Kabine des Flugzeuges in derselben Sicherheit befördert wie in der Eisenbahn; nur sehr selten ereignet sich ein Flugzeugunglück. Während des Flugs werden wir von den Stewardessen betreut. Wir können uns von ihnen etwas zu essen, zu rauchen oder zu lesen geben lassen. Wenn der Himmel klar ist, oder wenn wir unter der Wolkendecke fliegen, ist ein wunderbares Erlebnis, auf die Land-

schaft zu unseren Füßen hinabzusehen: auf Städte, Burgen, Dörfer,
Seen und Berge.

▉▉▉▉▉▉▉▉▉▉▉▉▉▉▉▉▉▉▉▉▉▉▉▉▉▉▉▉▉▉▉▉

🈷 am schnellsten「가장 빨리」은 최상급의 부사적용법 / mit dem Flugzeug reisen
: 비행기로 여행하다 / der Fluggast 항공여객 / die Kabine(비행기의) 객실, (배
의)선실 / derselbe ~ wie … : …와 똑같은 / die Sicherheit 안전, 확신 /「werden
… befördert」와「werden … betreut」는 현재수동형 / befördern 운송하다 / die
Eisenbahn 철도 / sich⁴ ereignen : 생기다, 일어나다 / dag Unglück 불행, 사고
/ während「~동안에」는 2 격지배 전치사 / die Stewardeß 스튜어데스 / betreuen
돌보다 / ihnen 은 Stewardessen 을 받음 / zu essen, zu rauchen, zu lesen 은 앞
의 etwas 를 수식하는 부가어적용법 / lassen+sich+타동사의 부정형 : 수동의 가
능「~될 수 있다」의 뜻 / wenn「…일 때에는, 만약 …하면」은 종속접속사 /
der Himme 하늘, 천국 / die Wolke 구름 / das Erlebnis 체험 / auf die Landschaft … hinabzusehen 의 부정구가 ist 의 주어 / auf et.⁴ hinabsehen : ~을 내려
다 보다 / die Landschaft 경치 / der Burg 성(城)

『오늘날 우리는 비행기로 가장 빠른 여행을 한다. 비행기 승객들은 비행기의 객
실에서 기차를 탄 것과 똑같이 안전하게 수송된다. 비행기 사고가 일어나는 일은
매우 드물 뿐이다. 비행하는 동안에 우리는 스튜어데스들에 의해 보살핌을 받는다.
우리는 그들에 의해 먹을 것과 피울 것, 또는 읽을 것을 제공 받을 수 있다. 하늘
이 맑거나, 구름 덮힌 아래를 우리가 비행할 경우에는 우리발 아래의 경치, 즉 도
시, 성, 마을, 호수, 산 따위를 내려다 보는 것은 참으로 훌륭한 체험이다.』

47. An einem Spätherbstnachmittage ging ein alter wohlgekleideter
Mann langsam die Straße hinab. Er schien von einem Spaziergang nach
Hause zurückzukehren: denn seine Schnallenschuhe, die einer vorüber-
gegangenen Mode angehörten, waren bestaubt. Den langen Rohrstock
mit goldenem Knopf trug er unter dem Arm; mit seinen dunkeln
Augen, in welche sich die ganze verlorene Jugend gerettet zu haben
schien, und welche eigentlich von den schneeweißen Haaren abstachen,
sah er ruhig umher und in die Stadt hinab, welche im Abendsonnenschein vor ihm lag.

▣ der Spätherbstnachmittag 늦가을 오후 / wohlgekleidet 옷을 잘 차려입은 / scheinen ... zu 부정형 : …인 것 같이 보이다 / der Spaziergang 산보 / nach Hause zurückkehren : 집으로 돌아가다(오다) / denn 왜냐하면 / der Schnallenschuh 죔쇠가 달린 구두 / vorübergegangen 지나가 버린 / die Mode 유행 / jm. [an]-gehören : ~에게 속하다 / bestaubt 먼지 투성이의 / der Rohrstock 등나무 지팡이 / der Knopf (지팡이의) 둥근 손잡이 / in welche 와 welche 는 관계대명사로서 선행사는 Augen / sich⁴ retten : 살아나다, 모면하다 / die Jugend 청춘 / von et. abstechen : ~과 뚜렷한 대조를 이루다 / umhersehen (주위를) 둘러보다 / der Abendsonnenschein 석양빛, 저녁놀

『어느 늦가을 오후에 옷을 잘 차려 입은 한 노인이 천천히 길을 내려 가고 있었다. 그는 산책을 하고 집으로 돌아오는 길인 것 같았다. 왜냐하면 유행이 지난 죔쇠가 달린 그의 구두가 먼지 투성이였기 때문이다. 그는 금빛의 둥근 손잡이가 달린 긴 등나무 지팡이를 겨드랑이에 끼고 있었다. 그의 검은 눈에는 잃어버린 모든 청춘이 살아난 것 같았고, 눈처럼 흰 머리카락과는 참으로 뚜렷한 대조를 이루고 있는 검은 눈으로 그는 묵묵히 주위를 둘러보고 저녁놀에 물들어 그의 앞에 있는 도시를 내려다 보았다.』

48. Es leiden die Menschen, solange sie leben. Dasein bedeutet ihnen nur eine Last, nur Not und Elend. Und dennoch, trotz ihrer Not und ihres Elends wollen sie leben so lange wie möglich, und freuen sich wie Kinder, wenn sie in ihrem unglücklichen Erdendasein ausnahmsweise ein paar glückliche Tage erleben können.

▣ Es 는 문법상의 주어, die Menschen 은 실제상의 주어 / leiden 고생하다, 피로와하다 / solange 「…하는 동안, …하는 한」는 종속접속사 / 인칭 대명사 sie, ihnen 과 소유대명사 ihrer, ihres, ihrem 은 모두 die Menschen 을 받음 / das Dasein 존재, 생존 / bedeuten 의미하다 / die Last 짐, 부담 / die Not 곤란, 곤경 / das Elend 불행, 비참 / dennoch=trotzdem 그럼에도 불구하고 / trotz 「~에도 불구하고」는 2 격지배 전치사 / so ~ wie möglich : 가능한 ~하게 / sich⁴ freuen : 기뻐하다 / wenn 「만약 … 하면」은 종속접속사 / unglücklich 불행한(↔glücklich) / das Erdendasein 지상의 존재 / ausnahmsweise 예외로서 / ein paar=einige=mehrere 2, 3 의 / erleben 체험하다

『인간들은 살아 있는 한은 고생이다. 생존은 그들에게는 고역 일 뿐이며, 고난
과 불행을 의미할 뿐이다. 그런데도, 그들의 고난과 불행에도 불구하고 그들은 가
능한 오래 살려고 하며, 그들이 그들의 불행한 세상살이에서 예외적으로 며칠만
이라도 행복한 날들을 체험할 수 있으면 아이들 처럼 기뻐한다.』

▶ nicht 의 위치

1) 문장 전체를 부정할 때는 문미에 위치
   Er kommt immer *nicht*.   Er kommt heute *nicht*.
2) 문장의 일부분을 부정할 때는 부정하는 낱말 앞에 위치
   Er kommt *nicht* immer.   Er kommt *nicht* heute.
   문장 전체 부정이라도 문미에 위치하지 못하는 경우는 다음과 같다.
   ⓐ 과거분사가 문미에 있을 때
   ⓑ 부정형이 문미에 있을 때
   ⓒ 분리 전철이 분리되어 문미에 있을 때
   ⓓ 부문장일 때
   ⓔ 술어가 형용사 또는 명사일 때
     ⓐ Ich habe das Mädchen **nicht** geliebt.
     ⓑ Er wird heute **nicht** zurückkommen.
     ⓒ Sie kam gestern **nicht** zurück.
     ⓓ Ich weiß, daß sie dich **nicht** liebt.
     ⓔ Das Kind ist seiner Mutter **nicht** ähnlich.
       Sie ist **nicht** meine Frau.

第 7 課 인칭대명사 · 동사의 과거 인칭변화

§1. 인 칭 대 명 사

N.	ich	du	er	sie	es	wir	ihr	sie	(Sie)
G.	meiner	deiner	seiner	ihrer	seiner	unser	euer	ihrer	(Ihrer)
D.	mir	dir	ihm	ihr	ihm	uns	euch	ihnen	(Ihnen)
A.	mich	dich	ihn	sie	es	uns	euch	sie	(Sie)

A. 인칭대명사 2격의 용법

인칭대명사의 2격은 2격지배 동사, 2격지배 형용사, 2격지배 전치사의 보족어로만 쓰인다.

① 2격지배 동사와 함께

Ich bedarf **deiner**. (나는 너를 필요로 한다.)

Ich gedenke **seiner**. (나는 그를 생각한다.)

② 2격지배 형용사와 함께

Ich bin **deiner** müde. (나는 너에게 지쳤다.)

Mein Sohn ist **meiner** würdig. (내 아들은 나보다 못하지 않다.)

③ 2격지배 전치사와 함께

Statt **ihrer** kommt ihre Schwester. (그녀 대신 그녀의 누이가 온다.)

Wegen **unser** müssen sie heute arbeiten. (우리 때문에 그들이 오늘 일을 해야 한다.)

B. 인칭대명사와 전치사의 융합형

「사물」을 받는 인칭대명사 (3인칭의 3격·4격)가 전치사와 함께 쓰일 때에는 성·수·격에 관계없이 인칭 대명사 대신 「da(전치사가 모음으로 시작되면 dar)+전치사」의 융합형을 써야 한다. damit, davon, daran, darauf 등

단, in은 3격일 때 darin, 4격일 때 darein이다.

* Schreibst du mit der Feder?

Ja, ich schreibe *damit*.

* Denken Sie an Ihre Arbeit?

Ja, ich denke *daran*.

§2. 동사의 과거 인칭변화

과거 인칭변화는 3기본형의 과거원형에 일정한 과거 인칭어미를 붙인다.

현재 인칭변화와 같은 불규칙 현상은 전혀 없고 모두 규칙적이다.

● 과거인칭 어미

		약변화동사 *lieben*	강변화동사 *kommen*	혼합변화동사 *bringen*
ich — ✕	ich	liebte	kam	brachte
du — [e]st	du	liebtest	kamst	brachtest
er — ✕	er	liebte	kam	brachte
wir — [e]n	wir	liebten	kamen	brachten
ihr — [e]t	ihr	liebtet	kamt	brachtet
sie — [e]n	sie	liebten	kamen	brachten
(Sie)				

단수 1인칭과 3인칭은 과거원형 그대로 이고, 기타 인칭은 현재 인칭어미와 동일하다.

▶ 소유의 3격

신체의 일부분이나 신변의 사물 등이 소속하는 주체를 3격으로 나타내어 소유의 뜻으로 사용하는 용법이다.

　　Er drückt mir die Hand. (=meine Hand)

　　　「그는 나의 손을 꼭 누른다.」

　　Die Mutter wäscht dem Kind die Füße. (=die Füße des Kindes)

　　　「어머니가 아이의 발을 씻어 준다.」

　　Der Hund biß ihm ins Bein.

　　　「개가 그의 다리를 물었다.」

　　Dem jungen Dichter blieben die Tränen in den Augen.

　　　「그 젊은 시인의 눈에 눈물이 고였다.」

　　Er steckte es mir in die Tasche.

　　　「그는 그것을 나의 호주머니 속에 집어 넣었다.」

◇ 시간 부사구 ◇

* heute morgen (früh) = diesen Morgen 오늘 아침에
* heute abend = diesen Abend 오늘 저녁에
* heute nacht = diese Nacht 오늘 밤에 ; 어제 밤에
* gestern früh 어제 아침에
* gestern abend 어제 저녁에
* morgen früh 내일 아침에
* morgen abend 내일 저녁에
* früh morgens = morgens früh 아침 일찌기
* jeden Morgen 매일 아침
* jeden Tag 매일
* jeden Abend 매일 저녁
* jede Nacht 매일 밤
* jede Woche 매주
* jeden Monat 매월
* jedes Jahr 매년
* den ganzen Tag 온종일
* die ganze Nacht [hindurch] = die Nacht durch 밤새도록
* die ganze Woche 일주일 내내
* den ganzen Monat 일개월 내내
* das ganze Jahr 일년 내내
* den ganzen Sommer über 여름 내내
* die ganze Zeit über (od. [hin]durch) 그 시간 내내
* eines Morgens 어느날 아침에
* eines Tages 어느 날
* eines Abends 어느날 저녁에
* eines Nachts 어느날 밤에
* diese Woche = in dieser Woche 이번 주에
* diesen Monat = in diesem Monat 이번 달에
* dieses Jahr = in diesem Jahr 이번 해에
* nächste Woche = in der nächsten Woche 다음 주에
* nächsten Monat = im nächsten Monat 다음 달에
* nächstes Jahr = im nächsten Jahr 다음 해에
* vorige Woche = in der vorigen Woche 지난 주에

* vorigen Monat = im vorigen Monat 지난 달에
* voriges Jahr = im vorigen Jahr 지난 해에
* am Morgen = des Morgens 아침에
* am Vormittag = des Vormittags 오전에
* am Mittag = des Mittags 정오에
* am Nachmittags = des Nachmittags 오후에
* am Abend = des Abends 저녁에
* in der Nacht = des Nachts 밤에
* um Mitternacht = mitten in der Nacht 한밤중에
* am Sonntag = des Sonntags 일요일에
* am Montag = des Montags 월요일에
* am Mittwoch = des Mittwochs 수요일에
* am nächsten Morgen (Abend) 다음날 아침(저녁)에
* am Wochenende = [am] Ende der Woche 주말에
* [am] Ende des Monates (des Jahres) 월(년)말에
* alle drei Tage = jeden dritten Tag 3일마다
* alle fünf Minuten = jede fünfte Minute 5분마다
* Anfang Januar 1월 초순에
* Mitte Februar 2월 중순에
* Ende März 3월 하순에
* im [Monat] Januar 1월에
* im [Monat] Februar 2월에
* im Frühling 봄에
* im Herbst 가을에
* [im Jahre] 1985 1985년에
* [im Jahr] 2000 2000년에
* heute in acht Tagen = heute über acht Tage 내주의 오늘
* heute vor acht Tagen 지난주의 오늘
* heute in vierzehn Tagen 2주일 후의 오늘
* einmal (zweimal) in der Woche 일주일 한번(두번)

49. Heute ist Sonntag. Mein Vater leidet an einer Erkältung. Er liegt im Bett. „Hast du Fieber, Vater?" frage ich ihn und lege ihm die Hand auf die Stirn. Sie ist etwas heiß. Ich hole ihm ein Arzneifläschchen aus dem Schrank, nehme zwei Tabletten heraus und gebe sie ihm mit Wasser. „Ich danke dir, Karl," sagt mein Vater und drückt mir die Hand. Statt seiner muß ich dann in unserem Garten arbeiten, denn es gibt darin viel zu tun.

▦ der Sonntag 일요일 / an einer Krankheit leiden: 어떤 병에 걸려 있다 / die Erkältung 감기 / das Fieber 열(熱) / jn. fragen:~ 에게 묻다 /「und lege ihm ... auf die Stirn」과「und drückt mir die Hand」의 ihm 과 mir 는 소유의 3격 / etwas「약간」는 부사로 쓰였음 / das Arzneifläschchen「작은 약병」은 축소. 명사 / der Schrank 장(欌) / herausnehmen 집어 내다 /Statt seiner: statt 는 2격지배 전치사이고, seiner 는 인칭대명사 er 의 2격 (er, seiner, ihm, ihn) / denn「왜냐하면」은 등위접속사 / es gibt+4격 : ~이 있다. zu tun 이 목적어 역할을 하고 있음 / darin 은 in unserem Garten 을 말함.

『오늘은 일요일이다. 나의 아버지는 감기에 걸리셨다. 아버지는 자리에 누워 계신다. "아버지, 열이 있으세요?" 하고 나는 아버지에게 묻고 아버지의 이마 위에 손을 얹어 본다. 이마는 약간 뜨겁다. 나는 장에서 작은 약병을 가져와 두 알을 꺼내어 아버지에게 물과 함께 드린다. "Karl, 고맙다." 이렇게 나의 아버지는 말씀하시고 내 손을 꼭 쥐신다. 아버지 대신 내가 나중에 우리 정원에서 일을 해야 한다. 왜냐하면 정원에는 할 일이 많기 때문이다.』

50. Fünf Freunde kamen in ein Gasthaus. Sie gingen von Tisch zu Tisch, aber sie fanden keinen Platz. Der Wirt führte die Gäste in ein Nebenzimmer. Da war alles frei, und sie nahmen Platz.

Die Kellnerin kam herein. Die Gäste baten sie um die Speisekarte und bestellten ihr Essen nach der Karte.

Zum Essen tranken sie Bier. Nach dem Essen bestellten sie Wein. Die Kellnerin kam oft in das Zimmer und brachte Wein; eine Flasche,

drei Flaschen, fünf Flaschen. Die Freunde sangen und tranken bis tief
in die Nacht.

▦ das Gasthaus 식당, 여관 / von Tisch zu Tisch: 이 식탁에서 저 식탁으로 /
der Wirt 주인 / der Gast 손님 / das Nebenzimmer 옆방 / da=dort 거기에 / frei
비어 있는 (↔besetzt) / Platz⁴ nehmen: 자리를 잡다, 앉다 / die Kellnerin 여
급(女給) / hereinkommen 들어오다 / jn. um et. bitten: ~에게~을 청하다 / die
Speisekarte 메뉴 / bestellen 주문하다 / nach 는 「~에 따라」의 뜻으로 쓰인 3
격지배 전치사 / zum Essen 에서의 zu 는 「~에 (덧붙여서)」와 같은 첨가의 뜻
/ die Flasche 병 / bis tief in die Nacht [hinein]: 밤늦게까지

『다섯 친구가 식당에 왔다. 그들은 이 식탁 저 식탁으로 가 보았지만 자리가 없
었다. 주인이 손님들을 옆방으로 안내했다. 거기는 모든 것이 비어 있었다. 그래
서 그들은 자리를 잡았다. 여자 종업원이 들어 왔다. 손님들은 그녀에게 메뉴를 청
하고 그 메뉴에 따라 식사를 주문했다. 식사에 맥주를 곁들여 마셨다. 식사 후에
는 포도주를 주문했다. 여자 종업원은 자주 방을 들락거리며 포도주를 가져 왔다.
한 병, 세 병, 다섯 병. 친구들은 밤늦게까지 노래를 부르며 술을 마셨다.』

51. Eines Tages machte Herr Müller eine Reise, um seinen Freund
auf dem Lande zu besuchen. Das tat er sehr oft. Er stand um sechs
Uhr auf, obgleich das sehr früh war, denn er wünschte, mit dem Zuge
um acht Uhr abzufahren. Nachdem er sein Frühstück gegessen hatte,
bestellte er ein Auto und kam zehn Minuten vor Abfahrt des Zuges auf
dem Bahnhof an. Der Zug stand schon da und Herr Müller stieg ein.
Er nahm Platz in einem Abteil für Raucher. Noch ein paar Leute,
zwei Herren, eine Dame und ein Bauer, kamen in das Abteil. Da es
sehr warm war, nahm Herr Müller den Hut ab und machte das Fenster auf. Pünktlich um acht Uhr fuhr der Zug ab. Herr Müller nahm
ein Buch aus seiner Reisetasche und fing zu lesen an.

▦ eines Tages 「어느날」는 2격 부사구 / eine Reise⁴ machen: 여행하다 / um ...

zu 부정형 : ... 하기 위하여 / tun「하다」-tat - getan / obgleich=obwohl「... 에도
불구하고」은 종속접속사 / das 는 앞문장의 내용을 가리키는 지시대명사 / denn
「왜냐하면」은 등위접속사 / mit dem Zug ... abzufahren 은 wünschte 의 목적어
/ der Zug 기차 / abfahren 출발하다 (↔ankommen) / nachdem「... 한 후에」은
종속접속사 / das Frühstück⁴ essen: 아침 식사를 하다 / bestellen 주문하다 /
der Bahnhof 역 / einsteigen 승차하다 (↔aussteigen) / Platz⁴ nehmen: 자리를
잡다, 앉다 / das Abteil für Raucher=das Raucherabteil (기차의) 흡연실 / ein
paar: 2,3 의, 몇몇의 / ein paar Leute 와 zwei Herren, eine Dame und ein
Bauer 는 동격 / da=weil「... 때문에」은 종속 접속사 / den Hut abnehmen
(aufsetzen): 모자를 벗다(쓰다) / aufmachen 열다 (↔zumachen) / die Reisetasche 여행용 가방 / anfangen (beginnen) ... zu 부정형 : ... 하기 시작하다

『어느날 Müller 씨는 시골에 있는 자기의 친구를 방문하기 위해 여행을 했다. 그
런 일을 그는 매우 자주 했다. 매우 일렀지만 그는 6시에 일어났다. 왜냐하면 8
시 기차로 떠나기를 바랐기 때문이다. 그는 아침 식사를 하고 난 후에 차를 불러
타고 기차 출발 10분전에 역에 도착했다. 기차는 이미 와 있어서 Müller 씨는 승
차했다. 그는 흡연실에 자리를 잡았다. 몇 사람이 더, 즉 신사 두 분과 숙녀 한 분
그리고 농부 한분이 객실로 들어왔다. 매우 더웠기 때문에 Müller 씨는 모자를 벗
고 창문을 열었다. 정각 8시에 기차는 출발했다. Müller 씨는 자기의 여행용 가방
에서 책 한 권을 꺼내어 읽기 시작했다.』

52. Eines Abends besuchte ein Professor seinen Freund. Er ging zu
Fuß, obgleich es ziemlich weit zu der Wohnung seines Freundes
war. Wenn das Wetter schön war, ging der Professor immer gern zu
Fuß. Die Freunde sprachen über dieses und jenes. Als es Zeit war,
nach Hause zu gehen, sah der Professor, daß es stark regnete. Da
weder er noch sein Freund einen Regenschirm hatte, sagte sein
Freund: „Wenn Sie in diesem Regen nach Hause gehen, werden Sie
gewiß krank. Bleiben Sie diese Nacht hier!" Aber der Professor antwortete: „Nein, das geht nicht. Jeden Abend, ehe ich zu Bett gehe, nehme ich Medizin. Wenn ich die Medizin nicht nehme, werde ich nicht
schlafen. Aber die Medizin ist in meinem Schlafzimmer zu Hause."
Sein Freund sagte: „Das macht nichts. Ich werde mein Dienstmädchen

nach Ihrem Hause schicken, um die Medizin zu holen." Als der Professor
damit zufrieden war, führte ihn sein Freund in ein Schlafzimmer.

團 eines Abends 「어느날 저녁」, eines Tages 「어느날」, eines Nachts 「어느날 밤」
등은 모두 2격 부사구 / zu Fuß gehen: 걸어서 가다 / obgleich＝obwohl＝obschon
「…에도 불구하고」는 종속 접속사 / es 는 거리를 나타내는 비인칭 주어 : Wie
weit ist es von hier bis dort? 여기에서 그곳까지는 얼마나 먼 가요? / wenn
이 과거 시칭과 결합하면 반복의 뜻 「…할 때마다」, 주문의 immer 가 반복의 뜻
임을 뒷받침 하고 있다 / Als es Zeit war, nach Hause zu gehen: als 「…했을
때는 과거 한번 있었던 일에 쓰이는 종속접속사. es 는 비인칭 주어이고, zu gehen
은 Zeit 의 부가어로 쓰였음 / es regnet : 비가 온다, es schneit : 눈이 온다 / da
＝weil 「…때문에」은 종속 접속사 / weder ...noch ... : ...도 ...도 아니다,
entweder ...oder ... : ...이거나 아니면 ...이다 / der Regenschirm 우산 / nach
Hause gehen:집으로 가다, zu Hause sein : 집에 있다 / diese Nacht⁴＝heute nacht
오늘 밤 / jeden Abend 「저녁 마다」, jeden Morgen 「아침마다」, jede Nacht 「밤
마다」 등은 모두 4격 부사구 / ehe＝bevor 「…하기 전에」는 종속 접속사 / zu
Bett gehen＝ins Bett gehen＝schlafen gehen: 취침하다 / Medizin⁴ nehmen : 약
을 복용하다 / Das macht nichts : 그것은 걱정할 것 없다 / um ...zu 부정형 : ...
하기 위하여, ohne ... zu 부정형 : ...하지 않고, anstatt ... zu 부정형 : ...하
는 대신에 / mit et. zufrieden sein : ～으로 만족하다

『어느날 저녁에 한 교수가 자기 친구를 방문했다. 그 교수는 자기 친구의 집까
지 상당히 멀었지만 걸어서 갔다. 날씨가 좋을 때는 그 교수는 언제나 걸어서 다
니기를 좋아했다. 친구들은 이것 저것에 관해서 이야기를 나누었다. 집으로 갈 시
간이 되었을 때 그 교수는 비가 몹시 오는 것을 알았다. 그도 그의 친구도 우산이
없었기 때문에 그의 친구는 "당신은 이렇게 비가 오는데 집으로 가시면 틀림없이
병나게 됩니다. 오늘밤은 이 곳에 계십시오!" 하고 말했다. 그러나 그 교수는 "아
닙니다. 그건 안 됩니다. 저녁마다 나는 자기 전에 약을 먹습니다. 만일 내가 약
을 먹지 않으면 자지를 못할 겁니다. 그런데 약은 집, 나의 침실에 있읍니다." 하
고 대답했다. 그의 친구는 "그것은 걱정할 것 없읍니다. 내가 약을 가지러 하녀를
댁으로 보내겠읍니다." 하고 말했다. 교수가 그 말에 만족하였을 때 그의 친구는
그를 침실로 안내했다.』

53. Im vorigen Jahr sind meine Freunde und ich mit dem Reisebüro ins Gebirge gefahren. In diesem Jahr möchte ich an die See fahren. Heute ging ich zum Reisebüro und erkundigte mich nach Reiseplänen. Ein nettes Fräulein gab mir darüber ausführliche Auskunft und auch einige Prospekte. Ich konnte mich nicht sofort entscheiden, welchen Plan ich wählen soll. Trotzdem war ich mit ihren freundlichen Auskünften ganz zufrieden und verließ leichten Schrittes das Zimmer. Auf dem Weg nach Hause traf ich einen Freund und lud ihn dann in ein Café ein. Wir setzten uns an einen Tisch und unterhielten uns miteinander über unsere Ferienpläne. Er war bereits entschlossen, sich für diese Semesterferien bei seinen Eltern auf dem Lande aufzuhalten und sich ungestört auf das Staatsexamen vorzubereiten. Nach einer Stunde trennten wir uns voneinander.

🈯 im vorigen (vergangenen) Jahr=voriges Jahr⁴ : 지난해에, 작년에. in diesem Jahr=dieses Jahr⁴ : 금년에 / das Reisebüro 여행사, 여행안내소 / ins Gebirge fahren : 산으로 가다, an die See fahren : 바다로 가다 / möchte「…하고 싶다」는 접속법 Ⅱ식으로 원망(願望)을 나타냄 / sich⁴ nach et. erkundigen : ~을 문의하다 / der Reiseplan 여행계획 / jm. über et.⁴ Auskunft geben : ~에게 ~에 대하여 설명(안내)하다 / der Prospekt 설명(안내)서 / sich⁴ entscheiden : 결정하다 /「welchen … soll」은 entscheiden의 목적어 / trotzdem=dennoch 그럼에도 불구하고 / mit et. zufrieden sein : ~에 만족하다 / leichten Schrittes「가벼운 걸음으로」는 2격으로 쓰이는 부사적 용법 / auf dem Weg : 도중에 / einladen 초대하다 / sich⁴ setzen : 앉다 / sich⁴ mit jm. über et.⁴ unterhalten : ~와 ~에 대하여 담소(환담)하다 / der Ferienplan 휴가 계획 / entschlossen sein, …zu 부정형 : …을 하려고 결심하고 있다 / die Semesterferien (Pl.) 학기 휴가 / sich⁴ aufhalten : 체류하다 / bei+사람 : ~집에(서) / sich⁴ auf et.⁴ vorbereiten : ~의 준비를 하다 / ungestört 방해받지 않고 / das Staatsexamen 국가 시험 / sich⁴ voneinander trennen : 서로 헤어지다

『지난해에 내 친구들과 나는 여행사를 따라 산으로 갔었다. 금년에 나는 바다로 가고 싶다. 오늘 나는 여행사에 가서 여행 계획을 물어 보았다. 한 예쁜 아가씨가

그것에 관해 나에게 자세한 설명을 해 주고 몇 장의 안내서도 주었다. 나는 어느 계획을 택해야 할지 곧 결정할 수가 없었다. 그랬지만 나는 그녀의 친절한· 설명에 아주 만족하여 가벼운 걸음으로 그 방을 떠났다. 집으로 오는 도중에 나는 한 친구를 만나 그를 카페로 초대했다. 우리는 베이불가에 앉아 우리의 휴가 계획에 관해 서로 이야기를 나누었다. 그는 이미 이번 학기 방학 동안 시골에 있는 자기 부모 집에 머물면서 조용히 국가 고시 준비를 하려는 결심이 서 있었다. 한 시간 후에 우리는 서로 작별을 고했다. 』

54. Am letzten Sonntag machten wir einen Ausflug an den Bodensee. Das Wetter war mild, und es war schon Vorsommer. Der See schien uns in der Vorfreude des Sommers zu glänzen. Auf dem See fuhren schon mehrere Rundfahrtschiffe, und die Leute darauf erschienen wie kleine bunte Puppen. Ich saß auf einer Bank dicht am See und aß mein Mittagbrot. Die Aussicht war wunderbar. Ein leichter Wind wehte vom See her gerade in mein Gesicht und spielte sanft mit meinen Haaren. Als ich mit dem Essen fertig war, kam meine Kameradin Renate zu mir und gab mir eine große Orange. Wir saßen nebeneinander auf der Bank und aßen zusammen diesen schönen Nachtisch.

▦ am letzten (nächsten) Sonntag : 지난(다음) 일요일에 / einen Ausflug machen : 소풍가다 / der Bodensee 는 독일에서 가장 큰 호수 / der Vorsommer 초여름 / scheinen ... zu 부정형 : ...처럼 보이다 / Der See schien uns ... : uns 는 판단의 3 격 / die Vorfreude 미리 기뻐함 / mehrere=einige 몇몇의 / das Rundfahrtschiff 유람선 / darauf 「그 위에」는 auf den Rundfahrtschiffen 을 말함 / erscheinen (~으로)보이다 / wie 「~처럼」는 비교의 접속사 / die Puppe 인형 / sitzen ~ saß - gesessen / dicht an (bei) et.[3] : ~에 밀접하여 / der See 호수, die See(das Meer) 바다 / das Mittagbrot=das Mittagessen 점심 / die Aussicht=die Landschaft 경치 / her 이쪽으로 (↔hin) / als 「...했을 때」는 종속 접속사 / mit et. fertig sein : ~을 끝마치다 / die Kameradin=die Freundin / nebeneinander 나란히 / der Nachtisch 데저트

『지난 일요일에 우리는 Bodensee 로 소풍을 갔다. 날씨는 포근했다. 때는 벌써 초여름이었다. 호수는 우리들이 보기에 여름을 미리 기뻐하며 빛나는 것 같았다.

호수 위에는 벌써 몇 척의 유람선이 떠다니고 있었고 그 배위에 있는 사람들은 형형 색색의 작은 인형처럼 보였다. 나는 바로 호숫가의 벤취에 앉아서 점심을 먹었다. 경치는 매우 아름다웠다. 미풍이 호수쪽에서 바로 내 얼굴로 불어와 부드럽게 내 머리카락을 나부꼈다. 내가 식사를 다 마쳤을 때 나의 여자 친구인 Renate가 내게로 와서 나에게 큰 귤 하나를 주었다. 우리는 나란히 벤취에 앉아서 같이 이 맛있는 데저트를 즐겼다.』

55. Als wir noch Volksschüler waren, hatten wir als Klassenlehrer einen noch jungen Mann. Er sprach nur wenig. Wir sahen, daß er immer in einem Buch las, sooft er im Lehrerzimmer war. Die Schüler empfanden eine gewisse Scheu vor dem jungen Lehrer.

An einem kalten Wintermorgen fiel Schnee. Wir warfen uns mit Schneebällen und vergnügten uns sehr daran. Da kam der junge Lehrer in den Schulhof, um ins Klassenzimmer zu treten. Ein Schüler warf einen Schneeball gegen ihn. Wir wurden alle bleich vor Schreck. Der Lehrer kam auf den Schüler zu, blieb vor ihm stehen und schaute ihm in die Augen. Dieser mußte sie senken. Aber der Lehrer sagte nur: „Das tatest du wohl aus Versehen, nicht wahr?" Der Schüler begann zu weinen. Von diesem Tage an hatten wir aber den jungen Lehrer sehr lieb.

▦ als 「…했을 때」는 종속 접속사 / der Volksschüler 국민 학생 / der Klassenlehrer 담임 선생. als Klassenlehrer의 als 는 「~로서」의 뜻 / in einem Buch lesen : 책을 읽다 / sooft 「할 때마다」는 종속 접속사 / empfinden 「느끼다」- empfand - empfunden /gewiß 어떤 / eine Scheu⁴ vor jm. empfinden (haben) : ~를 두려워 하다 / der Schnee 눈, der Regen 비 / Wir warfen uns … : uns 는 einander 「서로」와 같은 뜻인 상호대명사로 쓰였음 / sich⁴ an (mit) et. vergnügen : ~으로 즐기다 / daran은 전치사 an과 지시대명사 das 의 융합형임 / da=dann 그때 / der Schulhof 교정(校庭) / um … zu 부정형 : … 하기 위하여 / Wir wurden alle … : wir 와 alle 는 동격 / vor Schreck³ : 놀란 나머지 / auf jn. zukommen: ~에게로 다가오다 / jm. ins Auge (Gesicht) schauen : ~를 똑바로 바라보다 / Dieser mußte sie senken: Dieser 는 지시대명사로서 「후자」의 뜻이고, sie 는 die Augen을 말함 / tun - tat - getan / aus Versehen : 실수로 / nicht wahr? 그렇지

않느냐? 그렇지? / beginnen … zu 부정형＝anfangen … zu 부정형 : … 하기
시작하다 / von diesem Tage an : 이날부터, von nun (heute) an : 지금(오늘)부
터 / jn. lieb haben＝jn. gern haben : ～를 좋아하다

『우리가 아직 국민 학생이었을 때 우리는 담임 선생님으로 아직 나이가 젊은 분
을 모시고 있었다. 그 분은 말이 별로 없었다. 우리는 그분이 연구실에 계실 때
마다 언제나 책을 읽고 계시는 것을 보았다. 어느 추운 겨울날 아침에 눈이 내렸
다. 우리는 눈덩이를 서로 던지며 매우 즐거워하고 있었다. 그 때 그 젊은 선생님
이 교실에 들어가기 위해 교정으로 오셨다. 한 학생이 그분을 향해 눈덩이를 던졌
다. 우리는 모두 놀라서 얼굴이 창백해졌다. 선생님은 그 학생에게로 다가와서 그
앞에서 걸음을 멈추시고 그를 똑바로 바라보셨다. 그 학생은 눈을 내리 깔아야만
했다. 그러나 선생님은 단지 "너는 아마 실수로 그랬겠지, 그렇지?"라고 말씀하
셨을 뿐이었다. 그 학생은 울기 시작했다. 이날부터 우리는 그 젊은 선생님을 매
우 좋아했다.』

56. Während der letzten Jahre meiner Studentenzeit wohnte ich in
einem kleinen Hause eines alten Fräuleins Anna. Ihre Eltern waren
schon gestorben und ihre einzige Schwester hatte einen Arzt in derselben Stadt geheiratet. So blieb die Alte nur allein in ihrem elterlichen
Hause und verdiente ihre Lebensmittel durch das Vermieten des frühe-
ren Familienzimmers. Nun war es Weihnachten. Den Christabend, da
ein starker Schneefall mir den Weg zur Heimat zuschloß, hatte ich in
einer befreundeten Familie zugebracht. Am andern Morgen trat ich zu
Anna in die Kammer, um ihr den Glückwunsch zum Feste zu sagen.
Sie saß einsam am Tisch.

   „Wie haben Sie denn gestern Ihren Weihnachtsabend zugebracht?"
fragte ich. Sie sah zu Boden und antwortete: „Zu Hause." „Zu Hause?
Und waren Sie nicht bei Ihren Schwesterkindern?" „Ach," sagte sie,
„seit meine Mutter gestern vor zehn Jahren hier in diesem Bett starb,
bin ich am Weihnachtsabend nicht ausgegangen."

   Also war sie denn zu Hause in dem kleinen Zimmer geblieben, wo
sie als Kind gespielt, wo sie später ihren Eltern die Augen zugedrückt

hatte. Und als es dunkel wurde, überließ sie sich ungestört der Erinnerung aller Weihnachtsabende ihres Lebens.

▦ während 「~동안에」는 2격지배 전치사 / die Studentenzeit 대학생 시절 / jn.
heiraten=sich⁴ mit jm. verheiraten : ~와 결혼하다 / die Alte 「노파」는 형용사
의 명사화 / et.⁴ durch et. verdienen : ~을 하여 ~을 벌다 / die Lebensmittel
(Pl.) 식료품 / das Vermieten=die Vermietung 세 놓음, 임대 / (das) Weihnachten 크리스마스 / der Christabend=der Weihnachtsabend 크리스마스 이브 /
da=weil 「... 하기 때문에」은 종속접속사 / der Schneefall 눈이 내림 / die
Heimat 고향 / zuschließen (자물쇠로) 잠그다, 폐쇄하다 / zubringen=verbringen (때를)보내다 / am andern Morgen : 다음날 아침에 / die Kammer 작은 방
/ um ... zu 부정형 : ... 하기 위하여 / der Glückwunsch 축하 / das Fest 축제
/ zu Boden (zur Erde) sehen : 눈을 내리깔다 / zu Haus[e] : 집에(서) / bei+
사람 : ~집에 / das Schwesterkind 생질[녀] / seit=seitdem 「... 이래」은 종속
접속사 / also=folglich 그러므로 / wo 는 관계부사로서 선행사는 Zimmer / jm.
die Augen zudrücken : ~의 눈을 감겨주다 / Und als es dunkel wurde: als
「... 했을 때」는 종속접속사이고, es 는 비인칭 주어 / sich⁴ et.³ überlassen : ~
에 몰두하다 / die Erinnerung 기억, 추억

『나의 대학생 시절의 마지막 몇 해동안 나는 나이 많은 Anna 양의 작은 집에서
살았다. 그녀의 부모는 이미 돌아가셨고 그녀의 단 하나 있는 누이는 같은 도시의
의사와 결혼 했었다. 그래서 이 노파는 단지 혼자 자기 부모집에 머물러 있으면서
전에 가족이 쓰던 방을 세놓아 생계를 이어가고 있었다. 이제 크리스마스가 되었
다. 폭설이 나의 귀향길을 차단했기 때문에 크리스마스 이브를 나는 친하게 지내던
한 가정에서 보냈다. 다음날 아침 나는 Anna에게 축제의 축하 인사를 하기 위해
그녀의 방으로 들어갔다. 그녀는 외롭게 책상 옆에 앉아 있었다. "대관절 어제 크
리스마스 이브는 어떻게 보내셨읍니까?" 하고 나는 물어보았다. 그녀는 눈을 내
리깔면서 "집에서 보냈지요." 하고 대답했다. "집에서요? 그러면 생질들 집에는
가시지 않았어요?" "아! 나의 어머니께서 10년전 어제 이 침대에서 돌아 가신 이
래 나는 크리스마스 이브에는 외출한 적이 없었어요." 하고 그녀는 말했다. 그래
서 그녀는 집에서 어릴때 놀았던, 후에는 자기 부모님의 두 눈을 감겨드렸던 그
작은 방에 머물러 있었던 것이다. 날이 어두워졌을 때 그녀는 조용히 자기가 지내
온 모든 크리스마스 이브의 추억에 잠겼다.』

第 8 課 복합시칭·형용사의 비교변화

§1. 동사의 복합시칭

● 복합시칭의 형태

현재완료 : haben·sein 의 현재＋과거분사 (문미) 과거완료 : haben·sein 의 과거＋과거분사 (문미) 미   래 : werden 의 현재＋부정형 (문미) 미래완료 : werden 의 현재＋과거분사＋haben·sein (문미)

A. 완료형에서 sein 을 취하는 동사

자동사 중에서

① 장소의 이동을 나타내는 것 :

gehen, kommen, fahren, laufen, reisen, schwimmen 등

Mein Sohn ist eben nach Hause gekommen.

Er ist sehr schnell in die Schule gelaufen.

② 상태의 변화를 나타내는 것 :

sterben, wachsen, schmelzen, erwachen, genesen, einschlafen

(죽다)　(성장하다)　(녹다)　　(잠을 깨다) (병이 낫다) (잠들다)

Sein Vater ist vor drei Jahren gestorben.

Er ist von seiner langen Krankheit genesen.

③ sein, werden, bleiben 동사

Ich bin schon in Deutschland gewesen.

Das Wetter ist wieder schön geworden.

Sie ist lange bei mir geblieben.

④ 3격지배 자동사 중에서 8개 :

begegnen, folgen, geschehen, weichen, gelingen, mißlingen, glücken,

(만나다) (따라가다) (생기다)　(비켜주다) (성공하다) (실패하다) (성공하다)

mißglücken

(실패하다)

Ich bin auf der Straße deinem Bruder begegnet.

Es ist mir gelungen.

B. 완료형에서 haben 을 취하는 동사

① 타동사 전부 : Das Mädchen hat das Fenster geöffnet.
② 재귀동사 전부 : Ich habe mich auf den Stuhl gesetzt.
③ 화법조동사 전부 : Er hat es gekonnt.
④ 비인칭동사 대부분 : Es hat gestern stark geregnet.
⑤ sein 지배동사를 제외한 자동사 전부

§2. 형용사의 비교변화

〔비교급은 원급+er, 최상급은 원급+st〕

● 불규칙 비교변화 (6개 뿐)

원 급		비 교 급	최 상 급
groß	큰	größer	größt
gut	좋은	besser	best
hoch	높은	höher	höchst
nah	가까운	näher	nächst
viel	많은	mehr	meist
wenig	적은	{weniger / minder	{wenigst / mindest

A. 부가어적 용법

비교급이나 최상급이 부가어적으로 쓰일 때는 원급과 같이 형용사 어미 변화를 한다.

원 급 : die *schöne* Blume 「아름다운 꽃」
비교급 : die *schönere* Blume 「보다 아름다운 꽃」
최상급 : die *schönste* Blume 「가장 아름다운 꽃」

B. 술어적 용법

1) 원 급

「(eben)so+원급+wie (od, als)」: 같은 정도를 나타내는 형식 (~와 꼭 같은)
Ich bin so alt wie er.
Mein Sohn ist ebenso groß wie ich.

2) 비교급

「비교급+als」: 〈A는 B보다 ~한〉으로 표현하는 비교의 형식
Giesela ist jünger als Ursula.
Heute ist das Wetter besser als gestern.

🌑 최상급의 술어적 용법

1) | **der -ste** | 「같은 종류 중에서 그 정도가 최고일 때」 쓰는 형식

Er ist der fleißigste von allen Mitschülern (unter allen Mitschülern, aller Mitschüler).

Sie ist die schönste von drei Schwestern.

2) | **am -sten** | {① 「다른 종류 중에서 그 정도가 최고일 때」 쓰는 형식
{② 「일정한 조건하에서 그 정도가 최고일 때」 쓰는 형식

Er ist am fleißigsten kurz vor der Prüfung.

Der Teich ist tief, der See ist noch tiefer, aber das Meer ist am tiefsten.

57. Gestern hat ein Student unserer Universität ein Kind vor dem Ertrinken gerettet. Das Kind hatte allein in der Nähe des Flusses gespielt und war plötzlich ins Wasser gefallen. Der Student, ein guter Schwimmer, sah das Unglück von weitem, lief schnell zum Fluß und sprang auch ins Wasser. Das Wasser hatte an dieser Stelle zwar eine Tiefe von mehr als zwei Metern, aber glücklicherweise war die Strömung nicht allzu stark. Bald hatte der Student das Kind erreicht; er faßte es an den Kleidern und brachte es sicher ans Ufer. Dort hatten sich schon mehrere Leute versammelt. Sie lobten den Mut des Studenten und freuten sich über die gelungene Rettung.

〓 das Ertrinken 익사 / 「hatte … gespielt und war … gefallen」, 「hatte … erreicht」, 「hatten … versammelt」 등은 모두 과거완료형 / in der Nähe : 가까이에(서) / der Fluß 강 / Der Student 와 ein guter Schwimmer 는 동격 / das Unglück 불행, 사고 / von weitem=aus der Ferne : 멀리서부터 / an dieser Stelle : 이 장소에서 / zwar …, aber (doch) … : 사실 …이긴 하지만 / eine Tiefe von mehr als zwei Metern : 2미터 이상의 깊이 / glücklicherweise=zum Glück : 다행히도 / die Strömung 흐름 / allzu 너무나 / et.⁴ erreichen : ~에 도달하다 / jn. an (bei) et.³ fassen : (누구)의 (무엇)을 잡다 / das Kleid 옷 / das Ufer 강가 / mehrere Leute : 몇몇 사람들, 여러 사람들 / sich⁴ versammeln : 모이다 / der Mut 용기 / sich⁴ über et.⁴ freuen : ~을 기뻐하다 / gelungen 성공한 / die Rettung 구조

『어제 우리 대학의 어떤 학생이 익사전의 한 아이를 구해 냈다. 그 아이는 혼자 강 부근에서 놀다가 갑자기 물속에 빠졌었다. 수영을 아주 잘 하는 그 학생이 그 사고를 멀리서 목격하고 빨리 강으로 달려가서 물속으로 뛰어 들었다. 이곳에는 2미터 이상의 깊이였지만 다행히도 물살이 그렇게 세지 않았다. 곧 학생은 아이있 는 곳에 도달했다. 그는 그 아이의 옷을 잡고 아이를 안전하게 강가로 데려 왔다. 그곳에는 이미 여러 사람들이 모였었다, 그들은 그 학생의 용기를 칭찬하고 성공 적인 구조를 기뻐했다.』

58. Ich hatte mir einmal schon lange gewünscht, mit einem Fischerkahn hinaus auf die Nordsee zu fahren. Heute sollte mein Wunsch in Erfüllung gehen.

Es war sieben Uhr abends, als ich klopfenden Herzens in den schaukelnden Fischerkahn stieg. Die Sonne ging gerade unter, und es sah wunderschön aus, wie die weißen Wölkchen rotgolden aufleuchteten. Uns schien es, als würde unser Schiff in die goldene Sonnenglut hineinfahren. Schließlich war die Sonne ganz untergegangen, und nur ihr rosaroter Widerschein spiegelte sich in den Wolken. Langsam brach die Dämmerung herein, und es wurde immer düsterer. Je dunkler der Himmel wurde, desto heller wurde das stille Meer, das wie aus tausend kleinen Lämpchen leuchtete. Der Nachtwind strich sanft über die spiegelglatte Meeresfläche hin und drehte kleine Kreise auf dem Wasser. Ich lehnte an der Reling und schaute in das tiefe, unergründliche Meer hinab. Allmählich erhob sich ein kühler Nachtwind und verwandelte das ruhige Wasser in kleine schäumende Wellen. Der Himmel war nun tiefschwarz geworden; hier und da leuchteten Sterne auf.

Ich war noch ganz benommen von dieser herrlichen Fahrt, als wir an Land gingen, und ich werde sie nie vergessen.

🔠 schon lange : 이미 오래전에 / sich[3] wünschen : (자기를 위하여) 원하다 / der Fischerkahn 고깃배, 어선 / mit einem Fischerkahn … zu fahren 은 gewünscht의 목적어 /sollte 는 접속법 II식의 현재로서 겸손한 요구를 나타내는 외교화법 / in Erfüllung[4] gehen : 실현되다, 이루어지다 /Es 는 시각을 나타내는 비인칭주어 / klopfenden Herzens 「두근거리는 가슴으로」는 2격 부사구로 쓰이는 숙어적 표현 / klopfend, schaukelnd, schäumend 등은 현재분사로서 형용사로 쓰였음 / es 는 wie 이하를 받고, wie 는 daß 와 유사한 뜻으로 쓰였음 / aussehen ∼으로 보이다 / das Wölkchen 「작은구름, 조각구름」은 die Wolke 의 축소명사 / aufleuchten 번쩍 빛나다 / Es scheint jm, als+동사(접속법 II식)+주어(=als ob+주어 … 동사(접속법 II식) : ∼에게는 마치 …처럼 보이다 / die Sonnenglut 태양의 작열 / der Widerschein 반사, 반조(反照) / sich[4] spiegeln : 비치다 / die Dämmerung 여명, 황혼 / immer+비교급=비교급 und 비교급 : 점점 ∼한 / je+비교급, desto (umso)+비교급 : …하면 할수록, 더욱더 …하다 / über (an) et.[4]

hinstreichen : ~을 스쳐 지나가다 / die Meeresfläche 해면 / die Reling (선박의) 난간 / unergründlich (깊이를) 헤아릴 수 없는 / sich⁴ erheben : (바람 따위가) 일어나다` / et.⁴ in et.⁴ verwandeln : ~을 ~으로 변화시키다 / die Welle 물결, 파도 / hier und da : 여기저기에 / benommen 마비된, 몽롱한 / an[s] Land gehen : 상륙하다 / und ich werde sie nie vergessen : sie 는 dieser herrlichen Fahrt 를 받음 / nie 결코 …않다

『 나는 언젠가 이미 오래전에 고깃배를 타고 바깥 북해로 나가 보기를 동경했었다. 오늘 나의 소망이 이루어져야만 한다. 내가 두근거리는 가슴으로 흔들리는 고깃배에 탔을 때는 저녁 7시였다. 해는 마침 지고 있었고 흰 작은 구름들이 붉은 황금빛으로 빛나는 모습은 참으로 아름답게 보였다. 우리에게는 우리 배가 마치 황금빛의 작열하는 태양속으로 들어갈 것 같은 느낌이었다. 마침내 해는 완전히 져버리고 해의 붉은 장미빛 반조(反照)만이 구름속에 비쳤다. 천천히 황혼이 찾아들고 점점 어두워져 갔다. 하늘이 어두워지면 질수록 수많은 작은 램프에서부터 나오는 것같이 반짝이는 고요한 바다는 더욱 밝아졌다. 밤바람이 부드럽게 거울같이 매끄러운 해면을 스쳐 지나가며 물 위에 작은 원을 그렸다. 나는 난간에 기대어 깊고도 헤아릴 수 없는 바닷 속을 내려다 보았다. 점점 차가운 바람이 일어나 잔잔한 물을 작은 거품이 이는 물결로 바꾸어 놓았다. 하늘은 이제 새까매졌다. 여기 저기에서 별들이 반짝이고 있었다. 우리가 상륙했을 때도 나는 이 멋있는 항해에 완전히 사로 잡혀 있었다. 나는 이번 항해를 결코 잊지 못할 것이다.』

59. Wird die Maschine eines Tages alle menschliche Kraft ersetzen? Werden wir Menschen gar nicht zu arbeiten brauchen? Wird die Maschine sogar denken können ganz wie wir? Wenn so, werden wir am Ende unsere Denkfähigkeit verlieren. Unser Hirn wird mit der Zeit entarten. Unser Kopf wird dann kleiner und kleiner, wir werden fast wie Affen aussehen. Eine solche Vorstellung ist wohl zu düster, aber nicht ohne Grund.

▦ 「werden … 부정형」은 미래형 / die Maschine 기계 / eines Tages 「어느날」은 2격 부사구 / die Kraft 힘 / ersetzen 대치하다. 보충하다 / brauchen … zu 부정형 : …할 필요가 있다 / sogar 더우기, 뿐만 아니라 / Wenn so=Wenn die Maschine denken kann ganz wie wir /am Ende : 결국, 필경 / die Denkfähigkeit 사고력 / verlieren 잃다 / das Hirn 뇌 / mit der Zeit=nach und nach : 점차로 /ent-

arten 퇴화하다 / kleiner und kleiner=immer kleiner : 점점 작은 / der Affe 원
숭이 / aussehen ∼로 보이다 / die Vorstellung 관념, 상상 / wohl=vielleicht
=wahrscheinlich 아마도 / zu 「너무나」는 부사로 쓰였음 / düster 침침한, 침울
한 / der Grund 근거, 이유

『 기계가 어느날 인간의 모든 힘을 대신할 것인가? 우리 인간들은 전혀 일할 필
요가 없을 것인가? 기계가 우리와 똑같이 생각까지도 할 수 있을 것인가? 만일
그렇다면 우리는 필경 우리의 사고력을 상실하고 말 것이다. 우리의 뇌는 점차로
퇴화 될 것이다. 우리의 머리는 그러면 점점 작아지고, 우리는 거의 원숭이 같이
보일 것이다. 그러한 상상은 아마 너무나도 슬픈 일이지만 근거 없는 것은 아닐
것이다.』

60. Wir wohnen im Vorort einer Stadt. Unsere Stadt ist zwar viel
kleiner als die Großstadt Berlin oder Hamburg, aber man bezeichnet
sie doch als eine größere Stadt. Sie hat ungefähr 100000(hunderttausend)
Einwohner. Ich besuche schon die höhere Schule, während meine
Schwester Luise noch in die Volksschule geht. Sie ist neun Jahre alt
und sieben Jahre jünger als ich. Luise spielt gern Klavier, aber lieber
noch spielt sie mit der Puppe. Ich selbst spiele am liebsten Tennis.
Wenn das Wetter schön ist, spiele ich nach der Schule mit meinen
Freunden. Der Tennisplatz liegt hinter dem Schulgebäude. Ich spiele
nicht so gut wie Fritz. Er ist wirklich der beste Spieler in unserer
Klasse. Ganz müde komme ich erst spät nachmittags nach Hause.
Trotzdem verlasse ich morgens früher das Haus als Luise, und zwar
schon um halb acht, denn mein Gymnasium liegt von unserer Wohnung
weiter entfernt als ihre Schule.

der Vorort=die Vorstadt 교외 / zwar …, aber (doch)… : 사실 …이긴 하지
만 / viel+비교급 : 훨씬 ∼한 / 비교급+als∼ : ∼보다 더 / jn. (et.⁴) als et.⁴
bezeichnen : ∼를 ∼이라고 부르다 / eine größere Stadt 「중소도시」의 größere
는 절대적 비교급 / ungefähr=etwa 약 / der Einwohner 주민, 인구 / die höhere

Schule=die Oberschule 고등학교 / während 「…하는 동안에, 한편」는 종속접 속사 / die Volksschule 국민학교 / Klavier⁴ spielen : 피아노를 치다, Tennis⁴ spielen : 테니스를 하다 / gern 「즐겨」- lieber - am liebsten /die Puppe 인형 / das Schulgebäude 교사(校舍) / so … wie (als)~ : ~와 똑같이 / der Spieler 선수 / trotzdem=dennoch 그럼에도 불구하고 / und zwar : 더우기 / um halb acht : 7시 반에 / denn 「왜냐하면」은 등위접속사 / das Gymnasium 고등학교 (8, 9 년 제의 독일 인문계) / entfernt 떨어진

『 우리는 한 도시의 교외에 살고 있다. 우리 도시는 사실 대도시인 Berlin 이나 Hamburg 보다는 훨씬 작지만 사람들은 우리 도시를 중소도시라 부른다. 우리 도 시는 인구가 약 10만이다. 나는 이미 고등학교에 다니는데, 나의 누이동생 Luise 는 아직 국민학교에 다닌다. 그녀는 9세이고 나보다 7세 아래다. Luise 는 피아노 치기를 좋아 하지만 아직도 인형을 가지고 놀기를 더 좋아한다. 내 자신은 정구치 는 것을 가장 좋아한다. 날씨가 좋으면 나는 방과후에 내 친구들과 경기를 한다. 정구장은 학교 건물 뒤에 있다. 나는 Fritz 만큼 잘 치지는 못한다. 그는 정말 우 리 학급에서 가장 훌륭한 선수다. 완전히 지쳐서 나는 오후 늦게야 비로소 집으로 온다. 그렇지만 나는 아침에 Luise 보다 일찌기, 더우기 7시 반이면 벌써 집을 떠 난다. 왜냐하면 나의 고등학교는 그녀의 학교보다 우리집에서 더 멀리 떨어져 있 기 때문이다. 』

6 1. Es ist schade, daß die größten und stärksten Länder der Erde Krieg gegeneinander führen wollen. Statt zu versuchen, einander besser zu versuchen, nehmen sie immer an, daß der Krieg nötig ist. Was trennt alle diese einander gar nicht verstehenden Völker? Was läßt den Krieg so leicht eintreten? Hier ist die Antwort darauf: Weil die ver- schiedenen Länder verschiedene Sprachen haben: das macht es fast unmöglich, daß sie einander verstehen und lieben.

▦ Es 는 daß 이하를 받음 / schade 유감스러운 / die größten und stärksten Länder: 최강대국들 / gegen ein Land Krieg⁴ führen : 어떤 나라와 전쟁을 하다 / statt … zu 부정형 : …하는 대신에 / versuchen … zu 부정형 : …하려고 시도하다 / anneh- men 가정(추측)하다, ~라고 생각하다 / Was가 주어이고, alle diese … Völker 는 trennt 의 목적어. einander gar nicht verstehenden 은 Völker 를 수식하는 관

식구. nicht 는 verstehend 를 부정하는 부분부정 / lassen 「…하게 하다」은 준화
법 조동사로서 zu 없는 부정형과 결합 / eintreten 발을 들여놓다, 일어나다 / die
Antwort darauf : 그것에 대한 대답 / weil 「…하기 때문에」은 종속접속사 /ver-
schieden 같지 않는, 여러가지의 /das macht es fast unmöglich, daß … : das 는
앞 문장의 내용을 가리키고, es 는 daß 이하를 받음.

『 지상의 최강대국들이 서로 전쟁을 하려고 하는 것은 유감스러운 일이다. 서로
더 잘 이해하려고 노력하지는 않고 전쟁은 필요한 것이라고 그들은 항상 생각한
다. 서로 전혀 이해하지 못하는 이 모든 민족들을 갈라 놓는 것은 무엇인가? 전
쟁을 그렇게도 쉽게 일어나게 하는 것은 무엇인가? 여기에 그것에 대한 답변이 있
다. 즉, 서로 다른 나라들이 서로 다른 언어를 갖고 있기 때문이다. 그것은 그들
이 서로 이해하고 사랑하는 것을 거의 불가능하게 한다.』

62. Heidelberg liegt am linken Ufer des Neckars. Es ist eine der
schönsten Städte in Deutschland. Auch die Umgebung von Heidelberg
mit ihren Bergen und Wäldern ist sehr lieblich. Aber Heidelberg ist am
bekanntesten durch seine Universität, die im Jahre 1386 gegründet
wurde. Sie ist die älteste deutsche Universität nach Prag und Wien. In
Heidelberg studierte der Dichter Scheffel zwei Jahre und dichtete viele
lustige Studentenlieder, die heute noch gesungen werden.

Ein anderer deutscher Dichter, Wilhelm Meyer Förster (1862—1934),
schrieb im Jahre 1900 einem Roman „Karl Heinrich," in dem er das
Studentenleben in Heidelberg beschreibt. Der Sohn eines Fürsten kommt
als Student nach Heidelberg und verliebt sich in eine einfache Kellnerin,
aber nach einer Zeit des größten Glücks müssen sie scheiden. Dieser
Roman wurde im Jahre 1901 dramatisiert und wurde einer der größten
theatralischen Erfolge.

Auch sehr bekannt ist das Heidelberger Schloß, das in den 1689 und
1693 von den Franzosen zerstört wurde. Es ist eine der schönsten und
großartigsten Ruinen der deutschen Renaissance. Im Keller des Schlosses
zeigt man das Heidelberger Faß, das im Jahre 1751 gebaut wurde. Es ist

acht und ein halb Meter lang, sieben Meter breit und kann mehr als
220, 000 Liter Wein fassen.

▦ das Ufer 강가 / eine der schönsten Städte 「가장 아름다운 도시들 중의 하나」,
einer der größten Erfolge 「가장 큰 성과중의 하나」, eine der schönsten Ruinen
「가장 아름다운 파괴된 건축물중의 하나」 등의 eine, einer 는 부정대명사로서 정
관사 어미 변화를 함 / die Umgebung 주위, 환경 / am bekanntesten 「가장 유
명한」은 최상급의 술어적 용법 / 「gegründet wurde」, 「gesungen werden」,
「wurde … dramatisiert」, 「zerstört wurde」, 「gebaut wurde」 등은 모두 수동형
/ der Dichter 시인 / das Lied 노래 / der Roman 소설 / der Fürst 군주, 영주
/ sich⁴ in jn. verlieben : ~에게 반하다 / die Kellnerin 여급(女給) / das Glück
행복 (↔das Unglück) / scheiden 헤어지다 / der Erfolg 성과 / das Heidelberger
Schloß : 하이델 베르크성(城). 도시명을 형용사로 쓸 때는 뒤에 오는 명사의 성
·수·격에 관계없이 -er 를 붙인다 / großartig 웅대한, 훌륭한 / die Luine 페
허, 파괴된 건축물 / der Keller 지하실 / das Faß 통 / fassen 담다

『 Heidelberg 는 Neckar 강의 왼쪽 강변에 있다. 하이델베르크는 독일에서 가장
아름다운 도시들중의 하나이다. 산과 들이 있는 하이델베르크의 주변도 매우 경치
가 좋다. 그러나 하이델베르크는 1386년에 세워진 대학을 통하여 가장 잘 알려져
있다. 그 대학은 Prag 나 Wien 다음으로 독일의 가장 오래된 대학이나. 하이델베
르크에서 시인 Scheffel 는 2 년 동안 대학에 다녔고 많은 명랑한 학생의 노래를 썼
는데, 그 노래들은 오늘날도 불려지고 있다. 또 다른 독일의 시인 Wilhelm Meyer
Förster(1862—1934)는 1900년에 „Karl Heinrich" 라는 소설을 썼는데, 그 소설에서
그는 하이델베르크에서의 학생 생활을 그리고 있다. 한 영주의 아들이 학생으로
하이델베르크에 와서 소박한 한 여급에게 반하지만 가장 큰 행복의 시간이 지나간
후에 그들은 헤어져야만 한다. 이 소설은 1901 년에 희곡화되어 연극의 가장 큰 성
과중의 하나가 되었다.
1689 년과 1693 년에 프랑스인들에 의해 파괴되었던 하이델베르크 성(城)이 또한
매우 유명하다. 그 성은 독일 르네상스의 가장 아름답고 웅대한 파괴된 건축물 중
의 하나이다. 성 지하실에서는 1751 년에 건조된 하이델베르크의 통을 볼 수 있다.
그 통은 길이가 8. 5 미터, 폭은 7 미터이고 220, 000 리터 이상의 포도주를 담을 수
있다. 』

63. Wer eine große Tat vollbringen will, muß allerdings wohl überlegen, wie er am besten zu seinem Ziele gelangen kann, aber er muß unter den vielen Wegen schnell den rechten und unter den vielen Mitteln das zweckmäßigste wählen.

||||||||||||||||||||||||||||||||||||||||||||||||||||

▦ Wer 는 관계대명사로서 후행사인 지시대명사 der 가 생략되었음 /die große Tat: 위업(偉業) / vollbringen 완성하다, 성취하다 / allerdings=freilich=natürlich= selbstverständlich 물론 / wohl überlegen : 신중히 숙고하다 /wie 이하는 über-legen 의 목적어 / er 는 「Wer … will」을 받음 / am besten 「가장 잘」은 부사의 최상급 / zu dem (an das) Ziel gelangen : 목표에 도달하다 / unter=von ~중 에서 / Mittel und Wege : 수단과 방법 / den rechten 다음에는 Weg wählen, das zweckmäßigste 다음에는 Mittel 이 생략되었음 / zweckmäßig 목적에 적합한 / wählen 고르다, 선택하다

『 위업을 성취하려는 사람은 어떻게 하면 자기가 가장 잘 자기의 목표에 도달할 수 있는가를 물론 신중히 숙고해야만 하겠지만, 수많은 방법 중에서 재빨리 옳은 방법을, 수많은 수단 중에서 가장 목적에 적합한 수단을 선택해야만 한다. 』

64. Einer der bekanntesten deutschen Komponisten ist Ludwig van Beethoven (1770~1827). Er arbeitete sehr fleißig und schufen viele höchst interessante Werke. Von seinen Werken sind die Sinfonien am bekanntesten. Seine größte und berühmteste Sinfonie ist die Neunte.

Beethoven lebte während seiner Jugend in Deutschland. Im Jahre 1792 ging er nach Wien und blieb dort bis zu seinem Tode. Man erzählt die folgende Geschichte von ihm. Jeden Tag ging Beethoven in ein gewisses Restaurant in Wien, um dort sein Mittagessen zu essen. Eines Mittags setzte er sich an seinen gewöhnlichen Platz, ohne einen von den Gästen am Tische zu grüßen. Der Kellner, der ihn oft gese-hen hatte, stellte Brot und Butter und eine Flasche Wein auf den Tisch und brachte ihm die Speisekarte. Beethoven nahm ein kleines Heft aus der Tasche, stützte den Kopf auf den rechten Arm, und von Zeit zu Zeit schrieb er etwas in das Heft. Der Kellner kam immer wieder, aber Beethoven merkte es nicht. Es wurde immer später, aber Beethoven blieb bis sechs Uhr abends sitzen. Plötzlich rief er den Kellner und sagte: „Kellner, die Rechnung bitte!" „Aber Sie haben heute noch nichts gegessen," antwortete der Kellner. „So? Auch gut!" sagte Beethoven, nahm seinen Hut und ging aus.

|||||||||||||||||||||||||||||||||||||||||||||||||||||||||

▦ einer der bekanntesten Komponisten 「가장 유명한 작곡가들 중의 한 사람」, einen von den Gästen 「손님들 중의 한 사람」의 einer 와 einen 은 부정대명사로서 정관사의 어미변화를 함 / schaffen 「창조하다」- schuf - geschaffen / das Werk 작품 / am bekanntesten 「가장 잘 알려진」은 최상급의 술어적용법 / die Neunte =die neunte Sinfonie /während 「~동안에」는 2 격지배 전치사 / bis zum Tode : 죽을 때까지 / die Geschichte 이야기, 역사 / jeden Tag=alle Tage 「매일」는 4 격 부사구 / gewiß 어떤, 확실한 / um … zu 부정형 : …하기 위하여 / eines Mittags 「어느날 정오에」는 2 격 부사구 / sich⁴ setzen : 앉다 / ohne … zu 부정형 : …하지 않고 /jn. grüßen : ~에게 인사하다 / der Kellner(식당·술집 따위의) 보이 / eine Flasche (zwei Flaschen) Wein : 포도주 한병(두병) / die Speisekarte 메뉴 / et.⁴ aus der Tasche nehmen : ~을 주머니에서 꺼내다 / stützen 받치다, 괴다 / von Zeit zu Zeit=dann und wann=ab und zu : 때때로 / immer wieder : 몇번이고 되풀이하여 / merken 알아채다 / Es wurde immer später : Es 는 비인칭 주어. immer+비교급=비교급 und 비교급 : 점점 ~한 / sitzenbleiben 앉은 채로 있다 / Die Rechnung bitte! 계산서 가져와요!

『 독일의 가장 유명한 작곡가들 중의 한사람은 Ludwig van Beethoven (1770~18 27) 이다. 그는 매우 열심히 노력하여 극히 흥미 있는 많은 걸작들을 만들어 냈다. 그의 작품들 중에서는 교향곡이 가장 잘 알려져 있다. 그의 가장 훌륭하고 유명한 교향곡은 제 9 교향곡이다.

Beethoven 은 어린 시절에 독일에서 살았다. 1792 년에 그는 Wien 으로 가서 그가 죽을 때까지 거기에 머물렀다. 그에 관해 다음과 같은 이야기가 전해지고 있다. 매일 Beethoven 은 점심을 먹기 위해 Wien 에 있는 어떤 식당으로 갔다. 어느날 정오에 그는 식탁가에 있는 손님들 중 어느 사람에게도 인사하지 않고 그가 평소에 앉던 자리에 앉았다. 그를 자주 보았던 보이가 빵과 버터와 포도주 한병을 식탁 위에 놓고 그에게 메뉴를 갖다 주었다. Beethoven 은 주머니에서 작은 노트를 꺼내어 놓고 머리를 오른팔에 괴고 때때로 뭔가를 노트에 적었다. 보이가 몇번이고 되풀이하여 왔으나 Beethoven 은 그것을 느끼지 못했다. 날은 점점 저물어 갔으나

Beethoven 은 저녁 6시가 될 때까지 앉은 그대로 있었다. 갑자기 그는 보이를 불러 "보이, 계산서를 가져와요!"하고 말했다. "하지만 선생님께서는 오늘 아직 아무 것도 잡수시지를 않으셨읍니다."하고 보이가 대답했다. "그래요? 그럼 ，어요!" 하고 Beethoven은 말하고 자기의 모자를 쥐고 밖으로 나갔다.』

▶ 시계의 시간 표현법

Uhr (복수 없음) 시, Minute (f. -n) 분, Sekunde (f. -n) 초
Wieviel Uhr ist es? Wie spät ist es? 몇시냐?

1. 00 Uhr=Es ist eins (od. ein Uhr).
2. 00 Uhr=Es ist zwei (Uhr).
3. 05 Uhr=Es ist fünf (Minuten) nach drei (Uhr).
3. 10 Uhr=Es ist zehn nach drei.

* [후]는 nach, [전]은 vor이다. 분(分)다음에 전치사가 없으면 (auf)가 생략된 것이다. auf는 몇 시를 향해서 진행 중이라는 뜻이다.

3. 15 Uhr=Es ist (ein) Viertel nach drei./Viertel vier.
3. 30 Uhr=Es ist halb vier.
3. 45 Uhr=Es ist (ein) Viertel vor vier. /drei Viertel vier.

* 30분은 halb $\left(\frac{1}{2}\right)$, 15분은 ein Viertel $\left(\frac{1}{4}\right)$, 45분은 drei Viertel $\left(\frac{3}{4}\right)$

3. 20 Uhr=Es ist zwanzig nach drei. / zehn vor halb vier.
3. 25 Uhr=Es ist fünf vor halb vier.
3. 35 Uhr=Es ist fünf nach halb vier.
3. 40 Uhr=Es ist zehn nach halb vier. / zwanzig vor vier.

* 30분을 중심으로 한 10분 전후는 보통 halb를 기준으로 표현한다.

3. 50 Uhr=Es ist zehn vor vier.
3. 55 Uhr=Es ist fünf vor vier.
4. 00 Uhr=Es ist vier (Uhr).

▦ 24時를 기준으로 하는 경우 (기차 시간 등)에는 다음과 같다.

8. 05 Uhr=acht Uhr fünf (Minuten)
9. 25 Uhr=neun Uhr fünfundzwanzig
10. 10 Uhr=zehn Uhr zehn
11. 15 Uhr=elf Uhr fünfzehn
12. 30 Uhr=zwölf Uhr dreißig
13. 00 Uhr=dreizehn Uhr / ein Uhr nachmittags
0. 10 Uhr=Null Uhr zehn / zehn nach zwölf nachts

第 ⑨ 課   소유대명사 · 수사

§1. 소 유 대 명 사

	1 인 칭	2 인 칭	3 인 칭 m. f. n.		
단 수	mein	dein	sein	ihr	sein
복 수	unser	euer	ihr (Ihr)		

A. 부가어적 용법

명사앞에 놓여 소유를 나타낼 때 쓰이는 용법으로 명사의 성·수·격에 따라 단
수에서는 부정관사와 같이, 복수에서는 정관사와 같은 어미변화를 한다.

	m.	f.	n.	pl.
N.	mein Vater	meine Mutter	mein Kind	meine Eltern
G.	meines Vaters	meiner Mutter	meines Kindes	meiner Eltern
D.	meinem Vater	meiner Mutter	meinem Kind	meinen Eltern
A.	meinen Vater	meine Mutter	mein Kind	meine Eltern

B. 술어적 용법

주어가 성·수를 밝히는 명사이거나 또는 인칭대명사일 경우에는 술어가 되는 소
유대명사는 변화하지 않고 원형 그대로 써서 소유를 나타낸다.

* Der Bleistift ist mein.
* Die Feder ist dein.
* Das Buch ist sein.
* Die Hefte sind unser.
* Ich bin dein, du bist mein.

C. 명사적 용법

	m.	f.	n.	pl.
1.	meiner	meine	mein[e]s	meine (정관사 어미변화)
2.	der meine	die meine	das meine	die meinen (형용사의 약변화)
3.	der meinige	die meinige	das meinige	die meinigen (형용사의 약변화)

위의 3가지 형태는 용법상의 차이가 전혀 없다.

1) 성·수에 관계없이 쓰이는 소개의 지시사 das, es, dies, jenes 등이 주어일 때

는 명사적 용법을 써서 지시하는 명사의 성·수를 밝힌다.

* Wem gehört der Bleistift?　　Das (Es) ist meiner, der mein[ig]e.

* Wem gehört die Feder?　　　Das (Es) ist meine, die mein[ig]e.

* Wem gehört das Buch?　　　Das (Es) ist mein[e]s, das mein[ig]e.

* Wessen Hefte sind das?　　　Das (Es) sind meine, die mein[ig]en.

2) 앞에 나온 명사를 다시 되풀이 하지 않고「나의 것」「너의 것」과 같이 뒤에
오는 명사를 생략할 때는 명사적 용법을 써서 앞 명사의 성·수를 밝힌다.

* Das ist mein Bleistift.　　Wo ist deiner, der dein[ig]e?

* Das ist meine Feder.　　　Wo ist deine, die dein[ig]e?

* Das ist mein Buch.　　　Wo ist dein[e]s, das dein[ig]e ?

* Meine Hefte sind viel dicker als deine (die dein[ig]en).

§2. 수 사

A. 기 수

0 null	10 zehn	20 zwanzig	
1 eins	11 elf	21 einundzwanzig	10 zehn
2 zwei	12 zwölf	22 zweiundzwanzig	20 zwanzig
3 drei	13 dreizehn	23 dreiundzwanzig	30 **dreißig**
4 vier	14 vierzehn	24 vierundzwanzig	40 vierzig
5 fünf	15 fünfzehn	25 fünfundzwanzig	50 fünfzig
6 sechs	16 **sech**zehn	26 sechsundzwanzig	60 **sech**zig
7 sieben	17 **sieb**zehn	27 siebenundzwanzig	70 **sieb**zig
8 acht	18 achtzehn	28 achtundzwanzig	80 achtzig
9 neun	19 neunzehn	29 neunundzwanzig	90 neunzig

100 (ein)hundert　　　1000 (ein)tausend

〔註〕① 「1 부터 12 까지」는 외워둘 것.

②「13 부터 19까지」는 1 단위 수 다음에 -zehn 을 붙인다.

③「20 부터 90 까지」는 1 단위 수 다음에 -zig 를 붙인다. (30 은 예외)

④「21 부터 99 까지」는 1 단위 수를 앞에 놓고 und 로 연결하여 10 단위 수를
뒤에 붙인다.

⑤ 백만단위 이상은 수사가 아니고 명사이기 때문에 대문자로 쓰며 200 만 이
상은 복수 어미 〈-en〉을 붙여야 한다.

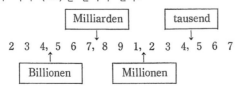

B. 서 수

```
1. → 19. =기수+t
20. 이상  =기수+st
```

① 1. erst　　　3. dritt　　　9. acht 는 예외
② 서수를 숫자로 쓸 때는 〔·〕을 찍어서 기수와 구별한다.
③ 서수는 곧 형용사이다. 서수는 보통 정관사와 함께 쓰이므로 형용사 약변화를 한다.

der erste Sohn 「첫 아들」
die neunte Symphonie von Beethoven (베토오벤의 제 9 교향곡)
meine dritte Tochter 「나의 셋째 딸」
Wir leben im zwanzigsten Jahrhundert. (우리는 20 세기에 살고 있다.)

▶ **Bitte, wiederholen Sie !**

* Wieviel ist eins und eins?
　Eins und eins ist zwei.
* Wieviel ist zwei weniger eins?
　Zwei weniger eins ist eins.
* Wieviel ist dreimal drei?
　Dreimal drei ist neun.
* Wieviel ist vier durch zwei?
　Vier durch zwei ist zwei.

6 5. Mein bester Freund, Fritz Bauer, lebt allein hier in der Universitätsstadt. Die Seinen wohnen auf dem Lande, einige Stunden entfernt mit dem Zug. Heute muß er schnell einmal nach Hause fahren, weil er eine Nachricht von der Erkrankung seiner alten Mutter erhalten hat. „Nach dem Schreib⸝ ist meine Mutter nicht so schwer krank, aber ich möchte die Meinigen nun gerne einmal besuchen," erzählte er mir. Vor der Abfahrt war er bei mir zu Besuch und hat ein interessantes Buch im Bücherregal gefunden. „Wem gehört das Buch hier?" fragte er. „Das ist meins," antwortete ich. „Darf ich dies zur Reiselektüre mitnehmen?" „Jawohl, Fritz, sehr gerne." „Dafür leihe ich dir das meine hier." Und so hat er mir das seine, das er unter dem Arm hatte, gegeben. „Grüße die Deinigen auch bestens von mir!" sagte ich und nahm von ihm für ein paar Tage Abschied.

───────────────────────────

🔠 allein 혼자 / die Universitätsstadt 대학도시 / die Sein(ig)en 「그의 가족」, die Mein(ig)en 「나의 가족」, die Dein(ig)en 「너의 가족」등은 모두 소유대명사의 명사적 용법으로 형용사 약변화를 하며 복수정관사와 함께 첫자를 대문자로씀 / auf dem Land(e) wohnen : 시골에 살다 / einige Stunden entfernt mit dem Zug 는 분사구문으로 관계대명사와 동사가 생략 되었음 (=das einige Stunden mit dem Zug entfernt ist.) / weil=da 「…때문에」는 종속접속사 / erhalten 「받다」- erhielt - erhalten, erhalten hat 는 현재완료형 / nach dem Schreiben=dem Schreiben nach : 편지에 의하면 / möchte 「…하고 싶다」는 mögen 의 접속법 II 식으로 원망 (願望)이나 겸손을 나타낼 때 쓰는 외교화법 / bei jm. zu Besuch sein : ～의 집을 방문하다 / das Bücherregal=der Bücherschrank 책장 / finden - fand - gefunden / jm. gehören : ～에게 속하다 / mein(e)s=das mein(ig)e 「나의 것」는 소유대명사의 명사적 용법 / dürfen 「…해도 좋다」의 현재변화 : ich darf, du darfst, er darf /die Reiselektüre 여행중 읽을 거리 / Und so hat er …, das er … hatte, gegeben : das 는 관계대명사로서 선행사는 das seine 이고, hat 는 gegeben 과 결합하여 현재 완료형 / jn. grüßen : ～에게 인사하다. Grüße 는 du 에 대한 명령형. Grüßen Sie ihn (bestens) von mir! 그에게 내 안부를 전해 주십시오.! / von jm. Abschied nehmen=sich⁴ von jm. verabschieden : ～와 작별하다 / ein paar =einige=mehrere : 2, 3의, 몇몇의

『 나의 가장 친한 친구 Fritz Bauer 는 혼자 이곳 대학 도시에 살고 있다. 그의 가족은 기차로 두서너 시간 거리에 있는 시골에 살고 있다. 오늘 그는 빨리 한번 고향으로 가 보아야 한다. 왜냐하면 그는 자기의 노모의 병환에 관한 소식을 받았기 때문이다. "편지에 의하면 나의 어머니는 그렇게 중환은 아니지만 나는 나의 가족을 이 기회에 한번 만나 보고 싶다."라고 그는 나에게 이야기 했다. 떠나기전에 그는 나의 집을 방문하여 재미있는 책 한권을 서가에서 찾아 냈다. "여기 이 책은 누구 것이냐?" 하고 그는 물었다. "그것은 내 것이다."라고 나는 대답했다. "내가 이것을 여행중 독서용으로 가지고 가도 괜찮겠지?" "그럼, Fritz 야, 괜찮고 말고." "그 대신 나는 너에게 여기 내 것을 빌려 줄께." 그러고서는 그는 팔에 끼고 있던 자기 것을 나에게 주었다. "너의 가족에게 내 안부도 전해 주렴!"하고 나는 말하고 그와 몇일 동안 작별을 고했다.』

66. Der Frühling beginnt am 21. März und endet am 20. Juni. Im März ist es in Deutschland oft noch recht kalt. Im April wechselt das Wetter häufig : Bald ist es warm, bald ist es kalt. Im Mai blühen die Bäume. Für viele Menschen ist der Mai der schönste Monat des Jahres. Im Juni ist es meistens schön warm, manchmal auch schon heiß wie im Sommer.

Der Sommer beginnt beginnt am 21. Juni und dauert bis zum 22. September. Die meisten Leute nehmen ihren Urlaub im Sommer, weil dann das Wetter am schönsten ist.

Der Herbst dauert vom 23. September bis zum 20. Dezember. Die Tage werden kürzer, die Nächte werden länger. Es ist nicht mehr so warm. Morgens ist es manchmal neblig. Der Himmel ist oft bedeckt. Im November ist meistens schlechtes Wetter. Der Wind weht, manchmal gibt es sogar einen Sturm.

Der Winter beginnt am 21. Dezember und endet am 20. März. Wenn viel Schnee fällt, kann man Skilaufen gehen. Wenn es friert, kann man Schlittschuhlaufen gehen. Der 21. Dezember ist der kürzeste Tag des Jahres.

▦ der Frühling 봄, der Sommer 여름, der Herbst 가을, der Winter 겨울 / der
Januar 1월, der Februar 2월, der März 3월, der April 4월, der Mai 5월, der
Juni 6월, der Juli 7월, der August 8월, der September 9월, der Oktober 10
월, der November 11월, der Dezember 12월 / es 는 비인칭 주어 /recht kalt
(warm) : 아주 추운(더운) / (sich⁴) wechseln : 변하다 / häufig 잦은, 빈번한
(↔selten) /bald …, bald … : 때로는…, 때로는… / blühen 꽃이 피어 있다, 꽃이
한창이다 / meistens 대개 / schön (recht) warm : 아주 더운 / manchmal 때때로,
이따금 / dauern 계속되다 / Urlaub⁴ nehmen : 휴가를 받다 / weil 「…때문에」은
종속접속사 / am schönsten 「가장 아름다운」은 최상급의 술어적용법 / kürzer
와 länger 는 비교급 / neblig=nebelig 안개낀, 안개가 짙은 / bedeckter Himmel
: 구름낀 하늘 / es gibt+4격 : ~이 있다 / der Sturm 폭풍(우) / wenn 「만약 …
하면」은 종속접속사 / der Schnee 눈 / Skilaufen⁴ gehen= Schi⁴ laufen (fahren)
: 스키이를 타다, Schlittschuhlaufen⁴ gehen=Schlittschuh⁴ laufen (fahren) : 스
케이트를 타다 / es friert : 얼음이 얼다

『 봄은 3월 21일에 시작되어 6월 20일에 끝난다. 독일의 3월은 아직도 가끔 매우
춥다. 4월에는 날씨가 자주 변한다. 때로는 덥고, 때로는 춥다. 5월에는 나무에 꽃
이 한창이다. 많은 사람들에게는 5월이 연중 가장 아름다운 달이다. 6월에는 대개
아주 덥고, 때때로 여름과도 같이 벌써 뜨겁다.
  여름은 6월 21일에 시작되어 9월 22일까지 계속된다. 대부분의 사람들은 그들의
휴가를 여름에 받는다. 그때 날씨가 가장 좋기 때문이다.
  가을은 9월 23일부터 12월 20일까지 계속 된다. 낮은 보다 짧아지고, 밤은 보다
길어진다. 날씨는 더이상 그렇게 덥지 않다. 아침에는 때때로 안개가 낀다. 하늘
에는 자주 구름이 낀다. 11월에는 대개 날씨가 나쁘다. 바람이 불고, 때때로 폭풍
까지도 일어난다.
  겨울은 12월 21일에 시작되어 3월 20일에 끝난다. 눈이 많이 내리면 사람들은 스
키이를 탈 수 있다. 얼음이 얼면 스케이트를 탈 수 있다. 12월 21일은 연중 낮이
가장 짧다. 』

67. Am letzten Sonntag wurde in Seoul ein 60 Jahre alter Taxifahrer von zwei etwa 25- und 28 jährigen Männern in seinem Wagen
überfallen, mit einer Pistole bedroht und schwer verletzt. Er vermochte
sich aber so zu wehren, daß die beiden Angreifer ohne Beute flüchten
mußten. Dem Taxifahrer gelang es, mit seinem Wagen langsam bis

zum nächsten Polizeiamt zu fahren.

▨ am letzten (nächsten) Sonntag : 지난(다음) 일요일에 / ein 60 Jahre alter Taxifahrer : 60세의 택시 운전사, ein alter Taxifahrer 사이의 60 Jahre 는 alt 의 격 지배를 받은 4 격 / etwa＝ungefähr 약 / der Wagen＝das Auto / überfallen, bedroht, verletzt 등은 모두 비분리동사의 과거분사로서 wurde 와 결합하여 과거 수동을 이룸 / überfallen 〔y:bərfálən〕 습격하다 / bedrohen 위협하다 / verletzen 상하게 하다 / vermögen … zu 부정형 ＝können : …할 수 있다 / sich⁴ wehren : 저항하다 /so ～, daß … : ～하므로 …하다(결과·정도) / der Angreifer 공격자 / die Beute 약탈물 / flüchten 도망하다 / es gelingt jm., … zu 부정형 : ～는 …을 하는데 성공하다 / nah 「가까운」 - näher - nächst / das Polizeiamt 경찰서

『 지난 일요일 서울에서 60세의 한 택시 운전사가 그의 차에서 약 25세와 28세의 두 사람에게 습격을 당했는데, 권총으로 위협을 받고 중상을 입었다. 그러나 그는 자신을 방어할 수 있어서 두 강도는 아무것도 빼앗지 못하고 도망 가야만 했다. 그 택시 운전사는 자기 차를 천천히 운전하여 가장 가까운 경찰서 까지 가는데 성공했다.』

68. Johann Wolfgang von Goethe wurde am 28. August 1749 in Frankfurt am Main geboren. Mit sechzehn Jahren war er auf das Studium vorbereitet. Er traf am 3. Oktober 1765 in Leipzig ein, um dort Jura nach den Plänen des Vaters zu studieren. Leipzig war im 18. Jahrhundert ein Mittelpunkt der deutschen Kultur. Dort ließ er sich von den neuen geistigen Strömungen beeinflussen und wandelte sich zum Schöngeist. Aber wegen schwerer Krankheit mußte er schon im August 1768 Leipzig verlassen, um wieder in seine Vaterstadt zurückzukehren. 'Die Leiden des jungen Werther', sein erstes Meisterwerk, das in ganz Europa Beifall fand, erschien im Jahre 1774, als er erst 25 Jahre alt war. Obwohl seit seinem Tod schon beinahe anderthalb (eineinhalb) Jahrhunderte vergangen sind, gehört Goethe heute noch zu den vielgelesenen und beliebtesten deutschen Dichtern.

▦ Johann Wolfgang von Goethe : 인명사이의 von 은 귀족칭호의 표시 / wurde …
geboren 은 과거수동. gebären「낳다」- gebar - geboren / auf et.⁴ vorbereitet sein
: ～의 준비가 되어있다 / das Studium 연구, (대학에서의)공부 / eintreffen=an-
kommen 도착하다 / um … zu 부정형 : …하기 위하여 / die Jura (Pl.) 법률(학)
/ der Mittelpunkt 중심점 / sich⁴ beeinflussen lassen : 영향(감화)을 받다 / die
Strömung 조류(潮流) / sich⁴ wandeln : 변화하다 / der Schöngeist 문예가 / verlassen 떠나다 / die Vaterstadt 고향도시 / zurückkehren 돌아가다 / das Meisterwerk 걸작 / Beifall⁴ finden : 갈채를 받다, 찬성을 얻다 / erscheinen 나타나다,
출판되다 / obwohl=obgleich 「…에도 불구하고」는 종속접속사 / beinahe=fast
거의 / anderthalb=eineinhalb : 1$\frac{1}{2}$ / vergehen (때가) 지나가다 / zu et. (Pl.)
gehören : ～의 일원 (일부)이다 / der Dichter 시인

⟦ Johann Wolfgang von Goethe 는 1749년 8월 28일에 Main 강변의 Frankfurt 에
서 태어 났다. 16세에 그는 대학에 갈 준비가 되어 있었다. 그는 1765년 10월 3일
에 아버지의 계획에 따라 그 곳에서 법률학을 공부하기 위하여 Leipzig 에 도착했
다. Leipzig 는 18세기에 독일 문화의 중심지였다. 그 곳에서 그는 새로운 정신적
조류(潮流)에 영향을 받아 문예가로 방향 전환을 하게 되었다. 그러나 중병 때문
에 그는 1768년 8월에 이미 다시 그의 고향 도시로 돌아가기 위해 Leipzig 를 떠나
지 않으면 안되었다. 전 유럽에서 갈채를 받았던 그의 최초의 걸작 '젊은 베르테
르의 피로움'은 그의 나이 겨우 25세 였을 때인 1774년에 출판된 것이었다. 그가
죽고 난 이래로 이미 1세기 반이란 세월이 흘러 갔음에도 불구하고 Goethe 는 오늘
날에도 많이 읽혀지고 가장 인기 있는 독일 시인들 중의 한 사람이다. ⟧

69. Wer wenigstens vor ungefähr zwei hundert Jahren nur ein Buch
haben wollte, der mußte es sich abschreiben oder es abschreiben lassen.
Das Abschreiben war aber sehr mühsam, und wer es vom anderen tun
ließ, der mußte viel Geld bezahlen. Darum konnten sich auch nur die
Reichen Bücher anschaffen. Heute ist das anders. Die Bücher werden
nicht mehr abgeschrieben, sondern gedruckt.

▦ wer …, (der) … : wer 는 부정 관계대명사이고 후행사인 der 는 지시대명사이다.
동격일 때는 지시대명사를 생략할 수 있다 / wenigstens=mindestens 적어도, 최

소한 / ungefähr=etwa 약 / müssen 「…하지 않으면 안된다」 - mußte - gemußt
/es 는 ein Buch 를 받음 / sich³ abschreiben : 몸소 베끼다, sich(=für sich)는 이
해(利害)의 3격 / abschreiben lassen : 복사시키다 / es vom anderen tun lassen :
남에게 그것을 시키다, es 는 das Abschreiben 을 말함, der andere 「다른 사람」
는 형용사 약변화로서 명사적 용법이지만 소문자로 쓰는 것이 특징 / lassen - ließ
- gelassen, lassen 은 화법조동사에 준하는 동사로서 zu 없는 부정형과 결합 / viel
Geld⁴ bezahlen : 많은 돈을 치루다 / darum=daher=deshalb=deswegen 「그 때
문에」은 부사적 접속사 / können - konnte - gekonnt / sich³ et.⁴ anschaffen : ~을
마련하다, 사들이다 / die Reichen 「돈 많은 사람들」은 형용사의 명사화 / das 는
앞의 글월 전체를 받는 지시대명사 / werden 은 abgeschrieben 과 gedruckt 와 결
합하여 수동의 현재를 이룸 / nicht …, sondern … : … 이 아니고 …이다

『 최소한 약 이백년 전만 하더라도 책을 한권 가지려고 하는 사람은 그 책을 몸
소 베끼거나 아니면 그 책을 남에게 복사를 시켜야만 했었다. 그러나 책을 베껴 내
는 일은 매우 힘드는 일이었고 또한 남에게 그런 일을 시키는 사람은 많은 돈을 치
루어야만 했다. 그래서 역시 돈많은 사람들만이 책을 구입할 수 있었던 것이다.
오늘날은 사정이 다르다. 책은 더 이상 베껴지지를 않고 인쇄가 되는 것이다.』

70. Hans Schmidt steht morgens um sieben Uhr auf und geht ins
Badezimmer; er wäscht sich und putzt sich die Zähne. Dann rasiert er
sich, kämmt sich und zieht sich an. Er frühstückt in seinem Zimmer
und liest die Zeitung.

Um halb neun fährt er zur Universität. Er benutzt die Straßenbahn.
Nach kurzer Fahrt steigt er aus. Von der Haltestelle geht er noch ein
paar Minuten zu Fuß und ist bald im Hörsaal. Die Vorlesungen sind ihm
fast verständlich, da er immer aufmerksam zuhört. Mittags nach den
Vorlesungen geht Hans mit seinen Kommilitonen zum Essen. Sie essen
meistens in der Mensa, zuweilen auch in einem Gasthaus, wo man billig
und gut ißt. Nachmittags geht er wieder zu einer Vorlesung. Danach
arbeitet er in der Bibliothek oder geht spazieren. Ab und zu macht
er verschiedene Besorgungen. Dann setzt er sich in ein Café, um sich
auszuruhen.

Normalerweise fährt er pünktlich um ein Viertel sieben nach Haus. Nach dem Abendessen schreibt er Briefe an seine Verwandten und Bekannten in der Heimat und arbeitet noch etwas. Außerdem unterhält er sich gern mit Radio oder Fernsehen.

Zweimal in der Woche besucht er ein Kino oder ein Theater. Dann kommt er spät nach Haus. Aber sonst legt er sich ziemlich früh ins Bett und schon nach wenigen Minuten schläft er fest ein.

▦ aufstehen 일어나다 / sich⁴ waschen 「몸을 씻다」, sich⁴ rasieren 「면도하다」, sich⁴ kämmen 「머리를 빗다」, sich⁴ anziehen (ausziehen) 「옷을 입다(벗다)」, sich⁴ setzen 「앉다」, sich⁴ ausruhen 「휴식하다」, sich⁴ legen 「눕다」 등은 모두 재귀동사 / sich³ die Zähne putzen : 이를 닦다 / frühstücken=das Frühstück⁴ essen : 아침 식사를 하다 / um halb neun (zehn) : 8시 (9시) 30분에, um ein Viertel sieben (acht) : 6시 (7시) 15분에 / aussteigen 하차하다 (↔einsteigen)/ ein paar=einige=mehrere : 2, 3의, 몇몇의 / zu Fuß gehen : 걸어서 가다 / der Hörsaal 강의실 / die Vorlesung 강의 /da=weil 「…때문에」은 종속접속사 / der Kommilitone (대학의) 학우 / zum Essen gehen : 식사하러가다 / die Mensa 학생 간이 식당 / in einem Gasthaus, wo man … ißt : wo 는 관계부사로서 선행사는 Gasthaus / die Bibliothek 도서관 / spazierengehen=einen Spaziergang machen 산보하다 / ab und zu : 이따금 / Besorgungen⁴ (Einkünfte) machen : 물건을 사들이다 / um … zu 부정형 : …하기 위하여 / normalerweise 정규적으로 / jm. (an jn.) schreiben : ~에게 편지를 쓰다 / die Verwandten 「친척들」과 die Bekannten 「아는 사람들」은 형용사의 복수명사화 / die Heimat 고향 / sich⁴ mit et. unterhalten : ~을 즐기다 / das Fernsehen 텔레비젼 / einschlafen 잠이들다

『 Hans Schmidt 는 아침 7시에 일어나서 욕실로 간다. 그는 몸을 씻고 이를 닦는다. 그러고나서 면도를 하고 머리를 빗고 옷을 입는다. 그는 자기 방에서 아침 식사를 하고 신문을 읽는다. 8시 30분에 그는 대학에 간다. 그는 전차를 이용한다. 잠시 타고간 후에 그는 내린다.

정류장에서 2, 3분 정도 더 걸어가면 곧 강의실에 닿는다. 강의는 그가 항상 주의 깊게 귀를 기울이기 때문에 거의 이해가 된다. 오전 강의가 끝난후 Hans 는 자기의 동료들과 식사를 하러 간다. 그들은 주로 학생 식당에서 식사를 하지만, 가끔 값이 싸고 음식 맛이 좋은 식당에서 식사를 하기도 한다. 오후에 그는 다시 강의를 들으러 간다. 그후에는 도서관에서 공부를 하거나 아니면 산보를 한다. 때때

로 그는 여러가지 쇼핑을 한다. 그럴 때는 쉬기 위해서 카페에 들른다.
정규적으로 그는 정각 6시 15분에 집으로 간다. 저녁 식사후에 그는 고향에 있는
친척들이나 친지들에게 편지를 쓰고 또 뭔가 일을 한다.
그외에는 즐겨 라디오나 텔레비젼을 즐긴다. 일주일에 두번 그는 영화관이나 극
장을 찾는다. 그럴 때는 늦게 집으로 온다. 그러나 평소에 그는 상당히 일찍 잠자
리에 들고 몇분 지나지 않아서 이미 곤히 잠이 든다.」

71. Wolfgang Amadeus Mozart war ein Wunderkind. Er war erst
vier Jahre alt, als sein Vater, halb aus Scherz, ihn lehrte, Klavier zu
spielen. Im nächsten Jahr erhielt er eine kleine Violine, aber er hatte
noch keinen Unterricht. Eines Tages spielte der Vater Mozart mit seinen
Freunden Schachtner und Wentzl einige Trios. „Bitte, Vater," sagte
der kleine Junge, „laß mich die zweite Violine spielen, bitte, bitte!"
antwortete der Vater, „du hast ja noch nie Unterricht gehabt, geh
zur Mutter!" Das Kind begann bitterlich zu weinen, und Herr Schacht
ner sagte mitleidig: „Spiele nur mit mir zusammen, Wolfgang, aber
spiele so leise, daß dich niemand hört. Verstehst du?" Die Mutter wischte
dem Kind die Tränen ab und setzte es auf einen Stuhl. Das erste Trio
begann. Schachtner spielte und sah mit einem Auge auf Wolfgang.
Nach einigen Minuten wurde es klar, daß er überflüssig war. Der
fünfjährige Junge spielte die zweite Violine vollkommen richtig. Schachtner legte still seine Violine nieder und sah heimlich auf die anderen
Spieler. Aus den Augen des Vaters liefen Tränen, während er weiter
spielte. Niemand sagte etwas, bis sie alle sechs Trios gespielt hatten.
Dann erst begann der Jubel. Die drei Männer lobten und küßten das
Kind. Die Mutter weinte vor Freude. Und der kleine Fünfjährige wurde
so aufgeregt, daß er rief: „Jetzt spiele ich auch die erste Violine!"
Und das tat er, wenn auch nicht ganz so gut.

Um dieselbe Zeit begann Mozart Menuette zu komponieren. Der Vater schrieb sie alle in ein Heft. Und bald machte er mit dem Knaben und seiner auch sehr musikalischen Schwester eine Konzertreise nach München und ein Jahr später nach Wien. Dort spielten die Kinder vor der Kaiserin Maria Theresia. Das war eine große Ehre. Aber der kleine Mozart war gar nicht schüchtern, sondern kletterte auf den Schoß der Kaiserin, einer freundlichen und mütterlichen Dame, und gab ihr einen Kuß.

▦ das Wunderkind 신동(神童) / als 「…했을 때」는 종속접속사 / aus (im, zum) Scherz : 농으로, 장난으로 / jn. lehren, … zu 부정형 : ~에게 … 하는 것을 가르치다 / Klavier⁴ spielen : 피아노를 치다 / im nächsten Jahr : 다음 해에 / der Unterricht 수업 / eines Tages 「어느날」는 2격 부사구 / Trio⁴ spielen : 3중주곡을 연주하다 / laß, geh, spiele 등은 모두 du에 대한 명령형 / beginnen (anfangen) …zu 부정형 : …하기 시작하다 / so ~, daß … : daß 이하는 결과보다 정도로 해석함이 좋다 / jn. hören : ~의 말을 듣다 / jm. die Tränen⁴ abwischen : ~의 눈물을 닦아주다 / auf et.⁴ sehen … ~을 눈여겨보다, 주시하다 / es 는 daß 이하를 받음 / überflüssig 필요없는, 쓸데없는 / vollkommen 완전한 / niederlegen 내려놓다 / während 「…하는 동안에」, bis 「…할 때까지」는 종속접속사 / sie 와 alle 는 동격이 아님, alle 는 Trios 를 수식함 / dann erst=erst dann : 그때야 비로소, 그때서야 / der Jubel 환호 / jn. küssen=jm. einen Kuß geben : ~에게 입맞추다 / vor Freude³ : 기쁜 나머지 / der Fünfjährige=der fünfjährige Junge / aufgeregt 흥분한 / wenn auch … : 비록 …일지라도. wenn auch [er] nicht ganz so gut [spielte]의 생략문임 / um dieselbe Zeit : 같은 무렵에 / das Menuett 메뉴에트무곡 / sie alle 는 동격으로 여기에서는 Menuette 를 말함 / die Konzertreise 연주여행 / ein Jahr später (vorher) : 1년후에 (전에) / die Kaiserin 황후 / die Ehre 명예, 영광 / nicht …, sondern … : …이 아니고 …이다 / schüchtern 수줍은 / klettern 기어오르다 / der Schoß 무릎 / der Kaiserin 과 einer … Dame 는 동격

『 Wolfgang Amadeus Mozart 는 신동(神童)이었다. 그의 아버지가 반은 장난조로 그에게 피아노 치는 법을 가르쳤을 때, 그는 겨우 4살 이었다. 다음 해에 그는 작은 바이올린 하나를 받았지만 아직 지도를 받지는 않았다. 어느날 아버지 Mozart 는 자기 친구들인 Schachtner 와 Wentzl 과 함께 몇곡의 3중주 곡을 연주하였다. 그 어린 소년은 "아빠, 부탁이에요. 제가 제 2 바이올린을 연주하게 해 주세요. 제발, 부탁이에요!" 하고 말했다. 아버지는 "안돼, 너는 아직 지도를 받은적이 없잖니.

엄마한테 가보아라. " 하고 대답했다. 그 아이는 슬피 울기 시작했다. 그래서 Schacht-ner 씨는 가엾어서 "Wolfgang, 나와 함께 연주해 보자 구나. 하지만 아무도 너의 소리를 듣지 않도록 낮은 소리로 연주 하려므나, 알겠니?" 하고 말했다. 어머니는 아이의 눈물을 닦아주고, 아이를 의자위에 앉혔다. 첫번째 3중주곡이 시작 되었다. Schachtner 는 연주 하면서 한눈으로 Wolfgang 을 주시 하였다. 잠시후 자기는 필요 없다는 것이 명백해 졌다. 5세의 소년이 제 2 바이올린을 완전히 바르게 연주했던 것이다. Schachtner 는 조용히 자기의 바이올린을 내려놓고 몰래 다른 연주자들을 살펴 보았다. 그가 계속 연주하는 동안에 아버지의 눈에서는 눈물이 흘러 내렸다. 그들이 6곡의 3중주곡을 모두 마칠 때 까지 뭔가를 말하는 사람은 아무도 없었다. 그때서야 비로소 환호가 시작되었다. 이 세사람은 아이를 칭찬하고 아이에게 키스를 했다. 어머니는 기쁜 나머지 울었다. 5세의 어린소년은 흥분하여 "이제 나는 제 1 바이올린을 연주해 보겠어요!" 하고 외쳤다. 그리고 아주 썩 잘 연주 하지는 못했지만 그것을 그는 해냈다. 같은 무렵에 Mozart 는 Menuett 무곡을 작곡하기 시작했다. 아버지가 그 무곡들을 모두 노트에 기록했다. 그리고 곧 아이와, 역시 매우 음악적인 재능이 있는 그의 누이를 데리고 München 으로, 1년 후에는 Wien 으로 연주 여행을 했다. 그곳에서 이 아이들은 Maria Theresia 황후 앞에서 연주를 했다. 그것은 큰 영광이었다. 그러나 어린 Mozart 는 조금도 수줍어 하지 않고, 친절하고 어머니 같은 귀부인인 황후의 무릎위에 기어 올라가서 그녀에게 키스를 했다. 』

72. Das wichtigste Fest in Deutschland ist Weihnachten. Man feiert Weihnachten immer am 24. 25. und 26. Dezember.

Lange Zeit vor dem Fest kaufen die Leute Geschenke für ihre Verwandten und Bekannten. Auch die Kinder sparen, denn auch sie wollen ihren Eltern und Geschwistern etwas schenken. Aber alles tun sie heimlich. Niemand soll etwas merken, denn jeder will den anderen überraschen.

Der schönste Tag ist für alle der 24. Dezember, der Heillige Abend. Die Mutter hat Kuchen gebacken, und der Vater bringt nachmittags einen Tannenbaum in das Wohnzimmer und stellt ihn auf einen kleinen Tisch. Dann gibt ihm die Mutter den Schmuck für den Baum : bunte Kugeln, Apfel, Schokolade und Silberpapier. Aber das wichtigste sind die Kerzen !

Der Vater schmückt den Baum mit diesen Sachen. Dann geht die Mutter in das Zimmer und schließt es zu, denn niemand darf es jetzt sehen. Sie legt die Geschenke für alle unter den Baum.

Nach dem Abendessen geht die Mutter wieder in das Zimmer und zündet die Kerzen des Baumes an. Dann darf die Familie hereinkommen. Zuerst singen sie alle ein Weihnachtslied, und dann dürfen sie ihre Geschenke betrachten. Auch der Vater und die Kinder bringen der Mutter Geschenke; sie haben sie in schönes, buntes Papier gepackt. Danach sitzt die Familie noch lange zusammen.

Viele Leute besuchen in der Nacht oder am nächsten Tag die Kirche. Und zusammen mit Verwandten oder Freunden essen sie am 25. Dezember das traditionelle Mittagessen: die Weihnachtsgans.

田 das Fest 축제, ein Fest⁴ feiern : 축제를 올리다 / die (Pl.) 또는 das Weihnachten 크리스마스 / sparen 절약하다, 저축하다 / denn 「왜냐하면」은 등위접속사 / die Geschwister (Pl.) 형제자매 / jm. et.⁴ schenken : ~에게 ~을 선사하다 / niemand 「아무도…않다」는 부정대명사 / merken 알아채다 / jeder=jedermann 누구나 / der andere 「다른 사람」는 명사적용법으로 형용사의 약변화 / überraschen 깜짝 놀라게하다 / für alle의 alle 「모든 사람들」는 복수형으로 정관사 어미변화를 함 / der Heilige Abend : 크리스마스이브 / Kuchen⁴ backen : 케이크를 굽다 / der Tannenbaum 전나무 / der Schmuck 장식[품] / die Kugel 구슬, 공 / die Schokolade 쵸코렛 / mit et. schmücken : ~으로 장식하다 / zuschließen 잠그다 (↔aufschließen) / eine Kerze⁴ anzünden: 양초에 불을 붙이다 / das Weihnachtslied 크리스마스 송가 / betrachten 관찰하다 / packen 싸다 / die Gans 거위

『 독일에서 가장 중요한 축제는 크리스마스이다. 사람들은 항상 12월 24일, 25일 26일에 크리스마스를 지낸다. 축제 오래전에 사람들은 그들의 친척이나 친지를 위해 선물을 산다. 아이들도 저축을 한다. 왜냐하면 그들도 자기 부모님이나 형제 자매에게 뭔가 선사하려고 하기 때문이다. 그러나 이 모든 것을 그들은 남몰래 한다. 아무도 뭔가 눈치 채이지 못하게 한다. 왜냐하면 누구나 다른 사람을 깜짝 놀래 주려고 하기 때문이다. 가장 즐거운 날은 누구에게나 12월 24일, 즉 크리스마스 이브 이다. 어머니는 케이크를 구우시고, 아버지는 오후에 전나무를 거실로 가지고 오

셔서 그 전나무를 작은 탁자위에 올려 놓으신다. 그러면 어머니가 아버지에게 나무에 달 장식품, 즉 가지 각색의 구슬, 사과, 쵸코렛, 은종이 등을 주신다. 그렇지만 가장 중요한 것은 양초가 아닌가 ! 아버지는 이런 것들로 나무를 장식 하신다. 그러고나면 어머니가 방으로 들어 가셔서 방문을 잠그신다. 왜냐하면 그 누구도 그것을 지금 봐서는 안되기 때문이다. 어머니는 모두에게 줄 선물을 나무 아래에 갖다 놓으신다. 저녁 식사후에 어머니는 다시 방으로 들어가셔서 나무의 양초에 불을 붙이신다. 그러고나면 가족은 안으로 들어 오게 된다. 맨 먼저 그들은 모두 크리스마스 송가를 부른다. 그러고나서 그들은 그들의 선물을 살필 수 있다. 아버지와 아이들도 어머니에게 선물을 가지고 온다. 그들은 그 선물을 예쁘고, 알록 달록한 종이로 쌌다. 그후에는 가족이 오랫동안 함께 앉아 있다. 많은 사람들은 밤에 또는 다음날 교회에 간다. 그리고 친척이나 친구들과 함께 12월 25일에 전통적인 오찬, 즉 크리스마스 거위를 먹는다.』

第 10 課   화법조동사·의문대명사

§1. 화 법 조 동 사

● 현재 인칭변화

	können	*müssen*	*wollen*	*sollen*	*dürfen*	*mögen*
ich	**kann**	**muß**	**will**	**soll**	**darf**	**mag**
du	**kannst**	**mußt**	**willst**	**sollst**	**darfst**	**magst**
er	**kann**	**muß**	**will**	**soll**	**darf**	**mag**
wir	können	müssen	wollen	sollen	dürfen	mögen
ihr	könnt	müßt	wollt	sollt	dürft	mögt
sie	können	müssen	wollen	sollen	dürfen	mögen

단수 1 인칭과 3 인칭은 모두 같은 형태로서 어미가 없는 점이 특색이다.

≪ 중요 의미 ≫

müssen: 1) ···하지 않으면 안 된다 (필연, 강요)

2) ···하지 않을 수 없다 (불가항력)

3) ···임에 틀림없다 (확신)

4) 「nicht 와 함께」: ···할 필요가 없다

können: 1) ···할 수 있다 (능력)

2) ···해도 좋다 (소극적 허가)

3) ···일지도 모른다 (가능성)

dürfen: 1) ···해도 좋다 (허가)

2) 「nicht 와 함께」: ···해서는 안 된다 (금지)

3) 「nur 와 함께」: ···하기만 하면 된다

mögen: 1) ···좋아하다, 하고 싶다 (애호, 원망)

2) ···일지도 모른다 (추측)

3) 「의문사 + auch + mögen」: 설사 ···라 하더라도 (인용)

wollen: 1) ···하고자 하다 (의도)

2) 막 ···하려고 하다 (경향)

3) 「완료부정형과 함께」: ··· 주장하다

sollen: 1) ···해야 한다 (의무)

2) ···라고들 한다 (소문)

3) ···하도록 하겠다 (화자의 의지 또는 약속)

● 복합시칭

	A. 본동사로 사용되었을 경우	B. 조동사로 사용되었을 경우
현재	Ich kann es.	Ich kann es tun.
과거	Ich konnte es.	Ich konnte es tun.
현완	Ich habe es *gekonnt*.	Ich habe es *tun können*.
과완	Ich hatte es *gekonnt*.	Ich hatte es *tun können*.
미래	Ich werde es *können*.	Ich werde es *tun können*.
미완	Ich werde es *gekonnt haben*.	Ich werde es **haben** *tun können*.

① 부문장에서 정동사의 특수한 위치

부문장에서는 후치법이므로 정동사가 문장 끝에 위치하나, 화법조동사가 본동
사를 수반한 복합시칭에서는 정동사를 여러 동사의 맨 앞에 둔다.

현 재 : Du weißt, daß ich es tun **kann**.

과 거 : Du weißt, daß ich es tun **konnte**.

현 완 : Du weißt, daß ich es **habe** tun können.

과 완 : Du weißt, daß ich es **hatte** tun können.

미 래 : Du weißt, daß ich es **werde** tun können.

미 완 : Du weißt, daß ich es **werde** haben tun können.

② 화법조동사에 준하는 동사 : lassen, helfen, sehen, hören, fühlen, lehren, lernen

③ 「brauchen+zu 부정형」은 완료 시칭에서 ge-가 붙은 형태의 과거분사를 쓰지
않고, 현재 부정형과 같은 과거분사를 쓴다.

z. B. : {Du brauchst sonntags nicht zu arbeiten.
{Du hast sonntags nicht zu arbeiten **brauchen**.

{Er braucht es nur zu sagen.
{Er hat es nur zu sagen **brauchen**.

§2. 의 문 대 명 사

의문대명사 : wer? 누구 / was? 무엇 / welcher? 어떤 /was für ein- 어떤 종류
성길의

의문부사 : wo? 어디에 / wohin? 어디로 / woher? 어디로부터 / wann? 언제 / wie
lange? 얼마동안 / um wieviel Uhr? 몇시에 / wie? 어떻게 / wievel? 얼마만큼
/ wie viele? 얼마나 많은 / warum? 왜 / weshalb? 무엇 때문에

N.	wer	was
G.	wessen	(wessen)
D.	wem	—
A.	wen	was

① welcher는 형용사적으로도, 명사적으로도 쓰이며
정관사와 같은 어미변화를 한다.

② was가 전치사와 함께 쓰이면 「wo (전치사가 모음으
로 시작되면 wor)+전치사」의 융합형을 써야 한다.

③ welcher의 중성형 welches는 술어가 명사일 때 성

수에 관계없이 주어로 쓰이며 동사의 수는 술어명사의 수와 일치된다. 또한 여러 개의 명사 중 어느 하나를 물을 때에도 성에 관계 없이 welches를 쓴다.

④ was für ein이 부가어적으로 쓰일 경우 :

　단수명사가 뒤따를 때는 ein이 부정관사 변화를 하고, 복수명사와 물질·추상 명사가 뒤따를 때는 ein을 생략한다.

　was für ein이 명사적으로 쓰일 경우 :

　단수에서는 ein-이 정관사 어미 변화를 하고, 복수에서는 welche를 쓴다.

73. Karl will einmal seinen guten Freund Heinz in sein Haus einladen. Er fragt heute die Mutter: „Darf ich Heinz einmal zu uns kommen lassen? Ich muß ihm mein Eisenbahnmodell zeigen. Er bittet mich immer darum." „Sehr gern, mein Junge, du kannst ihn am nächsten Samstag mitbringen. Ich möchte euch dann einen schönen Kuchen backen," erwidert Frau Storch. „Das ist schön. Und um wieviel Uhr soll er kommen?" „Ja, um 3 Uhr, das ist mir recht. Ich muß vorher dein Zimmer etwas sauber machen, nicht wahr? Karl, sei doch so gut und hilf mir tüchtig dabei!" „Selbstverständlich, Mutti," ruft Karl und dankt der Mutter herzlich. Er will Heinz sofort darüber Bescheid geben. Aber es ist schon zu spät, und er muß es auf morgen verschieben. Er geht im Zimmer auf und ab. Frau Storch lacht und sagt: „Karl, du brauchst es nicht so eilig zu haben. Es sind noch drei Tage bis Samstag."

🈑 wollen …하려고하다 : ich will, du willst, er will / einladen 초대하다 / dürfen …해도 좋다 : ich darf, du darfst, er darf / jn. kommen (gehen) lassen: ～를 오게 (가게)하다 / das Eisenbahnmodell 기차의 모형 / jn. um et. bitten: ～에게 ～을 청하다. darum 은 전치사 um 과 앞문장의 내용을 받는 es (das)의 융합형 / am nächsten (letzten) Sonntag : 다음 (지난) 일요일에 / möchte「…하고 싶다」는 mögen의 접속법 Ⅱ식 / einen Kuchen backen: 케이크를 굽다 / um wieviel Uhr: 몇시에 /Um wieviel Uhr soll er kommen?=Um wieviel Uhr will ich ihn kommen lassen? 몇시에 그를 오게 할까요? / das Zimmer⁴ sauber machen: 방을 소제하다 / nicht wahr? 그렇지 않니? 그렇지? / sei doch … und hilf …! : sei 와 hilf 는 du 에 대한 명령형, doch 는 명령의 강조를 나타냄 / selbstverständlich=natürlich=freilich 물론 / jm. über et.⁴ Bescheid geben: ～에게 ～에 관하여 알리다 / et.⁴ auf morgen verschieben: ～을 내일로 연기하다 / auf und ab= hin und her: 이리저리 / brauchen … zu 부정형 : …할 필요가 있다 / es⁴ eilig haben=eilig sein: 급하다, 서두르다 / Es sind noch drei Tage bis Samstag: Es 는 문법상의 주어이고 drei Tage 는 실제상의 주어

『 Karl 은 한번 자기의 친우 Heinz 를 집으로 초대하려고 한다. 그는 오늘 어머니

에게 "Heinz를 한번 우리집에 오게 해도 괜찮아요? 저는 그에게 저의 기차 모형을 보여주어야만 해요. 그는 늘 나에게 그것을 부탁해요." 하고 묻는다. "그렇게 하려므나, 애야, 그를 다음 토요일에 데리고 오너라. 나는 그때 너희들에게 맛있는 케이크를 구워주고 싶구나." 하고 Storch 부인이 대답한다. "아이 좋아라, 그러면 몇 시에 그를 오게 할까요?" "그래, 3시에 하려므나. 그렇게 하는 것이 나에겐 좋겠다. 그전에 너의 방을 좀 소제를 해야 하겠지, 그렇지 않니? Karl, 부디 그때는 나를 많이 도와주렴!" "물론이지요, 엄마." 하고 Karl은 소리치고 어머니에게 진심으로 감사드린다. 그는 Heinz에게 곧 이 사실을 알리려고 한다. 그러나 시간이 벌써 너무 늦다. 그래서 그는 그것을 내일로 미루어야만 한다. 그는 방안에서 왔다 갔다 한다. Storch 부인은 웃으며 "Karl, 너는 그렇게 서두를 필요가 없다. 토요일까지는 아직도 3일이 있다." 하고 말씀하신다. 』

74. Ein Herr mußte eines Tages in die Stadt gehen. „Johann," sagte er, als er hinausging, „ich muß jetzt in die Stadt; du mußt zu Hause bleiben, während ich fort bin. Wenn jemand kommt, so bitte ihn, ein wenig zu warten! In einer halben Stunde kann ich zurück sein." Er war aber keine hundert Schritte gegangen, da hörte er, daß jemand hinter ihm her lief. Es war Johann. „Was willst du denn?" fragte der Herr. „Und auch," sagte Johann, „ich wollte nur fragen, was ich denn sagen soll, wenn niemand kommt."

▦ der Herr 주인, 신사, ~씨 / eines Tages 「어느 날」는 2격 부사구 /als 「…했을 때」, wenn 「만약 … 하면」은 종속접속사 / hinausgehen 밖으로 나가다 / in die Stadt 다음에는 gehen이 생략되었음 / zu Hause bleiben (sein): 집에 있다 / während 「…하는 동안에」는 종속접속사 / fort=weg 떠난, 가버린 / jemand 「누군가」, niemand 「아무도 … 않다」는 부정대명사 / jn. bitten, … zu 부정형 : ~에게 … 해 주기를 부탁하다 / bitte는 du에 대한 명령형 / ein wenig: 약간, 조금 / zurück sein: 돌아오다, 뒤떨어져 있다 / der Schritt 걸음 / da=dann 그때 / denn (의문문에서) 도대체, 대관절

『 어떤 주인이 어느날 시내에 가야만 했다. 그는 외출할 때 "Johann, 나는 지금 시내로 가야한다. 내가 없는 동안에 너는 집에 있어야 한다. 누가 오면 그분에게 잠시 기다려 달라고 부탁 드려라! 반시간이면 나는 돌아올 수 있다." 하고 말했다.

그러나 그는 백걸음도 가지 않아서 누군가가 자기 뒤를 달려오는 소리를 들었다. 그것은 Johann 이었다. "대관절 무슨 일이냐?" 하고 주인이 물었다. Johann 은 "그리고 또, 만약 아무도 오지 않으면 도대체 뭐라고 말해야 할지 물을려고요." 하고 말했다. 』

75. Zur Erhaltung unserer Gesundheit ist es notwendig, daß wir unseren Körper rein halten und durch Leibesübungen stählen. Nur der gesunde Mensch ist imstande, alle Strapazen leicht zu ertragen. Wer sich selten Ruhe gönnt, der kann leicht erkranken. Wer immer gesund und arbeitsfähig bleiben will, muß recht zeitig zu Bett gehen, denn eine Stunde Schlaf vor Mitternacht ist besser als zwei Stunden nach Mitternacht. Wer die Gesundheit mißachtet, gräbt sich selbst sein frühes Grab.

‖‖‖‖‖‖‖‖‖‖‖‖‖‖‖‖‖‖‖‖‖‖‖‖‖‖‖‖‖‖‖‖‖‖‖‖‖‖‖

▦ zur Erhaltung der Gesundheit: 건강을 유지하기 위하여 / es 는 daß 이하를 받음 / notwendig 필요한 / et.⁴ rein halten: ~을 깨끗이 간수하다 / die Leibesübung 체조 / stählen 심신을 단련하다 / imstande sein, … zu 부정형＝vermögen … zu 부정형＝können : …할 수 있다 / die Strapaze 과로/ wer …, (der) … : wer 는 부정관계대명사이고 후행사인 der 는 지시대명사인데, 둘다 동격일 때는 지시대명사를 생략할 수 있음 / Er gönnt sich³ keine Ruhe「그는 조금도 쉬지 않는다」, Er gönnt sich³ selten Ruhe「그는 별로 쉬지 않는다」/ zu Bett gehen＝ins Bett gehen＝schlafen gehen 취침하다 / denn「왜냐하면」은 등위접속사 / eine Stunde Schlaf「한시간의 수면」, eine Stunde 와 Schlaf 는 동격관계, zwei Stunden 다음에는 Schlaf 가 생략되었음 / als「~보다」는 비교급에서 쓰이는 접속사 / mißachten 경시하다 / sich selbst: 자기 자신 / ein Grab⁴ graben: 무덤을 파다

『 우리의 건강을 유지하기 위해서는 우리는 우리의 신체를 깨끗이 하고 운동으로 심신을 단련하는 것이 필요하다. 건강한 사람만이 모든 과로를 쉽게 견딜 수 있다. 별로 휴식을 취하지 못하는 사람은 병에 걸리기 쉽다. 항상 건강하고 일할 능력을 갖고자 하는 사람은 바로 제시간에 취침해야 한다. 왜냐하면 자정이 되기 전의 한 시간의 수면은 자정후의 두시간의 수면보다 더 좋기 때문이다. 건강을 경시하는 사람은 스스로가 일찍 자기의 무덤을 파는 셈이 된다. 』

76. *Fritz*: Was studieren Sie, Herr Berger?

Berger: Ich studiere Medizin.

F.: Wie lange studieren Sie schon?

B.: Zwei Jahre, aber ich muß noch wenigstens acht Semester stu-dieren.

F.: Warum haben Sie dieses Fach gewählt?

B.: Mein Vater ist Arzt, und er hat mich dazu angeregt. Ich möchte auch den armen Kranken helfen.

F.: Das ist ein schöner Gedanke. Aber welches Fachgebiet wünschen Sie sich denn in Zukunft, innere Medizin oder Chirurgie?

B.: Ich habe mich noch nicht entschieden. Ich mache jetzt noch die Grundausbildung, und bin bisher nicht dazu gekommen.

F.: Das verstehe ich. Ich studiere Geschichte, aber ich weiß selbst auch noch nicht, was ich damit machen werde.

語 studieren (대학에서) 공부하다 / die Medizin 의학, 약(藥) / wie lange 「얼마나 오랫동안」, warum 「왜」은 의문부사 / wenigstens=mindestens 적어도, 최소한 / das Fach 전문, das Fachgebiet 전문분야 / jn. zu et. anregen: ~에게 ~을 하 도록 북돋워주다 / möchte 「…하고 싶다」는 mögen의 접속법 II식으로 원망(願望) 이나 겸손을 나타낼 때 쓰는 외교화법 / der Kranke 「병자, 환자」는 형용사의 명 사화 / jm. helfen : ~를 돕다 / der Gedanke 생각 / 의문문에서의 denn 은 「도대 체, 대관절」의 뜻 / in Zukunft : 장차, 장래에는 / innere Medizin 내과, die Chirurgie 외과 / sich⁴ entscheiden: 결정하다 / die Grundausbildung 기초교육 / dazu kommen: 거기까지 이르다 / die Geschichte 역사, 이야기 / aber ich weiß …, was ich damit machen werde: was 이하는 weiß 의 목적어이고, damit 는 바로 앞 문장의 내용을 받음.

『 *Friiz:* Berger 씨, 당신은 대학에서 무엇을 공부하고 있습니까?

Berger: 나는 의학을 공부하고 있습니다.

F.:   공부하고 있는지가 벌써 얼마나 오래됩니까?

B.:   2년 됩니다. 하지만 최소한 8학기를 더 공부해야 합니다.

F.:   당신은 왜 이 분야를 택했습니까?

B.: 나의 아버님이 의사입니다. 그래서 그분께서 나에게 그 분야를 택하도록 권유 하셨읍니다. 나 또한 불쌍한 병자를 돕고 싶기도 합니다.

F.: 그것은 훌륭한 생각입니다. 그런데 대관절 장래에는 어느 전문 분야를 원하는지요? 내과입니까? 외과입니까?

B.: 나는 아직 결정을 짓지 못했읍니다. 나는 지금도 기초 교육을 받고 있읍니다. 그래서 여태 거기까지는 이르지 못했읍니다.

F.: 잘 알겠읍니다. 나는 역사를 공부하고 있읍니다다만 나 자신도 역시 역사를 공부해서 무엇을 할 것인지 아직 알지 못하고 있읍니다.』

77. „Wer kann es?" fragt jemand.

Niemand antwortet.

„Ist jemand, der es kann?"

Immer noch keine Antwort.

„Wer will es?" fragt jemand wieder.

Auch diesmal antwortet niemand.

Warum keine Antwort? Weil keiner es kann, keiner es will.

Wenn es etwas Leichtes, etwas Angenehmes ist, dann antwortet wohl jeder: „Ich kann es, ich will es!"

Man soll aber nicht ausweichen, sondern auch etwas Schwieriges unternehmen.

Man soll sogar etwas, was unmöglich scheint, zu bezwingen versuchen. Eben dadurch kann man vorwärts kommen.

Manch einer hat es im Leben dadurch weit gebracht, daß er etwas Schwieriges, was jeder scheute, auf sich nahm.

▣ wer (wessen, wem, wen)는 의문대명사 / können 「할 수 있다」: ich kann, du kannst, er kann. wollen 「하고자 하다」: ich will, du willst, er will. kann 과 will 은 조동사가 아닌 본동사로 쓰였음 / jemand 「누군가」, niemand 「아무도」, keiner 「아무도」, etwas 「어떤 것」, jeder 「누구나」 등은 모두 부정대명사 / der 는 관계대명사로서 선행사는 jemand / immer noch : 여전히 / keine Antwort 앞에는 동사 ist 가 생략되었음 / weil 「…때문에」과 wenn 「만일 …이면」은 종속접속사 /

etwas Leichtes 「어떤 쉬운 일」, etwas Angenehmes 「어떤 유쾌한 일」, etwas
Schwieriges 「어떤 어려운 일」. etwas 와 Leichtes, Angenehmes, Schwieriges 는
동격으로 형용사 강변화의 중성 명사화된 것임 / sollen 「마땅히 …해야하다」: ich
soll, du sollst, er soll / nicht …, sondern … : …이 아니고 …이다 / 부정대명
사 etwas 는 부정관계대명사 was 의 선행사로서 4격 / bezwingen 정복하다 /
versuchen … zu 부정형 : …하려고 노력하다 / dadurch 는 바로 앞문장의 내용을
받음 / manch einer=mancher=manche : 많은 사람들, er 는 manch einer 을 받
음 / es⁴ weit bringen: 출세하다 / bringen - brachte - gebracht / dadurch 는 daß
이하의 부문을 받음 / etwas Schwieriges 는 관계대명사 was 의 선행사 / et.⁴ auf
sich⁴ nehmen : ~을 맡다

『 "누가 그것을 할 수 있나?"라고 누군가가 묻는다.
아무도 대답이 없다.
"그것을 할 수 있는 사람 누가 있나?"
여전히 아무 대답이 없다.
"누가 그것을 하겠나?"라고 또 누군가가 묻는다.
이번에도 아무도 대답이 없다. 왜 대답이 없을까? 아무도 그것을 할 수 없기 때
문에, 아무도 그것을 할 생각이 없기 때문에. 만일 그것이 어떤 쉬운 일이고, 유쾌
한 일이라면 아마 누구라도 "나는 그것을 할 수 있다. 나는 그것을 하겠다!"라고
대답할 것이다. 하지만 우리는 어떤 어려운 일이라도 피해서는 안되며 시도해 보아
야 한다. 불가능하게 보이는 것 까지도 정복하려고 노력해야만 한다. 바로 그렇게
하므로서 전진할 수 있는 것이다. 많은 사람들이 누구나 다 꺼려하는 어떤 어려운
일을 맡으므로서 인생에서 성공했다.』

78. Worin liegt eigentlich die schädigende Wirkung aller alkoholisc-
hen Getränke? Der Alkohol ist—gewohnheitsmäßig und in großer Menge
getrunken — ein ausgesprochenes Gift, das nicht nur den Körper schädigt
und zu schweren Krankheiten führt, sondern auch die geistigen Fähig-
keiten des Menschen lähmt. Sportler und andere Menschen, die höchste
Leistungen erzielen wollen, dürfen deshalb keinen Tropfen Alkohol zu
sich nehmen. Kinder und Jugendliche, die sich dem Alkoholgenuß
hingeben, bleiben in ihrer körperlichen und geistigen Entwicklung weit
zurück. Aber auch Erwachsene bieten im Rausch ein wahrhaft besch-

ämendes Bild. Trotzdem haben schon Millionen Menschen ihre Gesundheit und ihr Glück im Alkohol ertränkt. Doch liegt das am Alkohol? Am Wein, Bier oder Schnaps? Nein, es liegt vor allem an den Menschen selbst, die mit den Gaben der Natur so schändlichen Mißbrauch treiben!

▦ worin 「무엇〔의 속〕에」은 의문대명사 was 와 전치사 in 의 융합형 / die Wirkung 작용, 효과 / das Getränk 음료 / gewohnheitsmäßig 습관적인 / in großer Menge : 다량으로 / ausgesprochen 결정적인 / das Gift 독(毒) / ein ausgesprochenes Gift, das … führt, … lähmt: das 는 관계대명사로서 관계문의 주어이며 동사는 führt 와 lähmt / nicht nur …, sondern [auch] … : …뿐만아니라, …도 / schädigen 해치다 / zu et. führen : ～한 결과가 되다 / schwere Krankheit : 중병 / geistig 정신적인 (↔körperlich) / die Fähigkeit 능력 (↔ die Unfähigkeit) / lähmen 마비시키다 / die höchste Leistung erzielen wollen: die 는 관계대명사로서 관계문의주어, höchste Leistungen은 4격으로 erzielen의 목적어 / die Leistung 성과, 업적 / erzielen 달성하다 / dürfen＋부정사(否定詞) : ～해서는 안된다 / et.⁴ zu sich nehmen : ～을 섭취하다 / Jugendliche 「청소년들」와 Erwachsene 「성인들」는 형용사의 명사화로서 복수 1 격 / sich⁴ et.³ hingeben : ～에 몸을 맡기다 / die Entwicklung 발전, 성장 / zurückbleiben 뒤에 남다, 늦다 / im Rausch : (도)취하여 / beschämend=schändlich 창피스러운 / trotzdem=dennoch 그럼에도 불구하고 / et.⁴ in et.⁴ ertränken : ～을 ～속에 빠뜨리다 / an et.³ liegen : ～에 책임이 있다 / der Schnaps 소주 / vor allem : 무엇보다도 / mit et. Mißbrauch⁴ treiben : ～을 남용하다 / die Gabe=das Geschenk 선물

『 모든 알코올 성분이 있는 음료의 해로운 작용은 대체 어디에 있는가? 알코올은 ― 습관적으로 다량으로 마시게 되면 ― 몸을 해치고 중병을 유발시킬 뿐만아니라 사람의 정신적인 능력을 마비시키기도 하는 결정적인 독(毒)이다. 최고의 성과를 달성하려는 운동가들이나 그밖의 사람들은 그런 까닭에 단 한방울의 알코올이라도 마셔서는 안된다. 알코올을 마시는데 열중하는 어린이들이나 청소년들은 그들의 육체적, 정신적 발육이 훨씬 늦다. 그러나 성인들도 취하여 참으로 창피스러운 모습을 드러낸다. 그럼에도 불구하고 이미 수백만의 사람들이 그들의 건강과 행복을 알코올에 빠뜨렸다. 하지만 그런것이 알코올에 책임이 있는가? 포도주에, 맥주에, 소주에 있는가? 아니다, 그것은 무엇보다도 자연이 준 선물을 창피하게 남용한 인간 자신에게 책임이 있다.』

79. *A:* Entschuldigen Sie, darf ich Sie fragen? Wo ist die Haupt-post?

B: Die Hauptpost finden Sie leicht. Bitte gehen Sie zuerst geradeaus, dann kommen Sie bald zum Schillerplatz. Und dann müssen Sie rechts einbiegen, und schon sind Sie da.

A: Muß ich zu Fuß gehen? Gibt es keine Busverbindung?

B: Doch, Sie können auch mit dem Bus fahren. Die Haltestelle ist dort.

A: Welche Linie soll ich nehmen?

B: Linie 5 oder 7. Der Bus wird gleich kommen. Mit dem Bus werden Sie in 5 Minuten da sein.

A: Danke schön!

B: Bitte schön!

▨ Entschuldigen Sie!=Verzeihen Sie! 용서하십시오! 실례합니다! / die Haupt-post 중앙우체국 / zuerst 먼저 / geradeaus 똑바로 / rechts 오른쪽에 (↔links) / einbiegen (어느길로) 접어들다 / zu Fuß gehen : 걸어서 가다 / es gibt+4격 (Sg. Pl.) : ~이 있다 / die Busverbindung 버스 노선 / doch 는 부정의문에 대한 긍정적 대답 (아니오)에 쓰임 / mit dem Bus fahren : 버스로 가다 / die Halte-stelle 정류장 / welche 는 의문형용사로 쓰였으며 정관사 어미변화를 함 / 「werden +부정형(문미)」은 미래형」 / Danke schön!=Vielen Dank! 대단히 고맙습니다! / Bitte schön=Bitte sehr! 천만에요!

『 *A:* 실례입니다만, 무엇 좀 물어봐도 되겠읍니까?
　　중앙우체국이 어디에 있읍니까?
B: 중앙우체국은 찾기가 쉽읍니다. 먼저 똑바로 가십시오. 그러면 곧 Schiller 광장에 닿게 됩니다. 그러고나서는 오른쪽으로 돌아 가셔야합니다. 그러면 바로 거기 입니다.
A: 걸어서 가야 합니까? 버스 노선은 없읍니까?
B: 있읍니다. 버스로도 가실 수 있읍니다. 정류장이 저기에 있읍니다.
A: 몇번을 타야 합니까?
B: 5번이나 7번 입니다. 그 버스는 곧 올 것입니다. 버스를 타시면 5분 안에 그

곳에 닿을 수 있을 것입니다.

A: 대단히 고맙습니다.

B: 천만의 말씀입니다. 』

80. Schließlich ist Silvester gekommen. Wir haben ein interessantes Jahr verlebt. Es gab gute und schlechte Tage, aber das Jahr war nicht langweilig. Wir haben mit unserer Familie das Weihnachtsfest gefeiert. Heute denken wir an das neue Jahr. Was wird es uns bringen? Wir wollen Optimisten sein und keine Furcht vor der Zukunft haben. Wir wünschen euch allen ein glückliches neues Jahr.

▦ schließlich=endlich 마침내 / der(das) Silvester 섣달 그믐날 / verleben 지내다, 보내다 / es gab+4격 (Sg. 또는 Pl.) : ~이 있었다 / langweilig 지루한 / das Weihnachtsfest 크리스마스축제 / an et.⁴ denken : ~을 생각하다 / Was wird es uns bringen?: was 는 bringen 의 목적어이고, es 는 주어로서 das neue Jahr 를 받음 / 「Wir wollen (Wollen wir) …부정형」은 「…합시다」의 뜻 /der Optimist 낙천주의자, der Pessimist 염세주의자 / Furcht vor et.³ haben : ~을 두려워하다 / die Zukunft 미래, die Gegenwart 현재, die Vergangenheit 과거 / euch allen 「너희들 모두에게」은 ihr alle 의 3격

『 드디어 섣달 그믐날이 왔다. 우리는 재미있는 한해를 보냈다. 좋은 날도 있었고 좋지 못한 날도 있었지만 이해는 지루하지 않았다. 우리는 우리 가족과 성탄절을 축하했다. 오늘 우리는 새해를 생각한다. 새해는 우리에게 무엇을 가져다 줄 것인가? 우리는 낙천가가 되자 그리고 미래를 두려워 하지 말자. 우리는 너희들 모두에게 행복한 새해가 되기를 기원한다. 』

第 11 課 관계대명사·수동

§1. 관 계 대 명 사

≪ 관계문에 있어서의 주의 사항 ≫

① 관계대명사의 성과 수는 선행사와 일치되어야 하며, 격은 관계문 자체에서 역할에 따라 정해진다.

② 관계문은 부문장이므로 후치법이다.

③ 관계대명사와 선행사 사이에는 콤마를 찍고, 관계문 뒤에 문장이 계속될 때는 관계문 끝에도 콤마를 찍는다.

④ 관계대명사는 관계문의 선두에 위치하며, 그 앞에 놓일 수 있는 것은 전치사뿐이다.

⑤ 선행사가 사물인 경우에 한하여, 정관계대명사 (der, welcher)가 전치사와 함께 쓰이면 「wo[r]+전치사」의 융합형을 쓸 수 있다.

⑥ 부정관계대명사 was 가 전치사와 함께 쓰이면 반드시 「wo[r]+전치사」의 융합형을 써야 한다.

⑦ 선행사가 인칭대명사일 때는 der 형만을 사용한다(welcher 형은 사용불가), 그리고 선행사가 단수·복수 1인칭, 2인칭(존칭포함)의 인칭대명사이고 관계대명사가 1격일 경우에는 관계대명사 다음에 인칭대명사 1격을 반복해서 써도좋다. 이 때 정동사는 인칭대명사와 일치한다.

⑧ 앞 문장 전체 또는 일부의 내용을 받는 관계대명사는 was 이다.

A. 정관계대명사 : der 와 welcher

● der 와 welcher 의 격변화

	m.	f.	n.	pl.	m.	f.	n.	pl.
N.	der	die	das	die	welcher	welche	welches	welche
G.	**dessen**	**deren**	**dessen**	**deren**	*(dessen)*	*(deren)*	*(dessen)*	*(deren)*
D.	dem	der	dem	**denen**	welchem	welcher	welchem	welchen
A.	den	die	das	die	welchen	welche	welches	welche

Der Herr, { *der* (=welcher) morgen aus Berlin kommt, / *dessen* Bild ich Ihnen zeige, / *dem* (=welchem) ich den Brief schreibe, / *den* (=welchen) wir heute gesehen haben, } ist mein Lehrer.

B. 부정관계대명사 : wer 와 was

N.	wer	was
G.	wessen	(wessen)
D.	wem	—
A.	wen	was

① wer 로 인도되는 부문장은 주문장 앞에 위치하며 wer 에 대해서 지시대명사 der (dessen, dem, den)를 주문장의 문두에 놓고 관계 문장을 받는데 wer 와 der 가 동격일 때는 (2 격은 제외) der 형을 생략해도 좋다.

② was 로 인도되는 부문장이 주문장 앞에 위치할 때는 was 에 대해서 지시대명사 das (dessen, dem, das)를 주문장의 문두에 놓고 관계 문장을 받는데 둘 다 동격일 때는 das 형을 생략해도 좋다.

Wer mir hilft, *dem* bin ich dankbar.

Wer mich liebt, *den* liebe ich auch.

Was man versprochen hat, (*das*) muß man halten.

Was du heute tun kannst, (*das*) verschiebe nicht auf morgen !

§2. 수 동

● 수동의 6 시칭

현재 : werden······P.P.	
과거 : wurde ·····P.P.	
현완 : sein ········P.P. **worden**	
과완 : war ········P.P. **worden**	
미래 : werden······P.P. **werden**	
미완 : werden······P.P. **worden** sein	

≪ 능동문을 수동문으로 바꿀 때의 주의사항 ≫

① 능동문의 4 격 목적어만이 수동문의 주어가 된다 (타동사의 수동).

② 능동문에 4 격 목적어가 없을 때는 수동문의 주어는 비인칭 es 로 한다 (자동사의 수동). 이 es 는 문두 이외의 경우 (도치문, 후치문)에는 생략된다.

③ 능동문과 수동문의 시칭은 반드시 일치되어야 한다.

④ 능동문의 주어는 수동문에서 von+3 격(직접의 행위자), durch+4 격(원인, 수단, 매개인), mit+3 격(도구, 재료) 등과 결합한다.

⑤ 능동문의 주어가 man 이면 수동문에서는 von+3 격(von einem)을 생략한다.

A. 타동사의 수동문

능동 : Der Lehrer fragt den Schüler.
수동 : Der Schüler wird von dem Lehrer gefragt.

능동 : Er hat mir ein Buch gegeben.
수동 : Ein Buch ist mir von ihm gegeben worden.

능동 : In Deutschland spricht man nur Deutsch.
수동 : In Deutschland wird nur Deutsch gesprochen.

B. 자동사의 수동문

능동 : Er hilft *mir*.
수동 : **Es** wird *mir* von ihm geholfen.

(=*Mir* wird von ihm geholfen.)

능동 : Man hat *auf den Zug* zwei Stunden gewartet.

수동 : **Es** ist *auf den Zug* zwei Stunden gewartet worden.

(=*Auf den Zug* ist zwei Stunden gewartet worden.)

능동 : Man tanzt heute abend.

수동 : **Es** wird heute abend getanzt.

(=Heute abend wird getanzt.)

▶ da[r]+전치사와 wo[r]+전치사의 정리

A. da[r]+전치사

① 인칭대명사 (er, sie, es, sie)가 사물을 의미할 경우로서 전치사와 함께 쓰이면 반드시 da[r]+전치사의 융합형을 써야 한다.

② 지시대명사 (der, die, das, die)가 사물을 지시할 경우로서 전치사와 함께 쓰이면 반드시 da[r]+전치사의 융합형을 써야 한다.

B. wo[r]+전치사

① 의문대명사 was가 전치사와 함께 쓰이면 반드시 wo[r]+전치사의 융합형을 써야 한다.

② 부정관계대명사 was가 전치사와 함께 쓰이면 반드시 wo[r]+전치사의 융합형을 써야 한다.

③ 정관계대명사 (der, welcher)가 사물을 의미할 경우로서 전치사와 함께 쓰이면 wo[r]+전치사의 융합형을 쓸 수 있다.

81. Ein Bauer, den ein Hund gebissen hatte, ging zu dem Eigentümer, der ein Advokat war. Er sagte zu ihm: „Ein Hund, der einem
Nachbar gehört, hat mich gebissen. Was kann ich nun tun?" Der Advokat antwortete: „Das ist ganz klar. Der Mann, dem der Hund gehört,
muß Ihnen dafür zehn Taler geben." „Gut," erwiderte der Bauer, „es
war Ihr Hund, der mich gebissen hat. Geben Sie mir nun das Geld!"
„Gern," sagte der Advokat. „das will ich tun. Aber für den Rat, den
ich Ihnen gegeben habe, müssen Sie mir fünfzehn Taler geben. Also
legen Sie jetzt fünf Taler auf den Tisch!"

註 「Ein Bauer, den …」, 「dem Eigentümer, der …」, 「Ein Hund, der …」, 「Der
Mann, dem …」, 「Ihr Hund, der …」, 「den Rat, den …」 등은 모두 관계대명사와
선행사의 관계인데, 관계대명사의 성과 수는 반드시 선행사와 일치해야하며 격은
관계문 자체에서 역할에 따라 정해진다 / der Bauer=der Landmann 농부 / beißen
「물다」- biß - gebissen, gehen - ging - gegangen / der Eigentümer 소유자 / der
Advokat 변호사 / der Nachbar 이웃사람 / jm. gehören : ~에게 속하다 / dafür
그 댓가로, für den Rat 상담의 댓가로 / der Taler 옛날의 은화 / erwidern=
antworten 대답하다 / es war Ihr Hund, der … : 관계대명사 der 의 실제상의
선행사는 Ihr Hund 이지만 의미상의 선행사는 es 이다.

『개에게 물린 한 농부가 그 개의 주인을 찾아갔다. 그 농부는 그에게 "이웃 사람
의 개가 나를 물었읍니다. 나는 지금 어떻게 하면 되겠읍니까?" 하고 말했다. 그
변호사는 "그것은 명명 백백합니다. 그 개의 주인이 당신에게 그 댓가로 10 Taler
를 주어야 합니다." 하고 대답했다. 그 농부는 "좋읍니다. 나를 문 것은 당신의 개
였읍니다. 자, 나에게 그 돈을 주십시오!" 하고 응답했다. 그 변호사는 "좋읍니다.
그렇게 나는 하겠읍니다. 하지만 내가 당신에게 해준 그 상담의 댓가로 당신은 나
에게 15 Taler를 주셔야 합니다. 그러니 지금 책상위에 5 Taler를 놓으시오!" 하
고 말했다.』

82. An einer Straßenecke saß ein Bettler, auf dessen Brust eine
Tafel hing: „Armer Blinder." Ein junger Mann sah den Blinden, nahm
einen Stein, der auf der Straße lag, und warf ihn in den Hut, den der

Bettler in der Hand hielt. Der Bettler schaute in den Hut hinein, betrachtete das Steinchen, das nun in seinem Hut lag, und sagte: „Hc, junger Mann, machen Sie keinen Unsinn! Das hier ist ja kein Geld. " Der junge Mann fragte erstaunt: „Sind Sie nicht blind? Ich dachte, Sie können nicht sehen. " „Nein, ich bin nicht blind. Ich kann sehr gut sehen. " „Warum tragen Sie dann diese Tafel, die blind steht?" Der Bettler schaute auf seine Brust, worauf die Tafel hing, lachte laut und sagte: „Die Tafel ist falsch. "

▦ die Straßenecke 길모퉁이 / der Bettler 거지 / dessen 은 관계 대명사 der 의 2 격 으로 선행사는 ein Bettler / die Tafel 널판지 / der Blinde 「장님」는 형용사의 명사화 / 「einen Stein, der … lag」, 「in den Hut, den … hielt」, 「das Steinchen, das … lag」, 「diese Tafel, die … steht」 등은 모두 관계대명사와 선행사의 관계 / hineinschauen 속을 들여다 보다 / betrachten 관찰하다 / das Steinchen 은 der Stein 의 축소명사 / der Unsinn 무의미「한 행동」, 실없는 짓 / stehen은 「씌어있 다」는 뜻으로 쓰였음 / worauf 는 정관계대명사 der (od. welcher)와 전치사 auf 의 융합형으로 선행사는 seine Brust / falsch 거짓의, 틀린

『한 길모퉁이에 어떤 거지가 앉아 있었는데, 그 거지의 가슴에는 "불쌍한 장님" 이라고 씌여진 널판지가 매달려 있었다. 한 젊은이가 이 장님을 보고 길에 있는 돌 을 집어 그 돌을 그 거지가 손에 들고 있는 모자속에 던져 넣었다. 그 거지는 모자 속을 들여다 보며 지금 자기의 모자속에 들어 있는 작은 돌을 살펴보고서는 "어이, 젊은이, 실없는 장난하지 마시오! 여기 이것은 돈이 아니잖소" 하고 말했다. 그 젊 은이는 놀라서 묻기를 "당신은 장님이 아니오? 나는 당신이 보질 못한다고 생각했 는데." "그렇소. 나는 눈이 멀지 않았소. 나는 아주 잘 볼수 있소." "그렇다면 왜 당신은 장님이라고 씌어있는 이 널판지를 걸치고 있는거요?" 거지는 널판지가 매 달려 있는 자기의 가슴을 바라보고는 크게 웃으며 "이 널판지는 엉터리요." 라고 말했다.』

83. Martin Luther, der die Bibel übersetzte, war Professor an der Universität Wittenberg. Er war freundlich gegen die Armen, die zu ihm kamen. Eines Tages kam ein Student, dessen Eltern krank waren. Der Student brauchte Geld, um nach Hause zu fahren. Nun hatte Luther oft kein Geld., was auch diesmal der Fall war. Er nahm aber einen silbernen Becher, den ihm ein Freund geschenkt hatte, und gab ihn dem Studenten. „Hier ist ein Becher," sagte Luther, „woraus ich nie trinke, und den ich nicht brauche. Geh damit zum Goldschmied, der ihn von dir kaufen wird! Was du dafür bekommst, wird genug für die Reise sein." Es war ein wertvoller Becher, wofür der Student viel Geld bekam. Wer zu Luther kam, ging fast nie mit leeren Händen weg. Nur die Bücher, worin er alle Tage las, verschenkte Luther nicht.

▦ 「Martin Luther, der … übersetzte」, 「die Armen, die … kamen」, 「ein Student, dessen Eltern … waren」, 「einen silbernen Becher, den … hatte」, 「ein Becher, woraus ich … trinke, und den ich … brauche」, 「zum Goldschmied, der … wird」, 「ein wertvoller Becher, wofür der Student … bekam」, 「die Bücher, worin er … las」 등은 모두 관계대명사와 선행사의 관계 / Nun hatte Luther oft kein Geld, was auch diesmal der Fall war: was 는 관계대명사로서 주문의 내용을 받음 /「ein Becher, woraus (=aus dem) ich …」, 「ein wertvoller Becher, wofür (=für den) der Student …」, 「die Bücher, worin (=in denen) er …」: 선행사가 사물인 경우에 한하여 정관계대명사 der 또는 welcher 가 전치사와 함께 쓰이면 《wo[r]+전치사》의 융합형을 쓸 수 있음 /「was …, (das) …」, 「wer, (der) …」: 부정관계대명사 was 와 wer 의 후행사는 지시대명사 das 와 der 이며 둘다 동격일 때는 지시대명사를 생략할 수 있음 / übersetzen[y:bərzétsən] 번역하다 / gegen jn. (zu jm.) freundlich sein : ~에게 친절하다 / die Armen 「가난한 사람들」은 형용사의 복수명사화 / eines Tages 「어느날」는 2 격 부사구 / um … zu 부정형 : …하기 위하여 / Es ist auch diesmal der Fall : 이번 경우도 그러하다 / aus einem Becher trinken : 잔으로 마시다 / nie 결코 …않다 / Geh damit zum Goldschmied, der ihn … wird! : Geh 는 du 에 대한 명령형. damit 는 ein Becher 를 받는 인칭대명사와 전치사 mit 의 융합형. ihn 은 ein Becher 를 받음 / der Goldschmied 금 세공사 / weggehen 떠나다 / im Buch (in der Zeitung) lesen : 책 (신문)을 읽다 /alle Tage=jeden Tag 「매일」는 4 격 부사구

『성경을 번역한 Martin Luther 는 Wittenberg 대학 교수였다. 그는 자기를 찾아 오는 가난한 사람들에게 친절했다. 하루는 부모가 병든 한 학생이 찾아왔다. 그 학생은 고향에 가기 위해 돈이 필요했다. 그런데 Luther 는 종종 돈이 한푼도 없는

적이 있었는데, 이번에도 그런 경우였다. 그렇지만 그는 한 친구가 자기에게 선사
했던 은잔을 가져다가 그 학생에게 주었다. Luther 는 "여기에 내가 한번도 마시지
도 않고 또 필요치도 않는 잔이 있네. 이것을 가지고 금 세공사에게 가 보게. 그
사람이 자네에게서 그 잔을 살걸세. 자네가 그 댓가로 받는 것이면 여행 비용으로
충분할걸세." 하고 말했다. 그것은 아주 귀한 잔이어서 그 잔 값으로 그 학생은 많
은 돈을 받았다. Luther 를 찾아오는 사람은 빈손으로 돌아가는 적이 거의 없었다.
Luther 는 자기가 매일 읽는 책만은 남에게 주지 않았다.』

84. Das Beethovenmuseum ist ein schönes Haus, das in der Bonngasse 20 liegt. Ohne Zweifel ist Beethoven einer der größten Komponisten,
dessen Musik heute der ganzen Welt gehört. Die Ausstellungsstücke des
Museums folgen dem Lebensweg Beethovens. Da sieht man das erste
Konzert, das der sechsjährige Knabe in Bonn gab. Der Dreizehnjährige
spielte als Musiker im Orchester des Kurfürsten. Mit fünfzehn Jahren
war Beethoven schon zweiter Hoforganist in Bonn. Die Kirchenorgel,
die er spielte, steht im Museum. Da steht auch der Flügel, an dem
Beethoven seine großen Werke komponiert hat. Neben den Musikinst-
rumenten liegen die Handschriften seiner Werke. Die vielen Briefe an ihn
und von ihm zeigen die hohe Anerkennung, die der Meister besonders
in Wien fand, aber auch die schweren Sorgen, die er tragen mußte.

Neben vielen Alltagssorgen erfuhr er das bitterste Leid seines Lebens:
die Krankheit, die ihn taub machte. Den dreißigjährigen, lebensfrohen
Mann überfiel ein unheilbares Ohrenleiden. Er wehrte sich dagegen,
aber sein Gehör würde schlechter und schlechter. Der Kampf gegen die
Krankheit machte Beethoven bitter und einsam. Immer größere Hörin-
strumente brauchte er, um seine eigene Musik hören zu können. Der
Fünfzigjährige war ganz taub. Auch die Hörinstumente konnten ihm
nicht mehr helfen. Ein tauber Musiker ist wie ein blinder Maler. Beide
müssen ihren Beruf aufheben. Das ist ein hartes Schicksal. Aber
Beethoven arbeitete weiter. Er schrieb seine größten Werke, ohne sie

zu hören, und trug so den Sieg davon über das Schicksal, das ihn taub werden ließ. Kampf, Niederlage und Sieg, Trauer und Freude klingen aus seiner Musik. Mit 56 Jahren ist Beethoven gestorben. Dort hängt seine weiße Totenmaske.

▦ das Museum[muzé:um] 박물관 / 「ein schönes Haus, das … liegt」, 「Beethoven …, dessen Musik … gehört」, 「das erste Konzert, das … gab」, 「Die Kirchenorgel, die … spielte」, 「der Flügel, an dem … hat」, 「die hohe Anerkennung, die … fand」, 「die schweren Sorgen, die … mußte」, 「die Krankheit, die … machte」, 「über das Schicksal, das … ließ」 등은 모두 관계대명사와 선행사의 관계 / einer der größten Komponisten : 가장 위대한 작곡가들 중의 한사람 / jm. gehören : ∼에게 속하다 / das Ausstellungsstück 진열품 / jm. folgen : ∼를 따라가다 / der Lebensweg 인생행로 / da=dort 그 곳에 / der Dreizehnjährige 「13세의 소년」는 뒤에 Knabe가 생략된 형용사의 명사화 / der Kurfürst 선제후(選帝候) / mit fünfzehn Jahren : 15세에 / der Hof 궁정 / die Kirchenorgel 교회풍금 / der Flügel 그랜드 피아노 / die Handschrift 필적, 수고(手稿) / die Anerkennung 칭찬 / die Alltagssorge 일상생활의 근심 / das Ohrenleiden 귓병 / sich gegen et. wehren : ∼에 저항하다 / das Gehör 청각 / 비교급 und 비교급 (schlechter und schlechter) = immer+비교급 : 점점 ∼한 / das Hörinstrument 보청기 / um … zu 부정형 : …하기 위하여 / Beide 는 ein tauber Musiker와 ein blinder Maler를 말함 / der Beruf 직업 / das Schicksal 운명 / ohne sie zu hören: sie 는 seine größten Werke를 받음 / den Sieg davontragen : 승리를 얻다 / die Niederlage 패배 / die Trauer 슬픔 (↔die Freude) / die Totenmaske 데드마스크

『Beethoven 박물관은 Bonngasse 20번지에 있는 아름다운 집이다. 의심할 것도 없이 Beethoven은 가장 위대한 작곡가들 중의 한사람이다. 그의 음악은 오늘날 전세계인의 것이다. 박물관의 진열품들은 Beethoven의 인생행로를 함께 걸어온 것들이다. 거기에서 사람들은 6세의 소년이 Bonn에서 연주했던 최초의 협주곡을 볼수 있다. 13세의 소년은 '음악가로서 선제후(選帝候)의 오케스트라에서 연주했다. 15세에 Beethoven은 Bonn에서 이미 부(副)궁정 오르간 연주자였다. 그가 연주했던 교회 오르간이 박물관에 있다. 거기에는 Beethoven이 자기의 위대한 작품을 작곡했던 그랜드 피아노도 있다. 악기와 나란히 그의 작품의 수고(手稿)가 놓여 있다. 그에게 온 많은 편지와 그가 보낸 많은 편지는 그 대가(大家)가 특히 Wien에서 얻었던 높은 찬사를 보여주고 있지만 또한 그가 감수해야만 했던 고뇌도 보여주

고 있다. 많은 일상 생활의 근심과 더불어 그는 자기 인생의 가장 쓰라린 슬픔을
맛 보았다. 즉 그를 귀먹어리로 만든 병인 것이다. 30세의 인생을 즐기는 이 인간
을 불치의 귓병이 엄습한 것이다. 그는 그 병에 저항해 보았지만 그의 청력은 점점
악화되어 갔다. 이 병에 대한 투쟁은 Beethoven을 비참하고 고독하게 만들었다.
그는 자기 자신의 음악을 들을 수 있도록 점점 더 큰 보청기를 필요로 했다. 50세
의 그는 완전히 귀가 먹었다. 보청기도 더 이상 그에게 도움을 주지 못했다. 귀가
먼 음악가는 눈이 먼 화가와 같다. 양자는 그들의 직업을 포기해야만 한다. 그것은
가혹한 운명이다. 그러나 Beethoven은 일을 계속했다. 그는 자기의 작품을 듣지
못하면서도 최대의 작품을 썼다. 그리하여 그를 귀먹어리가 되게 한 운명을 극복하
고 승리를 쟁취했다. 투쟁, 패배와 승리, 슬픔과 기쁨이 그의 음악에서 울려 나온
다. 56세에 Beethoven은 세상을 떠났다. 그곳에는 그의 흰 데드마스크가 걸려 있
다.』

85. Wer das kurze Leben auf Erden möglichst gut ausnutzen will,
soll damit beginnen, auch auf das Kleinste, was um ihn existiert, seine
Aufmerksamkeit zu wenden. Was uns auf den ersten Blick allzu all-
täglich zu sein scheint und woran wir oft achtlos vorbeigehen, das kann
doch sehr wichtig für uns sein.

Wer는 관계대명사로서 후행사인 지시대명사 der가 생략되었음 / auf Erden : 이
세상에서, 지상에서 / möglichst=nach Möglichkeit : 가능한 한 / ausnutzen(충
분히) 이용하다 / damit는 auch auf das Kleinste … zu wenden을 받음 / mit et.
beginnen (anfangen) : ～을 시작하다 / das Kleinste는 형용사의 중성명사화로서
관계대명사 was의 선행사 / die Aufmerksamkeit 주의 / wenden (어떤 방향으
로) 돌리다, 향하게 하다 / was와 woran은 관계대명사로서 후행사는 지시대명
사 das / auf den ersten Blick : 첫눈에 / scheinen … zu 부정형 : …인 것 같이
보이다 / an et.[3] vorbeigehen : ～의 옆을 지나가다 / wichtig 중요한

『이 세상에서 짧은 인생을 가능한 한 잘 이용하려고 하는 사람은 자기 주위에 있
는 아주 사소한 일에도 주의를 기울이는 일부터 시작해야 한다. 우리에게 첫눈에
너무나 평범한 것 같이 보이는 것이나, 우리가 종종 생각없이 지나쳐 버리는 것이
우리에게는 매우 중요한 것일 수가 있다.』

86. Frankfurt am Main, mit etwa 700,000 Einwohnern ist als leb-

hafte Handels- und Messestadt weltberühmt. So wird sie jährlich von
sehr vielen Ausländern besucht. Im Mittelalter war sie Schauplatz von
Kaiserwahlen und -krönungen, so daß wir hier an ihre reiche historische Vergangenheit erinnert werden.

Während des zweiten Weltkrieges wurde Frankfurt aufs schwerste
getroffen. Deshalb sollte der Wiederaufbau gründlich geplant und
durchgeführt werden. Heute gilt Frankfurt als eine der fortschritt-
lichsten deutschen Städte. Doch darf man keineswegs vergessen, daß
auch die alte Tradition bei der Wiederherstellung berücksichtigt wurde.
Als Beispiele davon sind zu nennen: das alte Rathaus, der Dom (die
Krönungskirche vieler deutscher Kaiser), die Paulskirche (der Ort der
ersten deutschen Nationalversammlung 1848) und das Geburtshaus
Goethes mit dem Goethemuseum. Bei uns ist dieses Haus am bekanntesten, wo der größte deutsche Dichter Johann Wolfgang Goethe am 28.
August 1749 geboren wurde. Das Originalhaus ist leider 1944 durch
Bomben zerstört worden. Aber es ist wieder nach dem Originalplan
aufgebaut worden. So weit als möglich wurden auch die alten Steine
benutzt.

▦ etwa=ungefähr 약 / der Einwohner 주민, 인구 / die Handelsstadt 상업도시 /
die Messestadt 견본시(見本市) / 「wird ⋯ besucht」, 「erinnert werden」, 「wurde
⋯ getroffen」, 「geplant und durchgeführt werden」, 「berücksichtigt wurde」,
「geboren wurde」, 「ist ⋯ zerstört worden」, 「ist ⋯ aufgebaut worden」, 「wurden
⋯ benutzt」 등은 모두 수동형 / das Mittelalter 중세 / der Schauplatz 무대 / die
Kaiserwahl 황제의 선거, die Kaiserkrönung 황제의 대관식 / so daß ⋯ : 그 결
과 / an et.⁴ erinnern : ~을 상기시키다 / die Vergangenheit 과거 / der zweite
(erste) Weltkrieg : 제2차(제1차) 세계 대전 / aufs schwerste 「극심하게」는 부
사의 절대적 최상급 / deshalb=deswegen=darum=daher 그 때문에 / der Wie-
deraufbau=die Wiederherstellung 재건 / durchführen 실행하다 / als et.¹ (od.
für et.) gelten : ~으로 간주되다 / eine der fortschrittlichsten Städte : 가장 발

전된 도시들 중의 하나 / keineswegs=nie=nimmer 결코 …않다 / berücksichti-
gen 고려하다 / das Beispiel 보기, 예 / sind zu nennen은 수동의 가능 (~될
수 있다) / die Krönungskirche 대관식을 거행하는 교회 / die Nationalversammlung 국민의회 / das Geburtshaus 생가(生家) / wo는 관계부사로서 선행사는
dieses Haus / die Bombe 폭탄 / so ~ als (od. wie) möglich : 가능한 ~하게

『 Main 강변의, 인구 약 70만을 가진 Frankfurt는 활발한 상업도시로서 또한 견
본시로서 세계적으로 유명하다. 이와같이 이 도시는 매년 매우 많은 외국인들에 의
해 방문되고 있다. 중세에 이 도시는 황제의 선거와 황제의 대관식의 무대여서 우
리는 이곳에서 이 도시의 풍부한 역사적 과거를 회상하게 된다. 제2차 세계 대전
중 Frankfurt는 극심하게 폭격을 입었다. 그래서 재건이 철저하게 계획되고 실행
되어야만 했다. 오늘날 Frankfurt는 독일의 가장 발전된 도시들 중의 하나로 간주
되고 있다. 하지만 사람들은 재건시에 오랜 전통 또한 고려되었다는 사실을 결코
잊어서는 안된다.
그것의 예로서 다음과 같은 것을 들 수 있다. 즉 옛시청, 대성당(많은 독일 황제
의 대관식을 거행한 교회), Paul 교회 (최초의 독일 국민의회 -1848년- 가 열린 장
소), 그리고 Goethe 박물관이 있는 Goethe의 생가(生家)들이다. 우리들에게는 독
일의 가장 위대한 시인 Johann Wolfgang Goethe가 1749년 8월 28일에 태어났던
이 집이 가장 잘 알려져 있다. 원래의 집은 유감스럽게도 1944년에 폭탄에 맞아
파괴되었다. 그러나 그 집은 원상복구 계획에 따라 다시 세워졌다. 가능한 폭넓게
옛 돌들도 이용되었다. 』

87. Wenn Sie einen Text in Ihrer Muttersprache oder in einer
Fremdsprache lesen, finden Sie manchmal Wörter, die Sie nicht verstehen oder deren Bedeutung Ihnen nicht ganz klar ist. In diesem Fall
schlagen Sie das Wort in einem Wörterbuch nach.

Ein Wörterbuch ist ein Verzeichnis, in dem man den Wortschatz
einer Sprache nach alphabetischer Ordnung findet. Die Wörter werden
darin entweder in eine andere Sprache übersetzt, dann ist es ein zwei-
sprachiges Wörterbuch, oder sie werden durch andere Wörter der
gleichen Sprache erklärt, dann ist es ein einsprachiges Wörterbuch.

━━━━━━━━━━━━━━━━━━━━━━━━━━━━━━━━━━━━

田 wenn 「…할 때에, 만약 …하면」은 종속접속사 / der Text 본문, 원문 / die

Muttersprache 모국어, die Fremdsprache 외국어 / manchmal=dann und wann
=ab und zu : 때때로, 이따금 / Wörter, die Sie … verstehen oder deren
Bedeutung … ist: die 와 deren 은 관계대명사로서 선행사는 Wörter / die Bedeutung 의미 / in diesem Fall : 이러한 경우에 / ein Wort⁴ im Wörterbuch nachschlagen : 어떤 말을 사전에서 찾다 / das Verzeichnis 목록 / der Wortschatz 어
휘 / nach alphabetischer Ordnung : 알파벳 순으로 /「werden … übersetzt」와
「werden … erklärt」는 현재 수동형 / darin 은 in einem Verzeichnis 를 말함 /
entweder …, oder … : …이거나, 아니면 …이다 / übersetzen [y:bərzétsən] 번
역하다 / zweisprachig 2개국어의

『 당신이 당신의 모국어로된 원문이나 외국어로된 원문을 읽을 때 당신은 때때로
당신이 이해하지 못하거나, 그 뜻이 당신에게 아주 명확하지 못한 단어를 발견하게
된다. 이러한 경우에 당신은 그 단어를 사전에서 찾아보게 된다. 사전이란 말의 어
휘를 알파벳 순으로 찾아 볼 수 있는 일종의 목록이다. 단어는 그 목록속에 다른
언어로 번역되어 있거나, 그러면 그것은 2개 국어의 사전이고, 그렇지 않으면 단어
가 같은 언어의 다른 단어로 설명되어 있다. 그러면 그것은 1개국어의 사전이다.』

88. Nach dem 2. Weltkrieg war Deutschland zunächst in vier
Besatzungszonen geteilt worden: die amerikanische, die britische, die
französische und die sowjetische Besatzungszone. Ebenso wurde auch
die Stadt Berlin in vier Sektoren geteilt.

Am 7. September 1949 wurde aus den drei westlichen Zonen die
Bundesrepublik Deutschland gebildet. Der erste deutsche Bundestag war
ᵃm 14. August 1949 von der deutschen Bevölkerung der westlichen
Besatzungszonen gewählt worden. Der Bundestag und die Delegierten
der Landtage wählten den ersten Bundespräsidenten. Danach wurde
vom Bundestag der Bundeskanzler auf vier Jahre gewählt.

Der Bundeskanzler bildete dann die Bundesregierung, sie besteht aus
dem Bundeskanzler und 20 Ministern. Bonn wurde nur zum provisorischen Sitz der westdeutschen Bundesregierung gewählt.

Der Bundestag wird auf vier Jahre gewählt. Jeder Deutsche wird
mit 21 Jahren wahlberechtigt. Mit 25 Jahren kann jeder Mann oder

jede Frau zum Abgeordneten des Bundestages gewählt werden. Der
Bundestag hat 521 Abgeordneten.

In der sowjetischen Besatzungszone wurde am 7. Oktober 1949 ein
eigner Staat gebildet; er nennt sich Deutsche Demokratische Republik.

|||||||||||||||||||||||||||||||||||||||||||||||||||||||||

🈑 der 2. (zweite) Weltkrieg : 제 2 차 세계대전 / zunächst 우선, 먼저 / die Besatzungszone 점령지대. / war … geteilt worden 은 과거완료 수동 / teilen 나누다
/ ebenso 똑같이 / der Sektor 점령지역 / die Bundesrepublik Deutschland (BR
D) : 독일연방공화국(서독), Deutsche Demokratische. Republik (DDR) : 독일민
주공화국(동독) / bilden 형성하다 / der Bundestag 연방의회, der Landtag주(州)
의회 / die Bevölkerung 주민, 인구 / wählen 선출하다 / der Delegierte 「(파견
된) 대표자, 위원」는 형용사의 명사화 / der Kanzler 수상 /auf vier Jahre : 4 년
기한으로. auf 는 예정의 기간을 나타냄 / aus et. bestehen : ~으로 이루어지다,
구성되다 / provisorisch 일시적인, 임시의 / der Sitz (관청의) 소재지, 수도 /
jeder Deutsche 「독일인은 누구나」는 형용사의 약변화 / wahlberechtigt 선거권이
있는 / der Abgeordnete 「국회의원」는 형용사의 명사화 / der Staat 국가 /sich⁴
et.⁴ nennen : 자칭 ~라고 부르다

『제 2 차 세계 대전후 독일은 곧 4 개의 점령 지역, 즉 미국, 영국, 프랑스, 러시
아 점령 지역으로 분할되었다. 이와 똑같이 Berlin 시도 4 개의 점령 지역으로 분할
되었다. 1949 년 9 월 7 일에 3 개의 서방지역으로부터 독일연방공화국이 세워졌다.
최초의 독일연방의회가 1949 년 8 월 14 일에 서방점령지역의 독일주민에 의해 선출
되었다. 연방의회와 주(州)의회 의원들이 첫 연방 대통령을 선출했다. 그후 연방의
회에 의해 연방 수상이 4 년 임기로 선출되었다. 연방 수상은 그 다음에 연방 정부
를 조직하였는데, 연방 정부는 연방수상과 20 명의 장관으로 되어 있다. Bonn 이
서독 연방 정부의 임시 수도로 정해졌다. 연방의회는 4 년 임기로 선출된다. 독일
사람은 누구나 21 세가 되면 선거권이 부여된다. 25 세가 되면 남녀 누구나 연방의
회의 의원으로 선출될 수 있다. 연방 의회에는 521 명의 의원이 있다. 러시아 점령
지역에서는 1949 년 10 월 7 일에 독자적인 국가가 세워졌는데, 그 국가는 자칭 독
일 민주 공화국이라고 부르고 있다. 』

第 12 課 지시대명사 · 비인칭동사

§1. 지 시 대 명 사

지시대명사의 종류

m.	f.	n.	pl.
1. der	die	das	die
2. dieser	diese	dieses	diese
3. jener	jene	jenes	jene
4. solcher	solche	solches	solche
5. derjenige	diejenige	dasjenige	diejenigen
6. derselbe	dieselbe	dasselbe	dieselben

● der 의 격변화

	m.	f.	n.	pl.
N.	der	die	das	die
G.	**dessen**	**deren**	**dessen**	**deren (derer)**
D.	dem	der	dem	**denen**
A.	den	die	das	die

1) der :

ⓐ 인칭대명사의 대용

1 격 : Es war einmal ein König, *der* hatte eine schöne Prinzessin.

2 격 : Hans begegnete seinem Freund und *dessen* Schwester.

3 격 : Arbeiten Sie mit Herrn Müller zusammen?

　　　Nein, mit *dem* arbeite ich nicht mehr zusammen.

4 격 : Kennst du Hans? Ja, *den* kenne ich sehr gut.

ⓑ 같은 명사의 반복을 피할 때 쓰인다.

Das ist nicht mein Hut, sondern *der* (=der Hut) meines Vaters.

Meine Meinung ist anders als *die* meines Freundes.

ⓒ 관계대명사의 선행사로 쓰인다.

Ich bin nicht *der*, für den ihr mich haltet.

Nur *der*, der ein reines Gewissen hat, ist wahrhaft glücklich.

* der 의 복수 2 격 deren 과 derer :

deren 은 「사람」, 「사물」에 관계없이 앞에 나온 명사를 가리키며 관계하는 명사 앞에 놓인다.

derer 는 「사람들의」란 뜻이며 반드시 사람을 가리키는 복수 관계대명사(die, welche)의 선행사로만 쓰인다.

Er sah seine Freunde und *deren* Eltern.

Die Freude *derer*, die die Kinder haben, ist grenzlos.

2) **dieser** 와 **jener** : 정관사 어미변화를 하며, dieser 는 「후자」, jener 는 「전자」의 뜻이 있다.

Dieses Haus ist höher als *jenes*.

Die Mutter rief den Sohn und die Tochter; *diese* kam sogleich, aber *jener* kam nicht.

3) **solcher** : solcher Mensch (정관사형 변화), ein solcher Mensch (형용사 혼합 변화), solch ein Mensch (solch 는 무변화)

4) **derjenige** 와 **derselbe** : 형용사 약변화를 한다.

derjenige 「그사람, 그것」는 der 를 강화한 것에 불과하며, der 형 대신에 ① 관 계대명사의 선행사로서 ② 2 격명사 또는 전치사구(전치사+명사) 앞에서 명사 의 반복을 피할 때 쓰인다.

derselbe 「동일한」는 동일성을 더욱 강조하기 위하여 성·격에 관계없이 「ein und」를 붙여 ein und derselbe, ein und dieselbe, ein und dasselbe 로 할 경우 도 있다.

Derjenige (=*Der*), der reich ist, ist nicht immer glücklich.

Diejenigen (=*Die*), die etwas entdecken wollen, müssen gut beobachten.

Die Liebe der Mutter ist so zärtlich wie *diejenige* (=*die*) Gottes.

Er kaufte nicht dieses Haus, sondern *dasjenige* (=*das*) mit dem Garten.

Wir sind beide aus *derselben* Stadt.

Deutsch und Englisch stammen aus *ein und derselben* Sprache.

§2. 비 인 칭 동 사

A. 자연 현상

es regnet 비가 온다	es dunkelt 어두워진다
es schneit 눈이 온다	es friert 얼음이 언다
es hagelt 우박이 내린다	es stürmt 폭풍이 분다
es taut 이슬이 내린다	es weht 바람이 분다
es reift 서리가 내린다	es nebelt 안개가 낀다

es blitzt　번개붙이 번쩍인다　　　　es ist kalt (warm)　춥다(덥다)
es donnert　천둥이 친다　　　　　　es ist (wird) Nacht　밤이다(밤이 된다)

　圍　자연 현상을 나타내는 비인칭 주어 es 는 여하한 배어법에서도 생략되지 않
　　는다.

B. 육체적 · 심리적 현상

es hungert mich　나는 배고프다　　　es träumt mir　나는 꿈꾼다
es durstet mich　나는 목마르다　　　es gefällt mir　내 마음에 든다
es friert mich　나는 춥다　　　　　　es graut mir　나는 무섭다
es schwitzt mich　나는 땀이 난다　　es ahnt mir　나는 예감한다
es freut mich　나는 기쁘다　　　　　es schwindet mir　나는 현기증이 난다
es reut mich　나는 후회한다　　　　　es gelingt mir　나는 성공한다

　圍　감정, 감각을 나타내는 비인칭 주어 es 는 도치법, 후치법에서 es 가 생략된다.
　　(단, es gelingt, es gefällt, es geht …의 es는 여하한 배어법에서도 생략되
　　지 않는다.)

● 비인칭 숙어

① es geht mir gut. 「나는 잘 지낸다」
② es gibt+4 격 (Sg. 또는 Pl.) 「〜이 있다」
③ es handelt sich um et. 「〜이 문제이다」
④ es kommt auf et.⁴ an. 「〜에 달려 있다, 〜이 문제이다」
⑤ es fehlt (mangelt) jm. an et.³ 「〜는 〜이 없다(부족하다)」
⑥ es ist jm. um et. zu tun. 「〜에게는 〜이 중요하다」
⑦ es liegt jm. viel an et.³ 「〜에게는 〜이 중요하다」
⑧ es……mit+3 격 ⎫
　 es……um+4 격 ⎭ 일 때는 mit 또는 um 의 전치사격이 의미상의 주어가 된다.

89. Eine Mutter ging mit ihrer Tochter in die Stadt, um ihr ein neues Kleid zu kaufen. Vor einem Schaufenster blieb die Tochter stehen und sagte zur Mutter: „Mutti, kaufe mir doch bitte dieses Kleid; das gefällt mir viel besser als jenes andere. Es ist derselbe Stoff, aber nicht dieselbe Machart. Es hat auch diejenige Farbe, die mir am besten steht. Solch ein Kleid hat Christa auch; ich selbst habe ein solches noch nie besessen. "

〰〰〰〰〰〰〰〰〰〰〰〰〰〰〰〰〰〰〰〰〰〰〰

圉 in die (zur) Stadt gehen : 도시로 가다 / um ... zu 부정형 : …하기 위하여 / ihr 는 Tochter를 받는 인칭대명사 sie의 3격 (sie, ihrer, ihr, sie) / das Kleid 옷 / das Schaufenster 쇼윈도우 / stehenbleiben 선채로 있다 / kaufe mir ... : kaufe 는 du에 대한 명령형 / jm. gefallen : ~의 마음에 들다 / viel+비교급 : 훨씬~ 한 / jenes andere 다음에는 Kleid가 생략 되었음 / derselbe 와 derjenige 는 지시 대명사로서 전반의 der 는 정관사 변화를, 후반의 -selbe 와 -jenige 는 형용사 약 변화를 함 / der Stoff 옷감 / die Machart 만드는 방법 / die Farbe 색(色) / jm. gut stehen : ~에게 어울리다 / solch ein Kleid=ein solches Kleid : 그러한 옷 ./ nie=nimmer=keineswegs 결코 …않다 / besitzen 「소유하다」 - besaß - besessen

『한 어머니가 자기 딸에게 새옷을 사주기 위해 딸을 데리고 시내로 갔다. 쇼윈 도우 앞에서 딸은 발걸음을 멈추고 어머니에게 "엄마, 나에게 이 옷을 사 주세요. 이옷은 저 다른 옷보다 훨씬 더 내 마음에 들어요. 이옷은 천은 같지만 디자인이 달라요. 이 옷은 나에게 가장 잘 어울리는 그러한 색깔도 갖고 있어요. 그런 옷을 Christa도 갖고 있어요. 내 자신은 아직 한번도 그런 옷을 가져 본 적이 없어요. " 하고 말했다. 』

90. Als ich sah, daß mein Bitten nichts half, da fing ich an zu weinen. Statt meinen Mann wie gewöhnlich zu bitten, für mich und seine Kinder zu arbeiten, weinte ich und verlangte, das zu tun, was seine Pflicht ist. Denn eine Mutter hat das Recht, im Namen ihrer Kinder dasjenige zu verlangen, was sie brauchen.

〰〰〰〰〰〰〰〰〰〰〰〰〰〰〰〰〰〰〰〰〰〰〰

圉 「als ..., da ...」는 상관어구 / daß 이하는 sah 의 목적어 / das Bitten=die Bitte 청,

부탁 / anfangen (beginnen) ... zu 부정형 : …하기 시작하다 / [an]statt ... zu
부정형 : …하는 대신에 / jn. bitten, ... zu 부정형 : ~에게 …해주기를 부탁하다 /
wie gewöhnlich : 여느때와 같이 / das zu tun 은 verlangte 의 목적어 / das 와
dasjenige 는 지시대명사로서 관계대명사 was 의 선행사 / das Recht und die
Pflicht : 권리와 의무 / die Pflicht⁴ tun : 의무를 다하다 / denn 「왜 냐하면」은 등
위접속사 / in js. Namen : ~의 이름으로: in Gottes Namen 「신의 이름으로」,
im Namen des Volkes 「국민의 이름으로」 / im Namen ... zu verlangen 은 das
Recht 를 수식하는 부가어적 용법 / sie 는 Kinder 를 받음

『나의 탄원이 아무 소용이 없다는 것을 알았을 때 나는 울기 시작했다. 내 남편
에게 여느 때와 같이 나와 나의 아이들을 위해 일해 주기를 청하지 않고, 나는 울
며 그의 의무인 일을 다하기를 요구 했다. 왜냐하면 어머니는 자기 자녀의 이름으
로 그들이 필요로 하는 것을 요구할 권리가 있기 때문이다.』

9 1. Christentum und Buddhismus sind oft miteinander verglichen
worden. Es ist nicht zu leugnen, daß sie schon rein äußerlich viele
Züge gemeinsam haben. Wie das Christentum im Westen, ist der Buddhismus im Osten die gewaltigste Religion. Beide haben sich nicht auf
das Land beschränkt, in dem sie entstanden sind, sondern Missionare
sind weit über die Grenzen ihrer Heimat hinausgegangen und haben
Völkern Bildung und Gesittung gebracht, die vorher von ihnen unberührt waren. Christentum und Buddhismus lehren als höchste Tugend
die Liebe. Und noch treuer als die Christen haben die Buddhisten die
Lehre ihres Meisters befolgt. Ruhig und still ist der Buddhismus seinen
Weg gegangen und ohne Anwendung von Gewalt zu der größten Religion geworden, die die Welt kennt. Christentum und Buddhismus sind
Religionen der Erlösung. Ihr Ziel ist dasselbe, so verschieden auch der
Weg dazu ist.

⚉ das Christentum 기독교, der Buddhismus 불교 / sind ... verglichen worden 은
현재완료 수동 / Es ist nicht zu leugnen, daß ... : Es 는 daß 이하를 받고, ist ...

zu leugnen 은 수동의 가능 「…될 수 있다」의 뜻 / der Zug 기차, 특징 / et.⁴ gemeinsam haben : ∼을 공유(共有)하고 있다 / Wie das Christentum im Westen
다음에는 die gewaltigste Religion ist 가 생략되었음 / Beide 는 Christentum 과
Buddhismus 를 말함 / sich⁴ auf et.⁴ beschränken : (자기의 요구·욕망을) ∼에
한정하다 / nicht …, sondern… : …이 아니고 …이다 / sie 는 beide 를 받음 / der
Missionar 전도자, 선교사 / über die Grenze hinausgehen : 국경(경계)을 넘어서
가다 / die Heimat 고향, 고국 / Völkern 은 Volk 의 복수 3 격 / die Bildung 교
양, 형성 / die Gesittung 미풍양속, 문명 / die vorher von ihnen unberührt
waren : die 는 관계대명사로서 선행사는 Bildung und Gesittung 이고, ihnen 은
Völkern 을 받음 / unberührt 건드리지 않은, 건드려지지 않은 / die Tugend 미
덕 / noch+비교급 : 더욱 ∼한 / der Christ 기독교 신자, der Buddhist 불교신자
/ die Lehre : 가르침, 교훈 / seinen Weg (seines Weges) gehen : 자기의 길을
가다 / ohne Anwendung von Gewalt : 폭력을 쓰지 않고 / zu et. werden : ∼이
(으로)되다 / die Erlösung 구제, 구원 / das Ziel 목표 / dasselbe 다음에는 Ziel
이 생략되었음 / so ∼ auch … : 「∼할지라도」와 같은 양보의 뜻 / verschieden 같
지 않은 / der Weg dazu=der Weg zur Erlösung

『기독교와 불교는 빈번히 서로 비교되어 왔다. 그들 종교는 외견상으로 순수하
게 많은 특색을 공유(共有)하고 있다는 것은 부인할 수 없다. 기독교가 서양에서
가장 강력한 종교인 것과 같이, 불교는 동양에서 가장 강력한 종교이다. 이 두 종
교는 그들이 발생한 나라에 국한 되지 않고 전도사들이 그들 고국의 국경을 훨씬
넘어서 국민들에게 이전에 그들에 의해 접촉되지 않았던 교양과 문명을 가져다 주
었다. 기독교와 불교는 최고의 미덕으로 사랑을 가르친다. 불교도들은 그들의 교
주(教主)의 가르침을 기독교도들 보다 더욱 소중하게 따랐다. 불교는 조용히 자기
의 길을 갔으며 폭력을 쓰지 않고 세상이 다 아는 최대의 종교가 되었다. 기독교
와 불교는 구원의 종교이다. 구원으로의 길은 같지 않다 하더라도 그들의 목표는
같은 것이다.』

92. Das Klima Deutschlands ist in der Regel mild. Das heißt, im
Sommer nicht zu heiß und im Winter nicht zu kalt. Im Winter, vor
allem im Januar und Februar, schneit es. Und der Boden ist so fruchtbar, daß es an allerlei Schätzen nicht fehlt. Das deutsche Volk ist
nicht nur arbeitsam und beharrlich, sondern es hat auch eine Vorliebe
für Kunst und Wissenschaft.

▦ das Klima 기후 / in der Regel=im allgemeinen : 일반적으로 / das heißt (d.h.)
: 즉, 말하자면 / zu 「너무」는 부사로 쓰였음 / vor allem : 무엇보다도, vor allen
: 누구보다도 / es schneit : 눈이 오다 / der Boden 땅 / fruchtbar 비옥한 / so ~,
daß … : ~하므로 …하다 / es fehlt an et.³ : ~이 부족하다 / der Schatz 보물 /
das Volk 국민 / nicht nur …, sondern [auch] … : …뿐만 아니라, …도 / arbeitsam 일하기 좋아하는 / beharrlich 참을성이 강한, 끈기있는 / es는 das deutsche
Volk 를 받음 / eine Vorliebe für et. haben : ~을 특히 좋아하다 / die Kunst 기
술, 예술 / die Wissenschaft 학문, 과학

『독일의 기후는 일반적으로 온화하다. 다시 말하면, 여름에는 지나치게 덥지 않
고 겨울에는 지나치게 춥지 않다. 겨울에, 특히 1 월과 2 월에는 눈이 온다. 그리
고 땅은 비옥하여 여러가지 자원이 부족하지 않다. 독일 국민은 일하기를 좋아하
고 참을성이 강할 뿐만 아니라 예술과 과학을 특히 좋아하기도 한다.』

93. Es wird immer Leute geben, welche über das englische Wetter
murren. Sie sagen mit Recht, daß man in diesem Lande fast nie weiß,
was für Wetter zu erwarten ist. Aber es gibt auch Leute, für welche
gerade diese Veränderlichkeit einen besonderen Reiz besitzt. Es wird
ihnen leid tun, im voraus zu wissen, was für Wetter wir an einem
gewissen Tage haben werden. Es freut sie, daß das Wetter so verän-
derlich ist.

Im Winter sollte es kalt sein und an vielen Tagen schneien und
frieren. Aber ein Dezembertag ist zuweilen ebenso warm wie ein Tag
im Mai, und umgekehrt ist es nichts Unerhörtes, wenn es im Monat
Mai oder Juni friert oder sogar schneit. Wenn es geschneit und darauf
gefroren hat, dann ist das Gehen ein wahres Vergnügen. Der Schnee
knistert unter den Füßen und glänzt wie Diamanten in den Strahlen
der Sonne. Leider aber dauert es gewöhnlich nicht lange. Das Tau-
wetter tritt bald ein, und in wenigen Stunden wird es viel wärmer.
Ein Wind erhebt sich und treibt die Wolken zusammen, und bald
regnet es.

▦ Es wird … geben 은 es gibt+4 격 (Sg. Pl.)「〜이 있다」의 미래형 / welche 는 관계대명사로서 선행사는 Leute / mit Recht : 정당하게 / nie=nimmer=keineswegs 결코 〜(하지)않다 / was für (ein)「어떤」은 본래 의문대명사이지만 본문에서는 후치되어 종속접속사 역할을 하고 있음. was für 이하는 weiß 의 목적어 / 「sein+zu 부정형」① …될 수 있다(수동의 가능) ② …되어야 한다(수동의 필연) / die Veränderlichkeit 변동 / Es tut mir leid 「그것은 유감스러운 일이다」, Es 는 zu wissen 을 받음 / im voraus : 미리 / haben werden 은 미래형 / Es freut sie, daß … : Es 는 daß 이하를 받고, sie 는 Leute 를 말함 / Es ist kalt 「춥다」, Es wird warm 「더워진다」, Es schneit 「눈이 온다」, Es friert 「얼음이 언다」, Es regnet 「비가 온다」 등의 es 는 비인칭 주어 / [eben]so … wie … : …와 똑같이 / umgekehrt 거꾸로, 반대로 / und umgekehrt ist es nichts Unerhörtes, wenn … : es 는 wenn 이하를 받음. nichts Unerhörtes 「결코 들어보지 못한 일이 아닌 것」, nichts 와 Unerhörtes 는 동격으로 형용사 강변화의 중성명사화임 / wenn …, dann (so) … : 만일 …이면 / darauf 그것에 이어 / Leider aber dauert es … : es 는 Wenn 부터 der Sonne 까지의 내용을 받음 / viel+비교급 : 훨씬 〜한 / sich⁴ erheben : 일어나다

『 영국의 날씨에 대해 투덜거리는 사람들이 언제나 있을 것이다. 그들은 이 나라에서는 어떤 날씨가 기대될 수 있는지를 결코 알수 없다고 말하는데 그것은 옳은 소리다. 그러나 바로 이런 날씨 변동에 특별한 매력을 갖는 사람들도 있다. 우리가 어떤날 어떠한 날씨를 갖게 될 것인가를 미리 알게 된다는 것은 그들에게는 유감스러운 일일 것이다. 날씨가 그렇게 변화무상 하다는 것이 그들을 기쁘게 한다. 겨울에는 춥고, 눈이 내리고 얼음이 어는 날이 많아야만 할 것이다. 그러나 12월의 날씨가 때때로 5월의 날씨처럼 따뜻하고, 그 반대로 5월이나 6월에 얼음이 얼거나 눈까지 내리는 일이 전혀 없는 것도 아니다. 눈이 내리고 거기에다 얼음이 얼어 붙으면 걷는다는 것은 참으로 즐거움을 주는 일이다. 눈이 발 밑에서 뽀드득 거리고 햇빛에 다이아몬드처럼 빛난다. 하지만 유감스럽게도 이런 일이 보통 오래 지속되지는 않는다. 해동하는 날씨가 곧 들어서고, 얼마 지나지 않아서 날씨는 훨씬 따뜻해 진다. 바람이 일어나 구름을 돌고 온다. 그러면 곧 비가 내린다.』

94. Nach jedem angenehm verflossenen Tag hat man gewöhnlich ein Gefühl der Leere. So ist es mir heute zumute. Ich konnte also nichts lesen und schreiben und brachte den gangen Tag tatenlos zu.

▥ jedem angenehm verflossenen Tag 는 형용사 약변화, angenehm 은 verflossen 을 수식하는 부사로 쓰였음 / verflossen 지나간, der verflossene Monat 「지난 달」, das verflossene Jahr 「지난해」 / gewöhnlich＝in der Regel＝im allgemeinen : 보통, 일반적으로 / das Gefühl der Leere : 공허감 / es ist mir gut (schlecht) zumute : 나는 기분이 좋다(나쁘다) / können - konnte - gekonnt / zubringen ＝verbringen (때를) 보내다. zubringen - brachte zu - zugebracht / den ganzen Tag 「온종일」는 4 격 부사구가 아닌 zubringen 의 목적어

『 기분 좋게 지낸날 다음이면 사람들은 으레 일종의 공허감을 느낀다. 나는 오늘 그러한 기분이 든다. 나는 그래서 아무것도 읽지도 쓰지도 못하고 온 종일을 하는 일 없이 보냈다. 』

95. Viele Krankheiten entstehen durch Lebewesen, die dem freien Auge unsichtbar und dem Menschen feindlich sind. Ob nun eine Krankheit rasch oder langsam heilt oder zum Tode führt, hängt nicht nur von der Stärke der Krankheitserreger ab, die den Körper befallen haben, sondern auch von der Widerstandsfähigkeit des Körpers. Deshalb muß jeder lernen, wie man seinen Körper widerstandsfähig und gesund erhält.

▥ die Krankheit 병 (↔die Gesundheit) / entstehen 발생하다 / das Lebewesen 생물 / das freie (od. bloße) Auge 육안(肉眼) / unsichtbar 눈에 보이지 않는 / jm. feindlich sein : ～에게 적의를 품다 / ob 「…인지」는 종속접속사 / heilen (병이) 낫다 / zu et. führen : 어떤 결과가 되다 / von et. abhängen : ～에 좌우되다 / hängt 의 주어는 ob 이하의 부문 / nicht nur..., sondern [auch]... : …뿐만 아니라, …도 / die Stärke 강함 (↔die Schwäche) / der Erreger 병원체 / den Körper befallen : 몸에 엄습하다 / die Widerstandsfähigkeit 저항력 / deshalb＝deswegen＝daher＝darum 그 때문에 / jeder 「누구나」는 부정대명사 / wie 「…하는 방법」 이하는 lernen 의 목적어 / et.⁴ … erhalten : ～을 …한 상태로 보존하다

『 여러 가지 병은 육안에 보이지 않고 인간에게 해를 끼치는 생물로 인해 발생된 다. 어떤 병이 빨리 낫게 될지 천천히 낫게 될지, 혹은 죽음을 초래하게 될지는 몸

에 엄습한 병원체의 강도에 좌우될 뿐만아니라, 몸의 저항력에도 좌우된다. 그렇
기 때문에 사람은 자기의 몸을 저항력이 있고 건강한 상태로 보존하는 방법을 누
구나 알아 두어야만 한다.』

96. *Peter* : Guten Tag, Herr Fritz.

Fritz : Guten Tag, Herr Peter, Wie geht es lhnen?

Peter : Danke, es geht mir sehr gut. Und Ihnen?

Fritz : Auch gut, danke. Wir haben uns lange nicht gesehen! Wie war
es denn in den Ferien?

Peter : Es war sehr schön. Ich habe mit meiner Familie eine Reise
nach Italien gemacht und dort viele Sehenswürdigkeiten kennengelernt. Glücklicherweise war das Wetter schön. Die ganze Zeit
über regnete es kein einziges Mal. Ich habe wirklich schöne
Landschaften genossen.

Fritz : Wo gefiel es Ihnen am besten?

Peter : Nun, Florenz fand ich am schönsten. Wir blieben eine ganze
Woche in Florenz, weil es dort dermaßen viel zu sehen gibt.

▣ Wie geht es Ihnen? 어떻게 지내십니까? / Wir haben uns lange nicht gesehen
: uns 는 「서로」의 뜻을 가진 상호대명사 / denn (의문문에서) 도대체, 대관절 /
die Ferien (Pl.) 휴가 / eine Reise⁴ machen : 여행하다 / die Sehenswürdigkeit
구경거리, 명소(名所) / kennenlernen 알게 되다 / glücklicherweise 다행히 / das
Wetter 날씨 / die ganze Zeit über : 그 시간(기간) 내내 / es regnet : 비가 오다
/ die Landschaft 경치 / genießen 「즐기다」- genoß - genossen / es gefällt mir :
내마음에 든다 / am besten 과 am schönsten 은 부사의 최상급으로 쓰였음 / die
ganze Woche 「일주일 내내」는 4 격 부사구 / weil 「…때문에」은 종속접속사 / es
gibt+4 격 : ~이있다 / dermaßen 그 정도로

『 *Peter* : 안녕하십니까, Fritz 씨.

Fritz : 안녕하십니까, Peter 씨. 어떻게 지내십니까?

Peter : 네, 매우 잘 지내고 있읍니다. 그런데 당신은 어떻게 지내십니까?

Fritz : 저 역시 잘 지냅니다. 우리는 서로 오랫동안 만나지 못했군요! 대관절 휴

가는 어떠했읍니까?

Peter . 매우 좋았읍니다. 저는 제 가족과 함께 이태리로 여행을 해서 그곳에서 여러 명소를 구경했지요. 다행히도 날씨가 좋았읍니다. 여행기간 내내 단 한번도 비가 오지 않았어요. 저는 정말 아름다운 경치를 즐겼읍니다.

Fritz : 어디가 제일 마음에 드셨읍니까?

Peter : 네, Florenz 가 제일 아름답더군요. 우리는 일주일 내내 Florenz 에 머물렀지요. 그곳은 그만큼 볼만한 것이 많았기 때문입니다. 』

第 13 課   재귀동사 · 부정대명사

§1. 재 귀 동 사

재귀대명사의 격변화

	1인칭	2인칭	3인칭 m.	f.	n.	존 칭
2 격	meiner	deiner	seiner	ihrer	seiner	Ihrer
3 격	mir	dir		sich		sich
4 격	mich	dich		sich		sich
2 격	unser	euer		ihrer		Ihrer
3 격	uns	euch		sich		sich
4 격	uns	euch		sich		sich

3인칭 단수 · 복수 2격 재귀대명사를 쓸 때는 그 뒤에 부사 selbst (=selber)를
붙여서 인칭대명사의 2격과 혼동을 피한다.

≪ 기억해야 할 재귀동사 ≫

● 4격 재귀대명사를 취하는 재귀동사

* sich⁴ befinden (～상태에) 있다   * sich⁴ erkälten 감기들다
* sich⁴ ereignen 생기다   * sich⁴ waschen 목욕하다
* sich⁴ setzen 앉다   * sich⁴ rasieren 면도하다
* sich⁴ ändern 변하다   * sich⁴ kämmen 머리를 빗다
* sich⁴ bewegen 움직이다   * sich⁴ entschließen 결심하다
* sich⁴ verspäten 지각하다   * sich⁴ bewegen 움직이다
* sich⁴ aufhalten 체류하다   * sich⁴ beeilen 서두르다
* sich anziehen 옷을 입다   * sich⁴ ausziehen 옷을 벗다
* sich⁴ entwickeln 발전하다   * sich⁴ erheben 일어서다
* sich⁴ anstrengen 노력하다   * sich⁴ irren 잘못 생각하다
* sich⁴ begeben 가다   * sich⁴ legen 눕다

● 3격 재귀대명사를 취하는 재귀동사

* sich³ et.⁴ kaufen ～을 사다   * sich³ et.⁴ bestellen ～을 주문하다
* sich³ et.⁴ erlauben ～을 감히 하다 * sich³ et.⁴ einbilden ～을 상상하다

* sich³ et.⁴ vorstellen ～ 상상하다   * sich³ et.⁴ erwerben ～을 얻다
* sich³ et.⁴ vornehmen ～을 기도하다   * sich³ et.⁴ merken ～을 명심하다
* sich³ et.⁴ aneignen ～을 획득하다   * (sich³ schmeicheln) 자부하다

§2. 부정대명사

부정대명사란 일정치 않는 사람이나 사물을 나타내는 대명사로서 단수형으로만
쓰이며 성(性)의 구별이 없다.

부정대명사에는 다음과 같은 것이 있다.

man(사람), einer(어떤 사람), jemand(누군가), niemand(아무도～아니다),
jedermann(누구나), etwas(어떤 것), nichts(아무 것도 ～아니다)

부정대명사의 격변화

N.	man	jemand	niemand	jedermann
G.	eines	jemand[e]s	niemand[e]s	jedermanns
D.	einem	jemand[em]	niemand[em]	jedermann
A.	einen	jemand[en]	niemand[en]	jedermann

註 all-, viel-, wenig-, manch-, einig-, mehrer-, beid-, ander-, jed-, ein jed-, kein-
등이 명사의 부가어로 사용되면 부정수사이고 단독으로 사용되면 부정 대명사라
고 한다.

이상의 낱말이 부정대명사로 사용될 경우 ein jeder(형용사 혼합변화)를 제외
하고는 모두 정관사 어미 변화를 한다.

◇ 전치사격 지배 재귀동사 ◇

* sich an et.⁴ (et.²) erinnern: ~을 기억하다
  Erinnern Sie sich noch an mich (od. meiner)?
  「당신은 아직도 저를 기억하십니까?」
  Leider kann ich mich nicht daran erinnern.
  「유감스럽게도 나는 그것을 기억할 수 없다.」
* sich an jm. rächen: ~에게 복수하다
  Ich will mich an ihm rachen.
  「나는 그에게 복수하겠다.」
* sich an et.⁴ gewöhnen: ~에 익숙해지다
  Ich habe mich an die Arbeit gewöhnt.
  「나는 그 일에 익숙해졌다.」
* sich auf et.⁴ freuen: ~을 고대하다
  Die Schüler freuen sich auf die Ferien.
  「학생들은 방학을 고대하고 있다.」
* sich auf jn. (et.⁴) verlassen: ~를 믿다
  Du kannst dich auf ihn (seine Worte) verlassen.
  「너는 그를 (그의 말을) 믿어도 된다.」
  Verlassen Sie sich darauf!
  「그것을 믿어보십시오!」
* sich auf den Weg machen: 출발하다
  Er machte sich eben erst auf den Weg.
  「그는 지금 막 출발했다.」
* sich für et. interessieren: ~에 흥미(관심)를 가지다
  Er interessiert sich nie für die Mathematik.
  「그는 수학에는 전연 흥미를 갖지 못한다.」
* sich in jn. verlieben: ~에게 반하다
  Er hat sich in sie verliebt.
  「그는 그녀에게 반했다.」
* sich in et.⁴ verwandeln: ~으로 변하다
  Das Eis verwandelte sich ins Wasser.
  「얼음이 물로 변했다.」
* sich in Bewegung⁴ setzen: 움직이다
  Der Zug setzt sich in Bewegung.
  「기차가 움직이기 시작한다.」

* sich mit jm. verloben: ~와 약혼하다

  Sie hat sich mit dem Sohn ihres Lehrers verlobt.

  「그녀는 그녀의 선생님의 아들과 약혼했다.」

* sich mit jm. verheiraten: ~와 결혼하다

  Sie hat sich mit einem Ausländer verheiratet.

  (=Sie hat einen Ausländer geheiratet.)

  「그녀는 어느 외국인과 결혼했다.」

* sich mit jm. [über et.⁴] streiten: ~와 [~에 대하여] 다투다

  Ich stritt mich mit ihm.

  「나는 그와 다투었다.」

  Wir haben uns lange über die Frage gestritten.

  「우리는 오랫동안 그 문제에 대해 논쟁했다.」

* sich mit jm. [über et.⁴] unterhalten: ~와 [~에 대하여] 이야기하다

  Ich habe mich mit ihm lange unterhalten.

  「나는 그와 오랫동안 이야기를 나누었다.」

  Wir unterhielten uns über die neuesten politischen Ereignisse.

  「우리는 최근의 정치적인 사건에 대해 이야기를 나누었다.」

* sich mit jm. verabreden: ~와 약속하다

  Ich habe mich mit ihr nächsten Sonntag verabredet.

  「나는 그녀와 다음 일요일에 만나기로 약속했다.」

* sich mit jm. versöhnen: ~와 화해하다

  Ich will mich mit ihm nicht versöhnen.

  「나는 그와 화해하지 않겠다.」

* sich mit et. beschäftigen: ~에 몰두하다

  Der Ausländer beschäftigt sich mit der koreanischen Literatur.

  「그 외국인은 한국문학을 연구하고 있다.」

* sich mit et. (et.²) rühmen: ~을 자랑하다

  Er rühmte sich [mit] seiner Leistung.

  「그는 자기의 업적을 자랑했다.」

* sich nach et. sehnen: ~을 그리워하다

  Er sehnt sich nach der Heimat.

  「그는 고향을 그리워한다.」

* sich über et.⁴ freuen: (현재·과거의) ~을 기뻐하다

  Unser Sohn freut sich sehr über Ihr Geschenk.

  「우리 아들은 당신의 선물을 받고 매우 기뻐하고 있읍니다.」

* sich über et.⁴ wundern: ~에 대하여 놀라다

Sie wundert sich über die hohen Preise.

「그녀는 비싼 값에 놀란다. 」

* sich über jn. (et.⁴) ärgerst ~에 대하여 화를 내다

Warum ärgerst du dich über mich?

「왜 너는 나에게 화를 내느냐? 」

Er ärgerte sich sehr über ihren Leichtsinn.

「그는 그녀의 경솔에 매우 화가 났다. 」

* sich über et.⁴ (wegen et.) schämen: ~을 부끄러워 하다

Er schämte sich über seine Dummheit (wegen seiner Dummheit).

「그는 자기의 어리석음을 부끄러워 했다.

* sich um et. bemühen: ~을 얻으려고 애쓰다

Er bemüht sich um ein Stipendium.

「그는 장학금을 타려고 노력한다. 」

* sich um et. kümmern: ~을 걱정하다

Kümmere dich bitte um deine eigenen Angelegenheiten!

「제발 네 자신의 일이나 걱정해라! 」

* sich um jn. sorgen: ~를 걱정하다

Sie brauchen sich um mich nicht zu sorgen.

(=Sie brauchen sich um mich keine Sorgen zu machen.)

「당신은 나를 걱정할 필요가 없읍니다. 」

* sich von jm. verabschieden: ~와 작별하다

Ich habe mich von ihm verabschiedet.

(=Ich habe von ihm Abschied genommen.)

「나는 그와 작별했다. 」

* sich von einer Krankheit erholen (genesen): 병으로부터 회복되다

Ich habe mich schon von der Grippe erholt.

「나는 벌써 감기가 나았다. 」

* sich vor et.³ fürchten: ~을 두려워하다

Das Kind fürchtet sich vor dem eigenen Schatten.

「그 아이는 자신의 그림자를 겁낸다. 」

* sich vor et.³ hüten: ~을 조심하다

Hüten Sie sich vor dem Hund!

「개를 조심하십시오! 」

* sich vor et.³ in acht nehmen: ~을 조심하다

Nehmen Sie sich vor dem Taschendieb in acht!

「소매치기를 조심하십시오! 」

97. Die Zähne soll man sich täglich zweimal, d. h. morgens und abends, oder, wenn es nicht möglich ist, wenigstens einmal d. h. nur abends vor dem Schlafengehen putzen.

─────────────────────────

■ sich³ die Zähne putzen: 이를 닦다 / sollen 「...해야 한다」은 화법조동사이고 본동사는 문미의 putzen / man 「사람〔들〕」은 부정대명사 / täglich=jeden Tag 매일 / d.h.는 das heißt 「즉, 말하자면」의 약어 / wenn 「만약...하면」은 종속접속사 / es 는 앞문장 전체의 내용을 받음 / wenigstens=mindestens 적어도, 최소한 / das Schlafengehen 취침

『 이는 매일 두번, 즉 아침과 저녁에 또는 그것이 불가능하면 최소한 한번, 즉 저녁만이라도 자기 전에 닦아야 한다.』

98. Max steht morgens immer früh auf. Er springt aus dem Bett und öffnet das Fenster, dann zieht er seinen Schlafanzug aus und geht ins Bad. Er wäscht sich mit kaltem Wasser und mit Seife. Das macht ihn gesund, und er erkältet sich kaum. Mit einem Handtuch trocknet er sich ab. Er tut Zahnpaste auf die Zahnbürste und putzt sich die Zähne. Dann rasiert er sich mit einem Rasierapparat. Nach dem Rasieren kämmt er sich die Haare, zieht sich schnell an und geht zum Frühstück.

Er geht abends auch früh ins Bett. Gegen halb zehn zieht er sich aus. Er hängt seinen Anzug auf einen Kleiderbügel, legt sein Hemd, seine Unterhose und seine Strümpfe auf einen Stuhl. Dann zieht er seinen Schlafanzug an, wäscht sich das Gesicht und die Hände und putzt sich die Zähne. Er legt sich ins Bett und liest noch etwas. Aber bald macht er das Licht aus und schläft ein.

─────────────────────────

■ aufstehen 일어나다 / morgens=am Morgen: 아침에, abends=am Abend: 저녁에 / sich⁴ (od. das Kleid) ausziehen: 옷을 벗다, sich⁴ (od. das Kleid) anziehen: 옷을 입다 / der Schlafanzug 잠옷 / ins Bad gehen: 욕실로 가다 / sich[4] waschen 「몸을 씻다」, sich[4] erkälten 「감기들다」, sich[4] abtrocknen 「몸의 물을 닦다」, sich[4] raiseren 「면도하다」, sich[4] legen 「눕다」 등은 모두 재귀동사 / die Seife 비누 / kaum 거의 ... 않다 / die Zahnpaste 치약 / die Zahnbürste 치솔 / sich[3] die Zähne[4] putzen 「이를 닦다」, sich[3] die Haare[4] kämmen 「머리를 빗다」, sich[3] das Gesicht[4] (die Hände) waschen 「얼굴(손)을 씻다」의 sich[3]는 재귀대명사로서 소유의 3격 역할을 동시에 하고 있음 / der Rasierapparat 면도기 / das Frühstück 아침식사, das Mittagessen 점심식사, das Abendessen 저녁식사 / ins (zu) Bett gehen=schlafen gehen: 취침하다 / gegen halb zehn (eins): 9 (12)시 반경에 / der Kleiderbügel 옷걸이 / die Unterhose 속바지, 팬츠 / die Strümpfe (Pl.) 양말 / das Licht[4] ausmachen (anmachen): 불을 끄다(켜다) / einschlafen 잠이 들다

『 Max는 아침에 언제나 일찍 일어난다. 그는 잠자리에서 벌떡 일어나 창문을 연다. 그러고나서 잠옷을 벗고 욕실로 간다. 그는 찬물과 비누로 몸을 씻는다. 그것은 그를 건강하게 한다. 그래서 그는 거의 감기에 걸리는 일이 없다. 수건으로 몸을 닦는다. 치솔에 치약을 묻혀서 이를 닦는다. 그러고나서 면도기로 면도를 한다. 면도 후에 머리를 빗고 재빨리 옷을 입고 아침식사를 하러 간다. 그는 저녁에는 역시 일찍 취침한다. 9시 반경에 옷을 벗는다. 자기 옷을 옷걸이에 걸고 내의와 속바지와 양말을 의자 위에 얹어 놓는다. 그러고나서 잠옷을 입고 얼굴과 손을 씻고 이를 닦는다. 그는 잠자리에 누워서 또 뭔가를 읽는다. 그러나 곧 불을 끄고 잠이 든다.』

99. Früher meinte man, daß sich die Sonne um die Erde dreht. Heute wissen wir, daß das Umgekehrte wahr ist. An den Sternen erkennt man, daß sich die Erde jährlich einmal um die Sonne dreht. Daß die Sonne stillsteht, kann der Mensch freilich nicht mit bloßen Augen sehen, aber wenn wir im fahrenden Zug hinausschauen, glauben wir auch, daß der Zug stillsteht und sich die Landschaft vor uns bewegt.

▦ früher 옛날에 / sich[4] um et. drehen : ~의 둘레를 돌다 / das Umgekehrte 「그 반대」는 형용사의 중성명사화 / an den Sternen 「별을 보고」의 an은 판단의 뜻

/ jährlich=jedes Jahr⁴=Jahr für Jahr : 매년. jährlich einmal=einmal jährlich :
매년 한번 / Daß die Sonne stillsteht, kann der Mensch ... sehen: Daß 이하의
부문은 sehen 의 목적어 / stillstehen 정지해 있다 / freilich=natürlich=selbst-
verständlich 물론 / mit bloßen Augen : 육안으로 / wenn 「만약 ... 하면」은 종
속접속사 / im fahrenden Zug: 달리는 기차 안에서, fahrend 는 현재분사 /
hinausschauen 밖을 내다 보다 / die Landschaft 경치 / sich⁴ bewegen : 움직이다

『 옛날에 사람들은 태양이 지구 둘레를 돈다고 생각했었다. 오늘날 우리는 그 반
대의 현상이 진실이라고 알고 있다. 별을 보고 사람들은 지구가 해마다 한번 태양
둘레를 돈다는 사실을 안다. 태양이 정지해 있다는 사실을 인간은 물론 육안으로
는 볼 수 없지만, 우리가 달리는 기차 안에서 밖을 내다보면 기차는 정지해 있고
우리 눈 앞의 정경이 움직이고 있는 것으로 역시 생각하게 되는 것이다.』

100. Ich erinnere mich aber nicht an alles, was ich erlebt habe.
Ich weiß, daß ich geboren wurde, aber ich kann mich nicht an meine
Geburt erinnern. Ich weiß, daß ich laufen lernte. Meine Mutter sagt,
daß ich ein Jahr alt war, als ich zu laufen begann, aber ich erinnere
mich nicht daran, daß ich und wie ich laufen lernte. Ich weiß, daß ich
sprechen lernte, daß ich irgendwann lernte, „ich" zu sagen, aber ich
kann mich nicht mehr an mein erstes gesagtes Ich erinnern.

▦ sich⁴ an et.⁴ erinnern : ~을 기억하다 / alles 는 부정대명사로서 부정관계대명
사 was 의 선행사 / erlebt habe 는 현재 완료형 / wissen 의 현재변화 : ich weiß,
du weißt, er weiß / gebären 「낳다」 - gebar - geboren, geboren wurde 는 과거
수동 / können 의 현재변화 : ich kann, du kannst, er kann / lernen 은 화법조동
사에 준하는 동사로서 zu 없는 부정형과 결합 /beginnen ... zu 부정형 : ... 하기
시작하다 / daran 은 daß 와 wie 이하의 부문을 받음 / irgendwann 언젠가 / das
Ich 나. 본래 명사 아닌 품사가 원형 그대로 명사화되면 모두 중성명사가 됨.

『 나는 내가 체험한 모든 일을 기억하지는 못한다. 나는 내가 태어났다는 사실을
알고 있지만 나의 출생을 기억할 수는 없다. 나는 내가 걸음걸이를 배웠다고 알고
있다. 나의 어머니께서는 내가 걷기 시작했을 때는 내 나이가 한살이었다고 말씀
하시지만 나는 내가 걸음걸이를 배웠다는 사실과 어떻게 걸음걸이를 배웠던가를

기억하지 못한다. 나는 말하는 법을 배웠고 언젠가 "나"라고 말하게 되었다고 알지만 나는 내가 맨 처음 "나"라고 말한 것을 기억할 수가 없다.』

101. Das Ehepaar Curie entdeckte nach jahrelanger schwerer Arbeit das Radium. Beide konnten vor Freude nicht schlafen. Noch in der Nacht begaben sie sich in ihr Laboratorium, um das bläulich schimmernde Licht zu sehen und sich zu überzeugen, daß ihre Entdeckung kein Traum, sondern Wirklichkeit ist. Ihr Ruhm verbreitete sich rasch in Paris, in Frankreich und in der ganzen Welt.

▦ das Ehepaar 부부 / beide 「두 사람」는 부정대명사로서 정관사의 복수어미 변화를 함 / vor Freude[3] : 기쁜 나머지 / sich[4] begeben : 가다 / das Laboratorium 실험실 / um ... zu 부정형 : ... 하기 위하여, ohne... zu 부정형 : ···하지 않고, anstatt ... zu 부정형 : ···하는 대신에 / das schimmernde Licht 「희미하게 빛나는 불빛」는 sehen 의 목적어이며, bläulich 는 부사로서 형용사인 schimmernd 를 수식함 / sich[4] überzeugen : 확인하다. daß 이하의 부문은 sich überzeugen 의 목적어 / kein (nicht) ..., sondern ... : ...이 아니고 ...이다 / der Ruhm 명성 / sich[4] verbreiten : 퍼지다

『 큐리 부부는 다년 간의 노작(勞作) 끝에 라디움을 발견했다. 이들 두 사람은 너무나 기뻐서 잠을 이룰 수가 없었다. 밤중인데도 그들은 푸른색 미광(微光)을 발하는 그 불빛을 보기 위해, 또한 그들의 발견이 꿈이 아니고 현실임을 확인하기 위해 실험실로 갔다. 그들의 명성은 재빨리 파리에, 프랑스에 그리고 전세계에 퍼졌다.』

102. Du mußt nicht über andere urteilen, bevor du sie nicht genügend kennst. Denn gar viele, die du für gut hältst, sind nicht so vortrefflich, andere aber, die du als schlecht ansiehst, sind in vielem doch noch besser, als du glaubst.

▦ andere 「다른 사람들」, viele 「많은 사람들」는 부정대명사 / über jn. urteilen : ～를 비평하다 / bevor=ehe 「... 하기 전에」는 종속접속사 / bevor du sie ...

kennst: sie 는 andere 를 받음 / denn 「왜냐하면」은 등위접속사 /「viele, die du
... hältst」,「andere aber, die du ... ansiehst」의 viele 와 andere 는 관계대명
사 die 의 선행사 / jn. für et. halten=jn. als et.⁴ ansehen : ~를 ~으로 간주하
다 / vortrefflich 뛰어난, 훌륭한 / in vielem : 여러가지 점에서 / noch+비교급 :
더욱 ~한. gut - besser - best / 비교급+als ~ : ~보다 더

『 너는 남을 충분히 알기 전에 비평해서는 안 된다. 왜냐하면 네가 훌륭하다고
생각하는 아주 많은 사람들이 그렇게 훌륭하지 못한가 하면, 네가 훌륭하지 못하
다고 생각하는 어떤 사람들은 여러가지 점에서 네가 믿고 있는 것보다 더욱 더 훌
륭하기 때문이다. 』

103. Goethe hat gesagt: „Man muß etwas sein, um etwas zu werden. " Ein deutsches Sprichwort sagt: „Aus nichts kann nicht etwas
entstehen. " Sicherlich kann aller Erfolg des Menschen auf seine Anlagen zurückgeführt werden. Manche Leute wissen jedoch nichts vom
Wesen ihrer Anlagen. Sie sind ganz bestimmt nicht ein einfaches
Geschenk Gottes, sondern sie bedeuten in erster Linie den Keim des
Srebens, den ein jeder Mensch schon in sich trägt. Es handelt sich also
darum, daß man seine eigenen Anlagen, die in unserer Natur . eiborgen
liegen, zuerst herausfindet und sie dann weiter entwickelt. Jeder muß
sein Bestes tun, um sich selbst auszubilden. Keiner soll sich bei Gott
über den Mangel an Anlagen beklagen.

註 etwas 와 nichts 는 부정대명사 / um ... zu 부정형 : ... 하기 위하여 / das Sprichwort 격언, 속담 / entstehen 생기다 / der Erfolg 성공 / die Anlage 재능, 소
질 / auf et.⁴ zurückführen : ~에 원인을 돌리다. zurückgeführt werden 은 수
동형 / das Wesen 존재, 본질 / sie 는 ihre Anlagen 을 받음 / nicht ..., sondern
... : ... 이 아니고 ... 이다 / das Geschenk 선물 / in erster Linie : 우선, 첫째
로 / der Keim 눈(芽), 싹 / das Streben 노력 / den Keim des Strebens, den
ein jeder Mensch ... trägt: den 은 관계대명사로서 선행사는 den Keim / es
handelt sich⁴ um et. : ~이 문제다, ~이 중요하다. darum 은 daß 이하를 받음
/ daß man seine eigenen Anlagen, die ... liegen, ... herausfindet und sie ...

entwickelt: man 의 동사는 herausfindet 와 entwickelt. die 는 관계대명사로서 선
행사는 seine eigenen Anlagen. sie 는 seine eigenen Anlagen 을 받음 / das
Beste「최선」는 형용사의 중성명사화 / ausbilden 형성하다 / keiner「아무도...
않다」는 부정대명사로서 정관사 어미 변화를 함 / der Mangel 부족 / sich bei
jm. über et.⁴ beklagen: ~에게 ~을 불평하다

『괴테는 "사람은 유능한 인물이(뭔가)되기 위해서는 상당한 인물이어야 한다."
라고 말했다. 독일 속담에 "무(無)에서는 유(有)가 생길 수 없다."라는 말이 있
다. 확실히 인간의 모든 성공은 그 사람의 재능에 그 원인을 돌릴 수 있다. 그러
나 많은 사람들은 그들의 재능의 본질에 대해서 아무것도 알지 못하고 있다. 재능
이란 확실히 신의 단순한 선물이 아니라, 무엇보다도 누구나가 다 이미 자기 속에
지니고 있는 노력의 싹을 의미한다. 그러므로 사람들은 우리의 천성 속에 숨겨져
있는 자기 자신의 재능을 먼저 찾아내어 그 재능을 계속 발전시켜 나가는 것이 중
요하다. 누구나 자기 자신을 완성하기 위하여 최선을 다해야 한다. 그 누구도 신
에게 재능의 부족을 불평해서는 안된다.』

1 04. Jeder, der denken kann, weiß, daß das lebende Wesen nicht auf
ewig leben kann. Wie wir nicht wissen, was wir vor unserer Geburt
gewesen sind, so können wir doch nicht wissen, was nach dem Tod
kommt. Wir wissen also beides gleichzeitig nicht, nämlich den Zustand
vor der Geburt und denselben nach dem Tod. Daher ist es komisch,
daß wir uns nur vor dem Tod fürchten. Warum haben wir denn keine
Furcht vor der Zeit, wo wir noch nicht geboren waren? Ein reifer
Mensch ist der, der ruhig dem Tode entgegensteht und mit ihm in
Frieden lebt.

▦ jeder「누구나」는 부정대명사로서 관계대명사 der 의 선행사 / das lebende Wesen
=das Lebewesen 생물 / auf ewig=für immer: 영원히 / wie..., so...: ...하는
것과 같이 / was 이하의 부문은 wissen 의 목적어 / beides 는「den Zustand vor
der Geburt」와「denselben nach dem Tod」를 말함, denselben 은 지시대명사로
서 앞에 나온 den Zustand 를 가리킴 /es 는 daß 이하의 부문을 받음 / sich⁴ vor
et.³ fürchten : ~을 두려워하다 / wo 는 관계부사로서 선행사는 der Zeit. / gebären - gebar - geboren, gebären waren 은 상태수동의 과거 / der, der ruhig ...:

앞의 der 는 지시대명사이고, 뒤의 der 는 관계대명사이다 / ihm 은 dem Tode 를 말함.

『 생각할 수 있는 사람이라면 누구나 다 생물은 영원히 살 수 없다는 사실을 알 고 있다. 우리는 출생 이전에 우리가 어떠했는지를 알지 못하는 것처럼 죽음 이후 에 어떻게 될 것인지도 알 수 없다. 따라서 우리는 두 가지, 즉 출생 이전의 상태 와 죽음 이후의 상태를 뚝 같이 알 수 없다. 그러므로 우리가 죽음만을 두려워한 다는 것은 우스운 일이다. 우리가 아직 출생하기 이전의 순간에 대해서는 도대체 왜 조금도 두려워하지 않을까? 원숙한 인간이란 조용히 죽음에 임하고 죽음과 더 불어 평화스럽게 사는 사람이다. 』

第 14 課 접속사 · 복합동사

§1. 접 속 사

A. 병렬적 접속사 (정치법)

und 「그리고」, aber 「그러나」, oder 「또는」, denn 「왜냐하면」, nicht (kein)
~, sondern 「~이 아니고 ~이다」

B. 부사적 접속사 (도치법)

also 「그러므로」 außerdem 「그밖에」, dann 「그러면, 그때에, 그후에」,
deshalb, deswegen, darum, daher 「그 때문에」, dennoch, trotzdem 「그럼에도
불구하고」, indessen 「그동안」, doch 「그러나」, sonst 「그렇지 않으면」, und
zwar 「더우기」, überdies 「이뿐만 아니라」, vielmehr 「오히려」 usw.

C. 종속적 접속사 (후치법)

* 내용 : daß …하는 것」, ob 「…인지」
* 때 : als 「…했을 때」, wenn 「…때에, …할 때마다」, bevor, ehe 「…하기전
  에」, während 「…동안에」, solange 「…동안에, …하는한」, bis 「…때 까지」,
  seit(dem) 「…이래), nachdem 「…한 후에」, sobald 「…하자마자」, sooft 「…
  할 때마다」

  　　als 는 과거의 일회적 행위를 나타낼 때 쓰이고, **wenn** 은 시제에 구애됨
  이 없이 반복의 뜻을 나타낸다.

  　　nachdem 으로 인도되 부문장은 주문장보다 시제가 앞선다. 주문장의 시
  제가 현재 또는 미래일 때는 nachdem 문장은 현재완료가 되고, 주문장의
  시제가 과거 또는 현재완료일 때는 과거완료가 된다.

* 방법 : indem 「…하면서, …하므로서」, ohne daß 「…하지않고」, (an)statt
  daß 「…하는 대신에」
* 비교 : wie 「…와 같이」, als 「…보다」, als ob, als wenn, wie wenn 「마치 …
  처럼」, je nachdem 「…함에 따라」, je …, desto (umso, je) … 「…하면 할
  수록 더욱더 …하다」
* 결과 · 정도 : so …, daß, 「…하므로 …하다」, …, so daß 「그 결과」, …so, daß
  「…정도로(daß 이하)」, zu …, als daß 「너무나 …하므로 …하지 못하다」
* 원인 : weil, da 「…때문에」
* 목적 : damit, auf daß, daß 「…하기 위하여」
* 조건 : wenn 「만일 …이면」, falls, im Fall, daß… 「…할 경우에」

  　　조건의 wenn 이 생략되면 정동사가 wenn 의 자리에 위치하여 도치문이
  된다.

＊ 제한 : (in)sofern, (in)soweit 「…하는한」

＊ 인용 : obgleich, obwohl, obschon, wenn auch 「비록 …일지라도」

＊ nicht (kein) …, sondern … 「…이 아니고 …이다」

＊ nicht nur …, sondern [auch] … 「…뿐만 아니라 …도」

＊ entweder … oder … 「…이거나 아니면 …이다」

＊ weder … noch …「…도 …도 아니다」

＊ sowohl … als [auch] … 「…도 …도」

＊ zwar …, aber (doch) … 「사실 …하나, 그러나 …」

　　田 doch를 쓰면 도치가 된다.

＊ kaum …, als (so, da) … 「…하자마자(kaum 문장)」

　　田 kaum＋동사＋주어(도치), als＋주어 … 동사(후치).

　　　　so 또는 da를 쓰면 도치문이 된다.

＊ bald …, bald … 「때로는… 때로는…」

＊ teils …, teils … 「…일부는 …일부는」

＊ (an)statt daß … 「…하는 대신에」

＊ ohne daß … 「…하지 않고」

＊ auf daß … 「…하기 위하여」

＊ im Fall, daß … 「…할 경우에」

＊ so …, daß … 「…하므로 …하다」

＊ zu …, als daß … 「너무 …하므로 …하지 못하다」

　　田 zu …, als daß : 부문장에서는 반드시 접속법 Ⅱ식 동사를 사용해야 하며
　　　　특히 부정사(否定詞)가 없는 점에 주의하라.

＊ als ob, als wenn, wie wenn … (접속법 Ⅱ식동사)「마치 …처럼」

　　田 〈als ob, als wenn〉의 ob과 wenn을 생략하면 정동사가 ob이나 wenn자
　　　　리에 놓여 도치된다.

＊ je …, desto (umso, je) … 「…하면 할수록(부문), 더욱더 …하다(주문)」

　　田 je＋비교급＋주어 … 동사(후치), desto＋비교급＋동사＋주어(도치)

＊ je nachdem … 「…함에 따라」

＊ wenn auch … 「비록 …일지라도」

---

§2. 복 합 동 사

A. 분리동사

　　부사, 전치사, 형용사, 명사, (동사)로 된 전철과 단일동사가 결합하여 만들
어진 복합동사를 분리동사라고 하는데 분리전철의 수는 무수히 많다.

1) 부 사 : *ab*fahren (출발하다) *zurück*kommen (되돌아오다)

2) 전치사 : *an*kommen (도착하다) *aus*gehen (외출하다)

3) 형용사 : *tot*schlagen (때려 죽이다) *hoch*achten (존경하다)

4) 명 사 : *acht*geben (주의하다) *teil*nehmen (관여하다)

5) 동 사 : *spazieren*gehen (산보가다) *kennen*lernen (알게 되다)

≪ 분리동사의 특징 ≫

① Akzent 는 분리 전철에 있다.

② 주문장 중 현재, 과거, 명령문에서만 분리되어 전철이 문미에 놓인다.

(부문장에서는 정동사가 후치되므로 현재나 과거라 할지라도 전철은 분리되지 않는다.)

③ 과거분사의 ge-와 부정법의 zu 는 전철과 단일동사 사이에 놓인다.

B. 비분리동사

하나의 완전한 품사로 생각할 수 없는 비분리전철 be-, emp-, ent-, er-, ge-, ver-, zer-, miß- 와 결합하는 동사를 비분리동사라고 한다.

be- : besuchen (방문하다)   bekommen (받다)

emp- : empfehlen (추천하다)   empfinden (느끼다)

ent- : entstehen (생기다)   entdecken (발견하다)

er- : erleben (체험하다)   erziehen (교육하다)

ge- : gefallen (마음에 들다)   gehören (~에게 속하다)

ver- : verstehen (이해하다)   verkaufen (팔다)

zer- : zerbrechen (깨뜨리다)   zerreißen (찢다)

miß- : mißlingen (실패하다)   mißbilligen (부인하다)

≪ 비분리동사의 특징 ≫

① Akzent 는 비분리전철 바로 다음 음절에 있다.

② 과거분사에서 ge- 를 생략한다.

③ 부정법의 zu 는 비분리동사 앞에 떼어 놓는다.

1 0 5. Wir können nicht entscheiden, ob das, was wir Wahrheit nennen, wahrhaft Wahrheit ist, oder ob es uns nur so scheint.

⊞ entscheiden 결정하다 / ob 「…인지」는 종속접속사 / das 는 지시대명사로서 관계 대명사 was 의 선행사, das 는 부문의 주어이고 was 는 nennen 의 목적어 / die Wahrheit 진리 / et.⁴ et.⁴ nennen : ∼을 ∼라고 부르다 / wahrhaft 참으로 / es 는 앞문장의 das 를 받음 / jm. scheinen : ∼에게 ∼으로 보이다

『우리가 진리라고 부르는 것이 참으로 진리인지, 아니면 그것이 단지 우리에게 그렇게 보일 뿐인지 우리는 단언할 수가 없다.』

1 0 6. Die Menschen kommen auf die Welt, leiden eine Zeitlang auf dieser Erde, und dann hört ihr Leben plötzlich auf. Daß wir nicht ewig auf dieser Welt bleiben können, daß unser Dasein einmal aufhören muß, das wissen wir. Aber warum es so sein muß, das wissen wir nicht. Hier hört unser Wissen auf, hier fängt die ewige Frage an.

⊞ auf die (zur) Welt kommen : 태어나다 / leiden (고통·고난 따위를) 견디 다, 괴로워하다 / eine Zeitlang 「얼마동안, 잠시」은 4격 부사구 /auf dieser Erde (Welt) : 이 땅(세상)에서 / aufhören 중지하다 / plötzlich=auf einmal 갑자기 / Daß wir … können, daß unser Dasein … muß, das wissen wir nicht: Daß 「…인 (하는)것」와 daß 이하의 부문은 명사적 용법이며, 지시대명사 das 가 앞의 두 daß 문장을 가리킨다 / warum es so sein muß, das wissen wir nicht: es 는 앞의 두 daß 문장을 받고, das 는 앞의 warum 문장을 가리킨다 / das Wissen 지식 / an-fangen 시작하다(되다) / die Frage 의문, 문제

『사람들이 세상에 태어나 잠시 이 땅에서 고생하다가 그들의 생(生)이 갑자기 끝 난다. 우리가 이 세상에서 영원히 머물 수 없고, 우리의 존재가 언젠가는 끝날 수 밖에 없다는 것을 우리는 알고 있다. 그러나 그것이 왜 그래야만 하는지를 우리는 알지 못한다. 여기에서 우리의 지식은 중지되고, 영원한 의문이 시작된다.』

1 0 7. In Griechenland lebte einmal ein weiser Mann, namens Diogcnes, der sich aber allerlei Sonderbarkeiten angewöhnt hatte. Da er glaubte, der Mensch sei desto glücklicher, je weniger er zum Leben notwendig habe, so wohnte er nicht in einem Hause, sondern in einem Fasse. Der König Alexander der Große, welcher schon vieles von ihm gehört hatte und wohl sah, daß Diogenes nicht zu ihm kommen würde, hielt es der Mühe wert, selbst hinzugehen und den Weisen zu besuchen. Als Diogenes den König mit seinem prächtigen Gefolge auf sich zukommen sah, lag er gerade in seinem Fasse, um sich in der Sonne zu wärmen. Der König dachte: Jetzt wird er doch aufstehen und mir entgegenkommen. Aber Diogenes blieb liegen, als wenn ihm die Ankunft des Königs gar nichts Besonderes schiene. Nachdem ihn der König eine Weile betrachtet hatte, sprach er: „Diogenes, ich sehe, du wohnst schlecht und bist schlecht gekleidet, du darfst dir etwas von mir ausbitten. Wenn es möglich ist, soll es dir gewährt werden." „Ich habe nichts nötig," antwortete der Weise, „willst du mir aber einen Gefallen tun, König Alexander, so gehe mir ein wenig aus der Sonne." Da erkannte der König, daß er einen Mann gefunden hatte, welcher weder Geld, noch schöne Kleider hatte, noch sonstige Herrlichkeiten begehrte, sondern mit wenigem zufrieden war, und er rief aus: „Wenn ich nicht Alexander wäre, so möchte ich Diogenes sein!"

語 namens ~라고 이름하는 : ein Mann namens Hans 「한스라고 하는 사람」, ein Junge namens Fritz 「프릿츠라고 하는 소년」 / die Sonderbarkeiten (Pl.) 기묘한 일, 별난일 / sich⁴ et.³ angewöhnen : ~에 익숙해지다 / da=weil 「…하기 때문 에」은 종속접속사 / je+비교급+주어 …동사 (후치), desto (umso) +비교급+동 사+주어(도치):…하면 할수록(부문), 더욱 …하다(주문)/ 「der Mensch … habe」 는 glaubte의 목적어, 내용이 간접화법이므로 접속법 I 식동사를 사용하였음 / nicht …, sondern … : …이 아니고 …이다 / das Faß 통 / der König Alexander der Große 「알렉산더대왕」: der König 과 Alexander 와 der Große 는 모두 동격. der Große 는 형용사의 약변화 / hielt es der Mühe wert, selbst hinzugehen und

den Weisen zu besuchen: es 는 hinzugehen 과 zu besuchen 을 받는 4 격. wert
「~의 가치가 있는」는 2 격 또는 4 격 지배 형용사. der Weise(=der weise Mann)
는 형용사의 명사화 / das Gefolge 시종, 수행원 / auf jn. zukommen : ~에게로
다가오다 / um … zu 부정형 : …하기 위하여 / sich⁴ in der Sonne wärmen : 햇볕
을 쬐다 / jm. entgegenkommen : ~를 마중하다 / liegenbleiben 누운채로 있다,
sitzenbleiben 앉은 채로 있다, stehenbleiben 선채로 있다 / als wenn (=als ob)
＋주어 …접속법 Ⅱ식동사(후치) : 마치 …처럼 / nichts Besonderes 「아무런 특별
한 것도 아닌 것」, nichts 와 Besonderes 는 동격. Besonderes 는 형용사의 중성명
사화 / jm. scheinen : ~에게는(…같이) 생각이 들다 / nachdem 「…한 후에」은 종
속접속사 / eine Weile 「잠시 동안」은 4 격 부사구 / sich³ et.⁴ von jm. ausbitten
: ~에게 ~을 요구(청구)하다 / währen 보증하다, gewährt werden 은 수동형.
화법조동사 soll 은 화자(話者)의 의지를 나타냄 / et.⁴ nötig haben : ~이 필요하
다 / jm. einen Gefallen tun : ~에게 호의를 베풀다 / willst du … tun (=wenn du
… tun willst). 「wenn …, so (dann) …」 문장에서 wenn 이 생략되면 정동사가
wenn 자리에 놓임 / gehe 는 du 에 대한 명령형 / ein wenig : 약간, 조금 / jm.
aus der Sonne gehen : ~에게 그늘이 지지 않도록 비키다 / weder… noch … : …
도 …도 아니다 / mit et. zufrieden sein : ~으로 만족하다 / ausrufen 소리 지르
다 / Wenn ich … wäre : Wenn 문장은 실현성이 없는 비현실화법이므로 접속법
Ⅱ식동사를 사용하였음.

『 옛날 희랍에 여러가지 별난 일에 익숙해진 Diogenes 라고 하는 현자(賢者)가 살
고 있었다. 그는 인간은 생활하는 데 꼭 필요한 것을 적게 가지면 가질수록 더욱
행복하다고 믿었기 때문에 집에서 살지 않고 통속에서 살았다. 이미 그에 관해 많
은 것을 들은 바가 있어서 Diogenes 가 자기에게 오지 않으리라는 것을 잘 알고 있
었던 Alexander 대왕은 자신이 그곳으로 가서 그 현자를 찾아보는 것이 수고의 가
치가 있다고 생각했다. 왕이 호화로운 시종을 대동하고 자기에게로 다가오는 것을
Diogenes 가 보았을 때, 그는 마침 햇볕을 쬐기 위해 통속에 누워 있었다. 왕은 '이
제는 그가 일어나서 나를 맞으러 오겠지' 하고 생각했다. 그러나 Diogenes 는 마치
왕의 도착은 자기에게는 전혀 아무런 특별한 일도 아닌 것 같이 생각되는 것처럼
누운 채로 있었다. 왕이 그를 잠시 살펴본 후 "Diogenes 야, 내가 보니 자네는 사
는 것이 형편이 없고 옷 입은 것도 보잘것이 없구나. 뭔가 나에게 요구할 것이 있
으면 해 보아라. 그것이 가능한 일이면 자네에게 들어주도록 하겠다." 라고 그는
말했다. "나는 아무것도 필요치 않소. Alexander 왕이여, 나에게 호의를 베푸시려
거든 나에게 그늘이 지지 않도록 조금만 비켜주시오." 하고 그 현자는 대답했다. 그
때 왕은 돈도, 좋은 옷도 갖고 있지 않고 그외의 훌륭한 것도 탐내지 않고 적은 것으
로 만족하는 사람을 찾았다는 것을 알게 되었다. 그래서 그는 "만일 내가 Alexander

가 아니라면 나는 Diogenes가 되고 싶다. " 라고 외쳤다. 』

1 08. Ich kenne einen alten Mann, der in einer Hütte im Walde haust. Ich gehe oft zu ihm, um von ihm seine Lebensgeschichte zu hören. Er war ein Offizier gewesen und hatte in mehreren Schlachten der vergangenen beiden Weltkriege heldenhaft gekämpft. Nachdem sein Vaterland besiegt worden war, hat er sich in die Stille des Waldes zurückgezogen, und er verbringt nun den Rest seines Lebens in Versöhnung mit Gott, indem er morgens und abends zu Gott betet. Er ist ganz allein auf der Erde, weil all die Seinigen im Kriege durch Bomben getötet worden sind. Wenn die Sonne untergeht, kommt er oft heraus vor seine Hütte. Er meint, jetzt ist die Stunde, wo er mit seiner verstorbenen lieben Familie zusammen sein kann. Sobald er aber aus der Tür hinaustritt, verschwindet seine Illusion. Bald erschreckt ihn ein Vogelschrei, bald ist ihm der Abend zu kühl. Dann tritt er wieder traurig in die Hütte zurück, denn er weiß nun, daß der Tod einen unersetzlichen Verlust bedeutet,

---

▦ der … haust : der 는 관계대명사로서 선행사는 einen alten Mann / die Hütte 오두막집 / um … zu 부정형 : …하기 위하여 /die Lebensgeschichte 생활사 / der Offizier 장교 / mehrere=einige 몇몇의 / die Schlacht 전투 /der Weltkrieg 세계대전 / nachdem 「…한 후에」, indem 「…하면서」, weil=da 「…하기 때문에」, wenn 「만약 …하면」, sobald 「…하자마자」, daß 「…하는 것」 등은 모두 종속접속사 / das Vaterland 조국 / besiegen 이기다, besiegt werden 지다(수동). besiegt worden war 는 과거완료 수동 / sich⁴ zurückziehen : 물러나다 / verbringen=zubringen (때를) 보내다 / die Versöhnung 화해, 속죄 / zu Gott beten : 신에게 기도하다 / die Sein[ig]en 「그의 가족」은 소유대명사의 명사적 용법 / die Bombe 폭탄 / getötet worden sind 는 현재완료 수동 / Er meint, jetzt ist die Stunde, wo er … kann : jetzt 이하는 meint 의 목적어이고, die Stunde 는 관계부사 wo 의 선행사 / die Illusion 환상 / bald … bald … : 때로는 … 때로는 … / der Vogelschrei 새소리 / zu kühl 의 zu 는 부사로서 「너무나」의 뜻 / tritt 의 부정형은 treten,

weiß 의 부정형은 wissen /denn 「왜냐하면」은 등위접속사 / unersetzlich 보상할
수 없는 / der Verlust 손실

『 나는 숲속의 오두막집에 살고 있는 노인 한분을 알고 있다. 나는 그분에게서 그
분의 인생담을 듣기 위해 가끔 그분에게 간다. 그는 장교였었고 과거의 두 차례
세계 대전의 여러 전투에서 영웅적으로 싸웠었다. 그의 조국이 패전한 후에 그는
고요한 숲속으로 은둔하여 이제는 조석으로 신에게 기도 드리면서 신에게 속죄하
며 여생을 보내고 있었다. 그는 이 세상에 완전히 혼자였다. 왜냐하면 그의 가족
은 모두 전쟁 중에 폭탄에 맞아 죽음을 당했기 때문이다. 해가 지면 그는 가끔 그
의 오두막집 앞으로 나온다. 그는 지금이 자기의 죽은 사랑하는 가족과 함께 있을
수 있는 시간이라고 생각한다. 그러나 그가 문 밖으로 발걸음을 내딛자 마자 그의
환상은 사라져 버린다. 때로는 새 소리가 그를 놀라게 하고 때로는 밤공기가 그에
게는 너무나 차갑다. 그럴때면 그는 다시 슬픔을 머금고 오두막집으로 되돌아온
다. 왜냐하면 죽음이란 보상할 수 없는 손실을 의미한다는 것을 그는 이제 알기 때
문이다. 』

1O9. Lieber Ludwig!

Erst heute komme ich dazu, Dir einen Brief zu schreiben; früher
war ich leider nicht in der Lage, da ich sehr viel zu tun hatte. Seit
dem 1. habe ich Urlaub und bin auf der Reise. Du wirst erstaunt
sein, wenn Du hörst, daß ich augenblicklich in Wien bin. Das Flugzeug
namens Johann Strauß hat mich gestern in zwei Stunden von Frankfurt nach Wien gebracht. Ich habe den Flug sehr genossen. Die Aussicht auf die Donau hat wirklich einen tiefen Eindruck auf mich
gemacht, obwohl der Fluß nicht blau, sondern graugrün ist.

Von dem Flughafen bin ich mit dem Bus bis zum Hotel gekommen.
Der Hotelwirt hat mich freundlich empfangen und mir ein schönes
sauberes Zimmer gegeben. Nachdem ich mich gewaschen und umgezogen
hatte, bin ich sofort in den Speisesaal gegangen. Dort habe ich eine
internationale Gesellschaft getroffen: Amerikaner, Engländer, Franzosen, Italiener, Inder und noch andere. Wir haben uns gut unterhalten.
Abends bin ich in der Oper gewesen. Weißt Du, was ich gesehen habe?

Das war Figaros Hochzeit von Mozart! Nachts habe ich sehr gut
geschlafen, so daß ich mich heute frisch fühle. Vormittags habe ich
schon die Stadtrundfahrt gemacht. Jetzt sitze ich in einem Café, wo
Johann Strauß als Stammgast oft seine Walzer komponiert hat, und
schreibe an Dich, indem ich der Zither zuhöre. Morgen wird mich ein
Bekannter von mir in den Prater führen. Du hast doch schon vom
Prater gehört?

Herzliche Grüße
Dein Wilhelm

▦ erst heute (gestern) : 오늘에야 (어제야) 비로소 / dazu kommen : …한 상태에
이르다. dazu 는 Dir … zu schreiben 을 받음 / 편지에서는 du (deiner, dir, dich)
와 소유대명사 dein 을 대문자로 씀 / die Lage 상태 / da=weil 「…하기 때문에」,
wenn 「만약 …하면」, daß 「…하는 것」, obwohl=obgleich 「…에도 불구하고」,
nachdem 「…한 후에」, so daß 「그 결과」, indem 「…하면서」 등은 모두 종속접속
사 / viel zu tun haben : 할일이 많다, 바쁘다 / auf der Reise sein : 여행중이다
/ namens 「~라는 이름의」는 부사 : das Flugzeug namens Johann Strauß 「요한
슈트라우스라는 이름의 비행기」, ein Mann namens Hans 「한스라고 하는 사
람」 / genießen 「즐기다」 - genoß - genossen / die Aussicht 경치 / auf jn. einen
Eindruck machen : ~에게 어떤 인상을 주다 / nicht …, sondern … : …이 아니
고 …이다 / der Flughafen 공항 / sich[4] waschen : 몸을 씻다 / sich[4] umziehen :
옷을 갈아입다 / der Speisesaal 식당 / die Gesellschaft 사회, 단체 / andere 「다
른 사람들」는 부정대명사로서 정관사의 복수어미변화를 함 / sich[4] unterhalten :
이야기하다 / die Hochzeit 결혼[식] / die Stadtrundfahrt 도시의 유람 / der
Stammgast 단골손님 / an jn. (od. jm.) schreiben : ~에게 편지를 쓰다 / die
Zither 찌터 (거문고와 비슷한 고대 희랍의 현악기) / ein Bekannter 「아는 사람」
는 형용사의 명사화 / der Prater 는 Wien 市의 공원이름

『 친애하는 Ludwig !
오늘에야 비로소 자네에게 편지를 쓰기에 이르렀네. 이전에는 매우 바빴기 때문
에 유감스럽게도 그런 상황에 있지를 못했네. 1일부터 나는 휴가를 얻어 여행중에
있네. 자네는 내가 현재 Wien 에 있다는 것을 들으면 놀랄 것일세. Johann Strauß
라는 이름의 비행기가 어제 2시간 걸려 나를 Frankfurt 에서 Wien 으로 태워다 주

었네. 나는 비행을 매우 즐겼네. Donau 강을 내려다보는 경치는 나에게 정말 깊은 인상을 주었네. 강은 푸르지는 않고 회록색이긴 하지만. 공항에서 나는 버스로 호텔까지 왔네. 호텔 주인이 나를 친절하게 맞아들이고 나에게 예쁘고 깨끗한 방을 하나 주었네. 나는 목욕을 하고 옷을 갈아 입은 후 곧 식당으로 갔었네. 거기에서 나는 국제적인 손님들 즉, 미국인, 영국인, 프랑스인, 이태리인, 인도인, 그리고 그밖에 다른 사람들을 만났네. 우리는 즐겁게 이야기를 나누었네. 저녁에는 오페라 극장에 갔었네. 자네는 내가 무엇을 보았는지 알겠는가? 그것은 Mozart의 "피가로의 결혼" 이었다네 ! 밤에는 잠을 매우 잘 자서 오늘은 기분이 상쾌하네. 오전에 나는 이미 시내일주를 했네. 지금은 Johann Strauß 가 단골 손님으로 자주 월츠곡을 작곡했던 한 카페에 앉아 찌터(악기이름)에 귀를 기울이면서 자네에게 편지를 쓰고 있다네. 내일은 나의 친지 한분이 나를 Prater(Wien 市의 공원)로 안내할 걸세. 자네는 이미 Prater에 관해 들었겠지?

진심으로 인사를 전하며
너의 Wilhelm 』

1 1 0. „Steh auf, Karl! Es ist Zeit," ruft mir die Mutter aus dem Nebenzimmer zu, Ich stehe langsam auf und sehe auf die Uhr. Es ist schon Viertel nach sieben!

Ich ziehe schnell meine Kleider an und eile ins Badezimmer. Das Wasser ist eiskalt. Aber ich habe kaum Zeit, darüber zu schimpfen.

Mein Autobus fährt schon in zehn Minuten von der nahen Haltestelle ab. Wenn ich dort ankomme, ist mein Bus schon fort. Ich muß noch eine Weile warten, bis der nächste Bus kommt. Ich steige ein und kann tief aufatmen. Die Fahrgäste sehen zu mir herüber und lächeln. Ich werde rot bis über die Ohren und schlage die Augen nieder. Sooft einer einsteigt, ruft der Schaffner: „Noch jemand ohne Fahrschein?" Ich muß an der Pauluskirche umsteigen. Ich steige aus und laufe zur Straßenbahnhaltestelle hinüber.

🔢 Steh auf! 는 du 에 대한 명령형 / Es 는 비인칭주어 / jm. zurufen : ~에게 소리쳐 말을 건네다 / auf et.⁴ sehen : ~을 눈여겨 보다 /[ein] Viertel nach sieben

: 7 시 15 분, Viertel vor sieben : 7 시 15 분전 / sich⁴ (od. das Kleid) anziehen
: 옷을 입다 / Aber ich habe kaum Zeit, darüber zu schimpfen : darüber 는
앞문장인 Das Wasser ist eiskalt 를 빈고, zu schimpfen 은 Zeit 를 수식하는 부
가어져 용법 / kaum 거의 …않다 / abfahren 출발하다, ankommen 도착하다 /
die Haltestelle 정류장 / fort=weg 떠난 / eine Weile 「잠시동안」는 4 격 부사구
/ bis 「…할 때까지」는 종속접속사 / einsteigen 승차하다, aussteigen 하차하다,
umsteigen 갈아타다 / aufatmen 길게 숨을 쉬다 / der Fahrgast 승객 / bis über
die Ohren rot werden : 귀까지 빨개지다 / die Augen⁴ niederschlagen : 눈을 내
리깔다 / sooft 「…할 때마다」는 종속접속사 / einer 「어떤 사람, 한사람」는 부정대
명사 / der Schaffner 차장 / jemand 누군가 / der Fahrschein=die Fahrkarte 차
표 / die Straßenbahnhaltestelle 전차정류장

『"Karl, 일어나! 시간이 됐다." 하고 어머니께서 옆방에서 나에게 소리를 지르신
다. 나는 천천히 일어나 시계를 들여다 본다. 시간이 벌써 7 시 15 분이구나! 나
는 빨리 옷을 입고 욕실로 급히 간다. 물은 얼음 같이 차다. 하지만 나는 그것에
대해 불평할 겨를이 없다. 내가 타고갈 버스는 십분안에 이미 가까운 정류장에서
떠난다. 내가 그 곳에 도착하면 내가 타고갈 버스는 이미 떠나 버리고 없다. 나는
또 다음 버스가 올 때까지 잠시 기다려야 한다. 나는 차에 타고서는 안도의 숨을
내 쉴수 있다. 승객들은 내쪽으로 바라보며 미소를 짓는다. 나는 귀까지 빨개지고
눈을 내리깐다. 손님이 탈 때마다 차장은 "차표 안 끊으신분 계십니까?" 라고 소리
친다. 나는 Paul 교회 있는 곳에서 갈아타야만 한다. 나는 차에서 내려 전차 정류
장쪽으로 뛰어간다.』

1 1 1. An dem Ufer einer Hallig wohnte einsam in einer Hütte
eine Jungfrau. Vater und Mutter waren gestorben, und der Bruder
war fern auf der See. Mit Sehnsucht im Herzen gedachte sie der
Toten und des Abwesenden und harrte seiner Wiederkehr. Als der
Bruder Abschied nahm. hatte sie ihm versprochen, allnächtlich ihre
Lampe ans Fenster zu setzen, damit das weithin über die See schimmernde Licht, wenn er heimkehre, ihm sage, daß seine Schwester Elke
noch lebe und seiner warte. Was sie versprochen hat, das hielt sie. An
jedem Abend stellte sie die Lampe ans Fenster und schaute Tag und
Nacht auf die See hinaus, ob nicht der Bruder käme. Es vergingen

Monate, es vergingen Jahre und noch immer kam der Bruder nicht.
Elke wurde zur Greisin. Immer saß sie noch am Fenster und schaute
hinaus, und an jedem Abend stellte sie Lampe aus und wartete. Endlich
war bei ihr dunkel und das gewohnte Licht erloschen. Da riefen die
Nachbarn einander zu: „Der Bruder ist gekommen!" und eilten ins
Haus der Schwester. Da saß sie, tot und starr ans Fenster gelehnt,
als wenn sie noch hinausblickte, und neben ihr stand die erloschene
Lampe.

▦ das Ufer 강가, 바닷가 /die Hallig 는 Schleswig-Holstein 주(州)의 해안에 있는
섬 / die Hütte 오두막집 / die See=das Meer 바다 / die Sehnsucht 그리움 / js.
gedenken=an jn. denken : ~를 생각하다 / die Toten 「죽은 사람들」과 der Ab-
wesende 「부재자(不在者)」는 형용사의 명사화 / et.² harren : ~을 고대하다 / die
Wiederkehr 귀환 / Abschied⁴ nehmen : 작별하다 / versprechen 약속하다 / damit 「…하기 위하여」는 종속접속사이며 접속법 I식을 쓰기도함. damit 문장의
주어는 das … schimmernde Licht 이고, 동사는 sage 이다. daß 이하의 부문은
sage 의 목적어. 부문의 내용이 간접화법이므로 접속법 I식 / js. (auf jn.)
warten : ~를 기다리다. seiner 는 인칭대명사 er 의 2격 /「Was …, das …」는 상
관어구 / an jedem Abend : 매일저녁(밤)에 / hinausschauen 밖을 바라보다 / ob
「…인지」은 종속접속사. ob 이하의 내용이 의혹을 나타내는 화법이므로 접속법
II식 / vergehen (때가) 지나가다 / noch immer=immer noch : 여전히 / zur
Greisin werden : 노파가 되다 / ausstellen 밖에두다, 세워놓다 /bei+사람 : ~집
에 / gewohnt 평상시의 / erlöschen 「꺼지다」 - erlosch - erloschen / da 그때, 거
기에 / starr 빳빳한, 고정된 / als wenn=als ob+주어 … 동사 (접속법 II식) :
마치 … 처럼

『 Hallig 섬의 바닷가 한 오두막집에 어떤 처녀가 외롭게 살고 있었다. 부모는 돌
아가시고 오빠는 멀리 바다에 나갔다. 그녀는 마음속에 그리움을 안고 돌아 가신
분들과 집에 없는 오빠를 생각하며 그의 귀환을 고대하고 있었다. 오빠가 작별을
고할 때, 그녀는 그에게, 그가 귀향할 때 바다 멀리 빛나는 불빛이 그의 누이 Elke
는 아직 살아서 그를 기다리고 있다는 것을 그에게 알리도록 밤마다 등불을 창가
에 놓기로 약속했었다. 약속 한 것을 그녀는 지켰다. 매일 저녁 그녀는 등불을 창
가에 놓고 밤낮없이 오빠가 오지나 않는지 바다쪽을 바라보았다. 달이 지나고 해

가 바뀌곤 했다. 그래도 여전히 오빠는 오지 않았다. Elke는 할머니가 되었다. 그
래도 변함없이 창가에 앉아서 밖을 바라보고 저녁마다 등불을 세워놓고 기다렸다.
마침내 그녀의 집은 어두워졌고 어느때와 같은 불빛은 사라졌다. 그때 이웃 사람
들이 서로 "오빠가 왔다!" 라고 환호하면서 누이의 집으로 급히 달려갔다. 거기에
는 그녀가 마치 아직도 밖을 바라보고 있는 것처럼 죽은체로 빳빳이 창가에 기대
어 앉아 있었다. 그리고 그녀 옆에는 불꺼진 등이 놓여 있었다.』

1 1 2. *Herr Müller:* Fräulein Schmidt, es fällt mir gerade ein, daß
   Sie dieses Jahr noch keinen Urlaub genommen haben. Haben Sie
   darauf verzichtet, oder wann denken Sie, auf Urlaub zu gehen?

Fräulein Schmidt: Ach, Herr Müller, meinen Sie es im Ernst? Dann
   sind Sie so vergeßlich. Erst neulich habe ich Ihnen doch gesagt,
   daß ich Mitte Dezember meinen Urlaub antreten und anschließend
   zu Hause Weihnachten feiern möchte, und Sie haben es mir zu-
   gesagt.

Hr. M: Ist das wahr? Natürlich habe ich nichts dagegen, aber um
   ehrlich zu sein, ich erinnere mich gar nicht, mit Ihnen darüber
   gesprochen zu haben. Jedenfalls, von mir aus können Sie gern im
   Dezember Urlaub nehmen.

Frl. S: Ich habe vor, diesmal in die Berge zu fahren und Ski zu laufen, statt wie bisher im Süden die Sonne zu genießen.

Hr. M: Haben Sie schon einen bestimmten Ort ausgesucht?

Frl. S: Ja, ich fahre nach Garmisch. Meine frühere Schulkameradin
   hat dort ein Landhaus, und sie hat mich eingeladen.

Hr. M: Wunderbar! Garmisch ist ja ideal zum Skifahren. Wissen Sie,
   daß dort einst die Winterspiele der Olympiade stattgefunden
   haben?

Frl. S: Ja, das habe ich mal irgendwo gelesen.

註 es 는 daß 이하를 받음 / jm. einfallen : ∼의 머리에 떠오르다 / dieses Jahr⁴＝in

diesem Jahr : 금년에 / Urlaub⁴ nehmen : 휴가를 받다 / darauf 는 auf den Urlaub 를 말함 / auf et.⁴ verzichten : ~을 포기(단념)하다 / meinen Sie es im
Ernst?:es 는 앞문장의 내용을 받음 / im Ernst:지지하게, 정말로 / vergeßlich 잘
잊어버리는 / erst neulich : 최근에야 비로소, 겨우 최근에 / Mitte(Anfang, Ende)
Dezember : 12 월 중순(초순, 하순)에 / den Urlaub⁴ (die Reise) antreten : 휴가
(여행)길을 떠나다 / anschließend 알맞은, 적합한 / zu Haus[e] : 집에(서) /
Weihnachten⁴ feiern : 크리스마스를 지내다 / jm. et.⁴ zusagen : ~에게 ~을 승
낙(약속)하다 / Ich habe nichts dagegen : 나는 그것에 대해 이의가 없다 / um
ehrlich zu sein「정직하게 말해서, 정말입니다만」은 독립적 용법 / sich⁴ erinnern
: 기억하다 / jedenfalls 어쨌든, 아무튼 / von mir aus : 나로부터 / vorhaben
계획하다. diesmal … zu fahren und … zu laufen 은 vorhaben 의 목적어 / Ski
(Schi) laufen : 스키이를 타다 / statt … zu 부정형 : …하는 대신에 / wie bisher
: 여태까지와 같이 / bestimmt 일정한, 정해진 / aussuchen 찾아내다, 골라내다
/ die Schulkameradin=die Schulfreundin / das Landhaus 별장 / einladen 초대
하다 / die Olympiade 올림픽경기 / stattfinden 열리다, 거행되다 / irgendwo 어
디에선가, 어딘가에서

『 *Herr Müller:* Schmidt 양, 당신은 금년에 아직 휴가를 받지 않았다는 것이 마침
생각 나는 군요. 휴가를 포기 하셨나요, 아니면 언제 휴가를 가실 생각인지
요?

Fräulein Schmidt: 아 ! Müller 씨, 정말 그렇게 생각 하세요? 그러시다면 깜빡
잊으셨군요. 불과 얼마전에 저는 12 월 중순에 휴가에 들어가 집에서 때맞게
크리스마스를 지내고 싶다고 말씀을 드렸는데요. 그리고 저에게 그렇게 하
도록 승락 하셨어요.

Hr. M: 그것이 사실이에요? 물론 그것에 대해 나는 이의가 없습니다. 그러나 정말
이지, 당신과 그런 이야기를 한 기억이 전혀 나지 않습니다. 아무튼, 나에게
서 12 월 중에 기꺼이 휴가를 받으실 수 있읍니다.

Frl. S: 저는 이번에는 여태까지와 같이 남쪽에서 태양을 즐기지 않고 산으로 가서
스키이를 탈 계획을 하고 있읍니다.

Hr. M: 벌써 어떤 장소를 정하셨나요?

Frl. S: 네, 저는 Garmisch 로 갈거예요. 저의 옛 동창이 그곳에 별장을 갖고 있는
데, 그녀가 저를 초대했어요.

Hr. M: 멋있군요 ! Garmisch 는 스키이 타기에 정말 이상적이지요. 그곳에서 일
찌기 동계 올림픽 경기가 열렸다는 사실을 아십니까?

Frl. S: 알아요, 그얘기를 저는 언젠가 어디에서 읽은 적이 있어요. 』

第 15 課   접속법·분사와 부정법

§1. 접 속 법

● Ⅰ식(현재형)·Ⅱ식(과거형)의 인칭변화

접속법 제Ⅰ식	접속법 제Ⅱ식
ich ___e	ich (‥)e
du ___est	du (‥)est
er ___e	er (‥)e
wir ___en	wir (‥)en
ihr ___et ·	ihr (‥)et
sie ___en	sie (‥)en

① 접속법 제Ⅰ식 변화에 있어서는 모든 동사가 간모음이 변하는 일이 없이 규칙적인 일정한 어미변화를 한다 (sein 동사만이 예외).

② 접속법 제Ⅱ식 변화에 있어서 약변화동사는 직설법 과거 인칭변화와 동일하다.

③ 접속법 제Ⅱ식 변화에 있어서 강변화동사 및 불규칙동사는 과거형의 간모음이 a, o, u 이면 모두 변음(Umlaut)하며 어미 변화는 제Ⅰ식과 동일하다.

접속법 제Ⅰ식 (현재형)의 인칭변화

	sagen	geben	können	haben	werden	sein
ich - e	sag-e	geb-e	könn-e	hab-e	werd-e	sei
du - est	sag-est	geb-est	könn-est	hab-est	werd-est	sei-est
er - e	sag-e	geb-e	könn-e	hab-e	werd-e	sei
wir - en	sag-en	geb-en	könn-en	hab-en	werd-en	sei-en
ihr - et	sag-et	geb-et	könn-et	hab-et	werd-et	sei-et
sie ~ en	sag-en	geb-en	könn-en	hab-en	werd-en	sei-en

접속법 제Ⅱ식 (과거형)의 인칭변화

	sagen	geben	können	haben	werden	sein
ich (‥)e	sagte	gäbe	könnte	hätte	würde	wäre
du (‥)est	sagtest	gäbest	könntest	hättest	würdest	wärest
er (‥)e	sagte	gäbe	könnte	hätte	würde	wäre
wir (‥)en	sagten	gäben	könnten	hätten	würden	wären
ihr (‥)et	sagtet	gäbet	könntet	hättet	würdet	wäret
sie (‥)en	sagten	gäben	könnten	hätten	würden	wären

● **비현실 화법 (접속법 제Ⅱ식)**

① 현재 사실의 반대일 때는 접속법 Ⅱ식의 현재를 쓴다.
  * Wenn ich Zeit *hätte,* (so) *ginge* ich mit dir aus.
    「내가 시간이 있다면 너와 함께 외출할 텐데.」
  * Wenn ich ein Vogel *wäre,* (so) *flöge* ich zu dir.
    「내가 새라면 너에게 날아갈 텐데.」
② 과거 사실의 반대일 때는 접속법 Ⅱ식의 과거를 쓴다.
  * Wenn ich Zeit *gehabt hätte, wäre* ich mit dir *ausgegangen.*
    「내가 시간이 있었더라면 너와 함께 외출했을 텐데.」
  * Wenn ich ein Vogel *gewesen wäre, wäre* ich zu dir *geflogen.*
    「내가 새였다면 너에게 날아 갔을 텐데.」
③ 조건법은 사실에 상반되는 가정적 조건을 나타내는 전제부(부문장)가 있는 경우에 결론부(주문장)에서만 쓰이는데, 결론부가 접속법 제Ⅱ식〈현재〉이면 제Ⅰ조건법 (제Ⅱ식의 미래)으로, 〈과거〉이면 제2조건법(제Ⅱ식의 미래완료)으로 대치해 쓸 수 있다.

제1조건법 → würde+현재 부정법(=접속법 Ⅱ식 현재)
제2조건법 → würde+과거 부정법(=접속법 Ⅱ식 과거)

---

  * Wenn ich Flügel hätte, *würde* ich zu dir *fliegen.*
    (=Wenn ich Flügel hätte, flöge ich zu dir.)
  * Wenn ich Flügel gehabt hätte, *würde* ich zu dir *geflogen sein.*
    (=Wenn ich Flügel gehabt hätte, wäre ich zu dir geflogen.)
④ 전제부의 접속사 wenn 을 생략할 수 있다. 이 때는 정동사가 wenn 자리에 놓인다.
  * Wenn ich reich wäre, so kaufte ich dir eine Uhr.
    = *Wäre* ich reich, so kaufte ich dir eine Uhr.
  * Wenn er im Krieg nicht gefallen wäre, so wäre er jetzt dreißig Jahre alt.
    = *Wäre* er im Krieg nicht *gefallen,* so wäre er jetzt dreißig Jahre alt.

§2. 분 사·부 정 법

A. 분 사
동사로부터 만들어진 분사는 동사의 뜻을 가지고 있으면서 형용사의 역할을 하는 것으로 동사와 형용사의 성질을 아울러 가지며 현재분사, 과거분사, 미래분사의 세 가지 형태가 있다.

현 재 분 사	동사의 원형+d:	liebend, lesend
과 거 분 사	ge — t: ge — en:	geliebt gelesen
미 래 분 사	zu+현재분사 : (타동사)	zu liebend zu lesend

● 미래분사의 능법

미래분사 〈zu+타동사의 현재분사〉는 부가어적으로만 쓰이며 수동의 가능 「~될
수 있는」 또는 수동의 필연 「~되어야 하는」의 뜻을 가진다.

der *zu lobende* Schüler 「칭찬 받을 수 있는 학생, 칭찬 받아야 하는 학생」

die *zu lösende* Aufgabe 「해결 될 수 있는 문제」

das *zu lesende* Buch 「읽혀져야 하는 책」

B. 부정법

부정법(부정형)이란 인칭 변화를 하지 않은 동사의 원형을 말하는데, 종류에는
현재부정법과 과거부정법 (완료부정법이라고도 함)이 있다.

			zu 없는 부정법	zu 있는 부정법
현 재 부 정 법	능 동		sehen kommen	zu sehen zu kommen
	수 동		gesehen werden	gesehen zu werden
과 거 부 정 법	능 동		gesehen haben gekommen sein	gesehen zu haben gekommen zu sein
	수 동		gesehen worden sein	gesehen worden zu sein

≪ zu 부정형과 함께 쓰이는 동사 ≫

＊ sein … zu 부정형 : …될 수 있다(수동의 가능), …되어야 한다(수동의 필연)

Sein fröhliches Gesicht *ist* nicht *zu* vergessen.

(=Sein fröhliches Gesicht kann man nicht vergessen.)

Seine Tat *ist zu* tadeln.

(=Seine Tat muß man tadeln.)

＊ haben …… zu 부정형 : …해야 한다(능동의 필연)

Ich *habe* jetzt einen Brief *zu* schreiben.

(=Ich muß jetzt einen Brief schreiben.)

Die Schüler *haben* die Hausaufgaben *zu* machen.

* anfangen ······ zu 부정형 ⎫
* beginnen ······ zu 부정형 ⎬ : ···하기 시작하다

Es *fängt an zu* regnen.

Sie *beginnt* jetzt *zu* singen.

* brauchen ······ zu 부정형 : ···할 필요가 있다

Du *brauchst* sonntags nicht *zu* arbeiten.

(=Du mußt sonntags nicht arbeiten.)

Du *brauchst* es *nur zu* sagen.

(=Du darfst es nur sagen.)

🈯 「brauchen+nur+zu 부정형」: ···하기만 하면 된다

* vermögen ······ zu 부정형 ⎫
* wissen ········· zu 부정형 ⎬ : ~을 할 수 있다 (=können)
* verstehen ······ zu 부정형 ⎬
* imstande sein, ··· zu 부정형 ⎭

Ich *vermag* vor Schmerzen nicht mehr *zu* laufen.

(=Ich kann vor Schmerzen nicht mehr laufen.)

Er *weiß* auf alles *zu* antworten.

Der Kranke *ist* nicht *imstande* auf*zu*stehen.

* fähig sein, ··· zu 부정형 : ···할 능력이 있다

* geneigt sein, ··· zu 부정형 : ···할 경향이 있다

* glauben ··· zu 부정형 : ···한다고 믿다

* pflegen ······ zu 부정형 : ···을 하곤하다(습관적으로)

Die Schwalben *pflegen* im Herbst nach Süden *zu* ziehen.

* scheinen ······ zu 부정형 : ···인 것 같이 보이다

Sie *scheint* fest *zu* schlafen.

* versuchen ······ zu 부정형 : ···하려고 시도하다

Er *versucht*, Gedichte *zu* schreiben.

* drohen ······ zu 부정형 : ···할 것 같다

Es *droht zu* regnen.

* kommen ······ zu 부정형 : 우연히 ···하게 되다

Ich *kam* neben einer schönen Dame *zu* sitzen.

* im Begriff sein, ······ zu 부정형 : 막 ···할 참이다

Ich *war im Begriff* weg*zu*gehen.

* in der Lage sein, ······ zu 부정형 : ···할 상태에 있다

* bekommen ······ zu 부정형 : ···하게 되다

＊ nicht umhin können …… zu 부정형 : …하지 않을 수 없다
  Ich *konnte nicht umhin zu* lachen.
● 전치사 um, ohne, (an)statt 는 zu 부정형과 결합하여 관용구를 이룬다.

---

  um …… zu 부정형 : …하기 위하여
  ohne …… zu 부정형 : …하지 않고
  (an)statt …… zu 부정형 : …하는 대신에
  zu ～, um …… zu 부정형 : …하기에는 너무나 ～하다

  Der Student fuhr nach Deutschland, *um* Medizin *zu* studieren.
  Sie geht vorbei, *ohne* mich *zu* grüßen.
  Die Tante rief mich an, *statt* mir einen Brief *zu* schreiben.

113. „Wenn das Wetter schön wäre, könnte ich heute einen Ausflug an den Rhein machen," so sagte Heinz zu sich und machte ein trauriges Gesicht. Nun stand er wieder am Fenster und sah hinaus. Draußen goß es in Strömen, als wollte es nie wieder aufhören. „Wenn doch ein Wunder geschähe und dieser dumme Regen aufhörte!" Fast mit Tränen in den Augen, betete er zu Gott. Aber der Regen wollte lange nicht nachlassen.

Da sagte die Mutter: „Heinz, du solltest doch nicht so traurig sein. Wenn ich an deiner Stelle wäre, würde ich mich über das schlechte Wetter freuen." „Wieso, Mutti?" fragte Heinz. „Hast du nicht gesagt, daß du den 'Faust'-Film unbedingt einmal sehen möchtest? Du hast nur heute Gelegenheit dazu. Morgen läuft er nicht mehr. Es wäre besser, sofort deinen Freund Karl anzurufen und mit ihm ins Kino zu gehen." „O danke schön, Mutti, ich hätte es beinahe verpaßt!" sagte er zu seiner Mutter voll Dank für ihren Hinweis.

〓 「Wenn das Wetter … wäre, könnte ich … machen」, 「Wenn doch ein Wunder geschähe und … aufhörte!」, 「Wenn ich … wäre, würde ich … freuen」 등은 모두 내용이 현재사실과 상반되거나 실현성이 없는 가정을 나타내는 화법이므로 접속법 Ⅱ식의 현재를 사용하였음 / einen Ausflug machen : 소풍가다, einen Spaziergang machen : 산보하다, eine Reise⁴ machen : 여행하다 / ein trauriges Gesicht⁴ machen : 슬픈 표정을 짓다 / Es gießt in Strömen : 비가 억수로 퍼붓는다 / als+동사(접속법 Ⅱ식)+주어 =als ob (als wenn)+주어 … 동사 (접속법 Ⅱ식) : 마치 …처럼 / aufhören 중지하다 / zu Gott beten : 신에게 기도하다 / nachlassen (비·바람이) 그치다 / sich⁴ über et.⁴ freuen : (현재·과거의) ~을 기뻐하다 / die Gelegenheit dazu : 그렇게 할 기회 / Der Film läuft : 영화가 상영된다 / 「Heinz, du solltest … sein」, 「Es wäre besser, sofort … anzurufen und … zu gehen」은 접속법 Ⅱ식의 현재로 의견이나 요구를 정중하고 겸손하게 표현하는 외교화법. Es 는 anzurufen과 zu gehen을 받음 / jn. anrufen : ~에게 전화걸다 / ins Kino (Theater) gehen : 영화관(극장)에 가다 / beinahe (fast, um ein Haar)+접속법 Ⅱ식의 과거 : 하마터면 ~할 뻔했다 / verpassen 놓치다

/ voll Dank : 감사한 마음 가득히 /der Hinweis 암시, 언급

『 "날씨가 좋으면 나는 오늘 라인강변으로 소풍을 갈 수 있을텐데." 이렇게 Heinz
는 중얼거리고 슬픈 표정을 지었다. 이제 그는 또 다시 창가에 서서 밖을 내다보
았다. 밖에는 비가 마치 다시는 그치지 않을 것처럼 억수로 퍼붓고 있었다. "아,
기적이 일어나서 이 바보 같은 비가 그치면 좋으련만!" 눈에 거의 눈물을 글썽이
며 그는 하나님에게 기도를 드렸다. 그러나 비는 좀처럼 그칠 것 같지 않았다. 그
때 어머니께서는 "Heinz야, 너는 그렇게 슬퍼할 것은 없지 않니. 만일 내가 너의
입장이라면 날씨가 나쁜 것을 기뻐할 텐데." 하고 말씀 하셨다. "어째서요, 엄마?"
하고 Heinz가 물었다. "너는 '파우스트'란 영화를 한번 보고 싶다고 말하지 않았
니? 그렇게 할 기회는 오늘 뿐이야. 내일은 그 영화는 더이상 상영되지 않거든.
곧 너의 친구 Karl에게 전화를 걸어서 그와 함께 영화관에 가면 더 좋겠지." "정
말 고마워요, 엄마, 나는 하마터면 그 기회를 놓칠 뻔 했군요!" 하고 그는 자기 어
머니의 제의에 매우 감사한 마음으로 말했다. 』

1 1 4. An der Teilung Koreas sind wir gewiß nicht schuld. Und wir
würden sehr schnell lernen, friedlich miteinander in einem Land zu
leben, wenn unser Land wiedervereinigt werden könnte. Wenn sich die
Koreaner 1945 selbst regiert hätten, hätte nimand an eine Teilung
unseres Landes gedacht.

▨ die Teilung 분리, 분할 / an et.[3] schuld[ig] sein : ~의 책임이 있다 / würden
... lernen은 제 1 조건법 / miteinander 서로 / friedlich ... zu leben은 lernen 의
목적어 / wenn unser Land wiedervereinigt werden könnte : wiedervereinigt
werden은 수동형, könnte는 접속법 II식의 현재이며 가정적 조건을 나타냄
/ Wenn sich die Koreaner ... regiert hätten, hätte niemand ... gedacht : regiert
hätten과 hätte ... gedacht는 접속법 II식의 과거로서 과거사실의 반대를 나타내
는 비현실화법 / niemand 「아무도 …않다」는 부정대명사 / an et.[4] denken : ~을
생각하다. denken - dachte - gedacht

『 우리는 확실히 한국의 분단에 대해 책임이 없다. 만일 우리나라가 다시 통일될
수만 있다면 우리는 매우 빨리 한 나라에서 다같이 평화롭게 살게 될텐데. 만일 19
45년에 한국인들 자신이 통치를 했었더라면 아무도 우리나라의 분단을 생각하지는
못했을 것이다. 』

1 1 5. Ich habe heute Geburtstag. Viele Verwandte und Bekannte waren bei mir versammelt, um meinen Geburtstag mitzufeiern. Zuerst erschien der Onkel, der ein heiterer Mensch ist. Er rief mir schon von fern zu: „Hoch lebe das Geburtstagskind!" Für ihn bleibe ich immer noch ein kleines Kind. Als alle da waren, wurde Musik gespielt, damit die Stimmung erhöht werde. „Trinken wir Erwachsenen auch bei dieser Gelegenheit tüchtig!" sagte mein Vater und war dabei ganz guter Laune. Am Ende des Festes trat meine alte Großmutter, die eine fromme Frau ist, leise zu mir, legte mir die Hand auf das Haupt und sagte: „Gott segne und behüte dich für immer!"

▦ der Geburtstag 생일 / Verwandte 「친척들」와 Bekannte 「아는 사람들」는 형용사의 명사화 / bei+사람 : ~집에(서) / versammelt sein : 모여 있다. sein+타동사의 과거분사는 상태수동 / um … zu 부정형 : …하기 위하여 / mitfeiern 함께 축하하다 / jm. zurufen : ~에게 말을 건네다 / von fern : 멀리서부터 / 「Hoch lebe das Geburtstagskind!」와 「Gott segne und behüte dich für immer!」: 두 문장은 기원을 나타내는 요구화법으로 접속법 Ⅰ식을 사용하였음 / das Geburtstagskind 생일을 축하받는 사람 / immer noch=noch immer : 여전히 / als 「…했을 때」는 종속접속사 / alle 「모든 사람들」는 부정대명사의 복수형 / wurde … gespielt 와 erhöht werde 는 수동형 / damit 「…하기 위하여」는 종속접속사, damit 로 인도되는 부문은 접속법 Ⅰ식을 쓰기도 함 / die Stimmung 기분, 분위기 / - en wir! : 「~ 합시다」의 뜻 / wir 와 Erwachsenen 은 동격, Erwachsenen 은 형용사 erwachsen 「어른이 된」의 명사화 / bei dieser Gelegenheit : 이 기회에 / guter Laune² sein : 기분이 좋다 / legte mir die Hand auf das Haupt : mir 는 소유의 3격으로 auf das Haupt 에 연결됨 / segnen 축복하다 / behüten 보호하다 / für immer=auf ewig : 영원히

『 오늘은 내 생일이다. 많은 친척과 친지들이 내 생일을 함께 축하하기 위해 나의 집에 모였다. 맨먼저 명랑하신 분인 아저씨가 모습을 나타냈다. 그는 멀리서 벌써 "오늘의 주인공 만세!"하고 나를 향해 소리쳤다. 그에게 나는 여전히 어린 아이이다. 모두가 모였을 때 분위기가 고조되도록 음악이 연주 되었다. "우리 어른들은 역시 이 기회에 실컷 마십시다!" 하고 나의 아버지는 말씀 하셨는데 그때 아주 기분이 좋으셨다. 파티가 끝날 무렵에 신앙심이 깊으신 나의 노조모님께서 살며서 내

계로 오셔서 내 머리위에 손을 얹으시고는 "하나님이 영원토록 너를 축복해 주시고
보호해 주시기를 ! " 하고 말씀하셨다. 』

116. In seinem medizinischen Handeln wende der Arzt die größte
Aufmerksamkeit, Genauigkeit und Gewissenhaftigkeit an. Nichts be-
handle er oberflächlich, sondern alles gründlich und nach seiner besten
Einsicht. Nie betrachte er den Kranken als Mittel, sondern immer als
Zweck; nie als bloßen Gegenstand eines Naturexperiments, oder der
Kunst allein, sondern als Menschen, als höchsten Zweck der Natur
selbst.

das medizinische Handeln : 의료행위 / anwenden 쓰다, 이용하다 / wende, be-
handle, betrachte 등은 모두 접속법 I식으로 문장내용이 요구화법 / die Aufmerksamkeit 주의[력] / die Genauigkeit 정확 / die Gewissenhaftigkeit 성실 / be-
handeln 다루다, 치료하다 / oberflächlich 표면적인, 피상적인 / nicht …, sondern
… : …이 아니고 …이다 / gründlich 근본적인, 철저한 / nach bester Einsicht :
최선이라고 생각하는 바에 따라 / nie 결코 …않다 / et.⁴ als et.⁴ betrachten : ~
을 ~으로 보다, 여기다 / der Kranke「병자, 환자」는 형용사의 명사화 / das
Mittel 수단 / der Zweck 목적 / nie 다음에는 betrachte er den Kranken 이 생
략 되었음 / der Gegenstand 대상 / das Naturexperiment 자연실험 / die Kunst
예술, 기술

『 의료 행위에 있어서 의사는 최대의 주의와 정확과 성실을 다 해야 한다. 어느
것이든 소홀하게 치료해서는 안되며 모든 것을 철저하게, 자기가 최선이라고 생각
하는 바에 따라 치료해야 한다. 결코 환자를 수단으로 보아서는 안되며 항상 목적
으로 보아야 한다. 어떤 자연 실험의 단순한 대상으로서나 단지 기술의 단순한 대
상으로 보아서는 결코 안되며, 인간으로, 자연 그 자체의 최고의 목적으로 보아야
한다. 』

117. Wenn Sie nicht rauchen, sparen Sie viel Geld, vor allem
schaden Sie Ihrer Gesundheit nicht. Rauchen ist so ungesund, daß viele
Nichtraucher fordern, der Staat solle das Rauchen in der Öffentlichkeit
verbieten. Für einen starken Raucher wäre es nicht so leicht, sich im

Büro, im Café oder im Restaurant keine Zigarette mehr anzuzünden.

|||||||||||||||||||||||||||||||||||||||||||||||

■ wenn 「만약 …하면」은 종속접속사 / rauchen 담배피다 / viel Geld⁴ sparen : 많은 돈을 절약(저금)하다 / vor allem=vor allen Dingen : 무엇보다도 / der Gesundheit³ schaden : 건강을 해치다 / so 〜, daß … : 〜하므로 …하다 / der Nichtraucher 담배를 피우지 않는 사람 / 「der Staat solle … verbieten」은 간접명 령문 / die Öffentlichkeit 공공연함, 공개 / verbieten 금지하다 / ein starker Raucher : 골초 / wäre es … anzuzünden : wäre 는 접속법 Ⅱ식으로 의견을 정중하 게 표현하는 외교화법. es 는 sich … anzuzünden 을 받음 / das Büro 사무실 / eine Zigarette⁴ anzünden : 담배에 불을 붙이다

『 당신이 담배를 피우지 않으면 많은 돈을 절약할 수 있고 무엇보다도 당신의 건 강을 해치지 않게 된다. 담배를 피우는 것은 건강에 해로우므로 많은 비흡연자들 은 국가가 담배 피우는 것을 공공연하게 금지시켜야 한다고 요구하고 있다. 아주 심하게 담배를 피우는 사람에게는 사무실에서나 카페에서 또는 레스트랑에서 더 이 상 담배에 불을 붙이지 않기란 그렇게 쉬운 일이 아닐 것이다.』

118. Am 28. Dezember 1895 überraschte Wilhelm Conrad Röntgen die wissenschaftliche Welt mit der Mitteilung, er habe eine neue Art von Strahlen entdeckt. Sie hätten die erstaunliche Eigenschaft, durch feste Stoffe hindurchzugehen. Es sei mit diesen Strahlen möglich, die Knochen der menschlichen Hand durch das Fleisch hindurch zu sehen. Heute sind die Röntgenstrahlen in vielen Forschungszweigen unentbehr-lich geworden.

|||||||||||||||||||||||||||||||||||||||||||||||

■ jn. mit et. überraschen : 〜를 〜으로 놀라게 하다 / die wissenschaftliche Welt: 학계, 과학계 / die Mitteilung 보고, 전달 / er habe … entdeckt 는 die Mitteilung 의 내용문으로서 간접화법이므로 접속법 Ⅰ식을 사용 / eine Art von Strahlen= eine Art Strahl : 광선의 일종 / entdecken 발견하다 / Sie hatten …, durch feste Stoffe hindurchzugehen : Sie 는 Strahlen 을 받음. hätten 은 접속법 Ⅱ식, 간접화 법은 접속법 Ⅰ식을 사용하지만 접속법의 형태가 직설법과 동형일 때는 접속법 Ⅱ 식을 사용함. durch … hindurchzugehen 은 die Eigenschaft 의 내용을 설명하는 부정구 / die Eigenschaft 성질, 특성 / durch et. hindurchgehen : 〜을 관통하

다 / der Stoff 물질, 원료 / Es sei ..., die Knochen ... zu sehen : Es 는 die Knochen ... zu sehen 을 받음. sei 는 접속법 I 식으로 간접화법이며 앞의 hätten 문장과 함께 die Mitteilung 의 내용문으로 쓰였음 / der Knochen 뼈 /das Fleisch 살, 고기 / der Forschungszweig 연구부문 / unentbehrlich 없어서는 안될, 필수의

『 1895 년 12 월 28 일에 Wilhelm Conrad Röntgen 은 그가 새로운 종류의 광선을 발견했다는 보고를 함으로서 과학계를 깜짝 놀라게 하였다. 그 광선은 단단한 물질을 관통하는 놀라운 특성을 지니고 있다. 이 광선으로는 살을 뚫고 사람의 손뼈를 보는 것이 가능하다. 오늘날 렌트겐 광선은 많은 연구 부문에서 필수 불가결하게 되었다. 』

1 1 9. Ein Tropfen ist ein kleiner und nicht schwerer Wasserteil. Ein Stein ist aber schwer und so hart, daß es oft Mühe macht, ihn mit scharfen Werkzeugen auszuhöhlen. Steter Tropfen heißt: immerwährend herabfallende Tropfen vermögen endlich den härtesten Stein auszuhöhlen, wovon die Steine unter den Dachtraufen Zeugnis ablegen.

Sowie der wenig bemerkbare, unbedeutende Tropfen dadurch, daß er beständig auf dieselbe Stelle fällt, ein Loch in den härtesten Stein macht, so gelingt fortgesetzten, wenn auch schwachen, wenig in die Augen fallenden Anstrengungen endlich doch sehr Schweres. So können auch mit nicht besonderen Talenten ausgestattete Leute durch Fleiß und Ausdauer es in ihrem Fache weit bringen.

🔢 der Tropfen 물방울 / nicht schwerer 와 nicht besonderen 의 nicht 는 뒤의 형용사를 부정하는 부분부정이며, wenig bemerkbare 와 wenig in die Augen fallenden 의 wenig 는 뒤의 형용사를 부정하는 준부정사 / so ~, daß ... : ~ 하므로 ···하다 / daß es ... macht, ihn ... auszuhöhlen : es 는 ihn ... auszuhöhlen 을 받고, ihn 은 ein Stein 을 받음 / Mühe⁴ machen : 수고를 끼치다 / das Werkzeug 기구, 도구 / aushöhlen 파서 움푹하게 하다 / stet 끊임없는 / herabfallend 「아래로 떨어지는」는 현재분사 / vermögen ... zu 부정형=können : ···할 수 있다 / wovon 은 앞 문장의 내용을 받는 관계대명사 was 와 전치사 von 의 융합형. von et. Zeugnis⁴

ablegen : ∼을 증언하다 / die Dachtraufe 처마 /「sowie「…와 마찬가지로」…,
so …」는 상관어구 / bemerkbar 인정할 수 있는 / unbedeutend 중요하지 않은
/ dadurch 는 daß 이하를 받음 / jm. et.[1] gelingen : ∼는(3 격) ∼에(1 격) 성공하
다, ∼을(1 격) 성취하다 / fortgesetzten, … schwachen, … fallenden Anstrengungen 은 복수 3격이고, Schweres「어려운 일」는 형용사의 중성명사화로서 주
문의 주어 / wenn auch … : 비록 …일지라도 / in die Augen fallen : 눈에 뜨이다
/ die Anstrengung 노력 / jn. mit et. ausstatten : ∼에게 ∼을 부여하다 / die
Ausdauer 인내, 끈기 / das Fach 분야 / es[4] weit bringen : 성공하다, 출세하다

『 물방울은 작고 무겁지 않는 물의 일부분이다. 그렇지만 돌은 무겁고 단단하여
예리한 기구로 돌을 파서 움푹하게 하는 일은 때때로 힘드는 일이다. 끊임없는 물
방울이란, 끊임 없이 아래로 떨어지는 물방울은 아주 단단한 돌이라도 마침내 파
서 움푹하게 할 수 있다는 것을 뜻한다. 그러한 것을 처마 밑의 돌이 증언해 주고
있다. 거의 인정할 수 없는 하찮은 물방울이 끊임없이 같은 장소에 떨어짐으로서
아주 단단한 돌에 구멍을 내는 것과 마찬가지로 비록 약하긴 하지만 끊임없고 거
의 눈에 띄지 않는 노력이 마침내 매우 어려운 일을 성취하게 된다. 그와 같이 특
별하지 않는 재능을 부여받은 사람들도 노력과 인내로 그들의 분야에서 성공을 거
둘 수 있는 것이다.』

120. „Leben ist Kämpfen," so steht in einem Buch, während in
einem anderen Buch zu lesen ist, daß man nicht lebt, um zu essen,
sondern ißt, um zu leben. Seit alters denkt man immer wieder über
die Bedeutung des menschlichen Lebens nach, ohne dabei eine endgültig
überzeugende Antwort finden zu können. Was ist das Leben? Das wird
wohl eine für immer schwer zu lösende Frage bleiben.

▦ das Leben 과 das Kämpfen 은 동사의 명사화 / im Buch stehen : 책에 쎄여져
있다 / während「…하는 동안에, 반면에」는 종속접속사, 본문에서는「반면에, 한
편」의 뜻으로 쓰였음 / während … zu lesen ist, daß man nicht lebt, um zu
essen, sondern ißt, um zu leben : während 부문의 주어는 daß 이하의 문장.
zu lesen ist 는 수동의 가능「∼될 수 있다」의 뜻 / nicht …, sondern … : …이
아니고 …이다 / um … zu 부정형 : …하기 위하여, ohne … zu 부정형 : …하지
않고 / seit alters=von alters her : 옛부터 / immer wieder : 몇 번이고 되풀이하
여 / die Bedeutung 의미 / über et.[4] nachdenken : ∼을 깊이 생각하다 / überzeu-

gend 확실한 / für immer＝auf ewig : 영원히 / eine für immer schwer zu lösende Frage 「영원히 해결되기 어려운 문제」 (＝eine Frage, die für immer schwer zu lösen ist). 「zu＋현재분사」는 미래분사로서 부가어적 용법으로만 쓰이며 다음 두가지의 뜻이 있음 : ① ～될 수 있는(수동의 가능) ② ～되어야하는 (수동의 필연)

『 "인생은 투쟁이다." 라고 어떤 책에는 씌여져 있는가 하면, 또 다른 책에서는 사람은 먹기 위해서 사는 것이 아니라 살기 위해서 먹는다 라고 되어 있는 것을 읽을 수 있다. 옛부터 사람들은 끊임없이 인생의 의미에 대해 깊이 생각해 왔지만 결정적으로 확실한 회답을 찾지 못하고 있다. 인생이란 무엇인가? 이 물음은 아마도 영원히 풀 수 없는 문제로 남게 될 것이다.』

Zweiter Teil

Über Deutschland

Lesetext 1 ⌒⌒⌒⌒⌒⌒⌒⌒⌒⌒⌒⌒⌒⌒⌒⌒⌒⌒⌒⌒⌒⌒⌒⌒⌒⌒⌒⌒⌒⌒⌒⌒

Die Geschichte Deutschlands

Die Geschichte Deutschlands ist ungefähr 1000 Jahre alt. Schon in der Zeit der Völkerwanderung besiedelten germanische Stämme aus Nordosteuropa das Gebiet, das man heute Deutschland nennt. Diese Völker ließen sich im Gebiet zwischen Rhein, Elbe und Donau nieder.[1] Unter Kaiser Wilhelm I.[2](1871~1888) entstand das deutsche Kaiserreich. Nach dem Zweiten Weltkrieg[3] wurde Deutschland 1949 in zwei Staaten geteilt,[4] die BRD(Bundesrepublik Deutschland, mit Hauptstadt Bonn) und die DDR(Deutsche Demokratische Republik, mit Hauptstadt Ostberlin). Nach dem Zusammenbruch der Berliner Mauer[5] im November 1989 strebten[6] die Deutschen nach der Wiedervereinigung. Im Oktober 1990 erreichten sie dieses Ziel.

---

1) sich niederlassen : 정주(定住)하다
2) unter Kaiser Wilhelm 1.(dem Ersten) : 빌헬름 황제 1세하에서
3) der zweite(Zweite) Weltkrieg : 제 2차 세계 대전
4) et.[4] in zwei Teile teilen : (무엇)을 둘로 나누다, 분할하다
5) die Berliner Mauer : 베를린 장벽(1989년 11월 9일에 사실상 붕괴)
6) nach et. streben : (무엇)을 얻으려고 노력하다

Lesetext 2 --

Über Deutschland(1)

Deutschland, im Herzen von
Europa, wird im Norden durch
die Nordsee, Dänemark und
die Ostsee, im Osten durch
Rußland und Polen, im Süden
durch Tschechische Republik,
Österreich und die Schweiz, im
Westen durch Frankreich,
Luxemburg, Belgien und Nie-
derlande begrenzt.

Von 1949 bis 1990 gab es[1]
zwei deutsche Staaten: die
Bundesrepublik Deutschland (BRD) und die Deutsche Demokratische
Republik (DDR). Die Bundesrepublik hatte eine Einwohnerzahl von 63
Millionen, und die Zahl der Einwohner in der DDR betrug 17 Millionen.
Heute leben über 80 Millionen[2] Menschen (darunter 6,5 Millionen
Ausländer) im vereinten Deutschland.

---

1) es gab+4격 명사(단수 또는 복수) : ~이 있었다
2) über 80 Millionen : 8천만 이상의

Seit der deutschen Vereinigung am 3. Oktober 1990 ist Deutschland jetzt ein Bundesstaat mit 16 Bundesländern, und das Territorium der Bundesrepublik Deutschland ist 357000 km^2 groß.

Das Klima Deutschlands ist in der Regel[3] mild. Das heißt,[4] im Sommer nicht zu heiß und im Winter nicht zu kalt. Im Winter, vor allem[5] im Januar und Februar schneit es. Der deutsche Süden ist im allgemeinen wärmer als der Norden. Und der Boden ist so fruchtbar, daß es an allerlei Schätzen nicht fehlt.[6] Das deutsche Volk ist nicht nur arbeitsam und beharrlich, sondern[7] es hat auch eine Vorliebe für Kunst und Wissenschaft.

---

3) in der Regel＝im allgemeinen : 일반적으로
4) das heißt(＝d.h.) : 즉, 다시 말하면
5) vor allem : 무엇보다도, 특히
6) es fehlt an et.^{3} : (무엇)이 부족하다
7) nicht nur ～, sondern [auch] ... : ～뿐만 아니라 …도

$\mathcal{L}$esetext 3 --

Über Deutschland(2)

Nach dem 2. Weltkrieg war Deutschland zunächst in vier Besatzungszonen geteilt worden: die amerikanische, die britische, die französische und die sowjetische Besatzungszone. Ebenso wurde auch die Stadt Berlin in vier Sektoren geteilt.

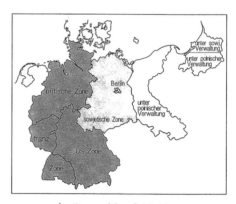

▲ *Deutschland 1945*

Am 7. September 1949 wurde aus den drei westlichen Zonen die Bundesrepublik Deutschland gebildet. Der erste deutsche Bundestag war am 14. August 1949 von der deutschen Bevölkerung der westlichen Besatzungszonen gewählt worden.[1] Der Bundestag und die Delegierten der Landtage wählten den ersten Bundespräsidenten. Danach wurde vom Bundestag der Bundeskanzler auf vier Jahre[2] gewählt.

---

1) 「war ... gewählt worden」은 수동문의 과거완료형이다.
2) auf vier Jahre : 4년 예정으로

Der Bundeskanzler bildete dann die Bundesregierung, sie besteht aus dem Bundeskanzler und 20 Ministern.[3] Bonn wurde nur zum provisorischen Sitz der westdeutschen Bundesregierung gewählt.

Der Bundestag wird auf vier Jahre gewählt. Jeder Deutsche wird mit 21 Jahren wahlberechtigt. Mit 25 Jahren kann jeder Mann oder jede Frau zum Abgeordneten des Bundestages gewählt werden. Der Bundestag hat 521 Abgeordneten.

In der sowjetischen Besatzungszone wurde am 7. Oktober 1949 ein eigner Staat gebildet; er nannte sich Deutsche Demokratische Republik.

---

3) aus et. bestehen : (무엇)으로 구성되다, 이루어지다

Lesetext 4 --

Städte in Deutschland

Die Hauptstadt Deutschlands ist jetzt wieder Berlin. Berlin war fast 30 Jahre durch die Berliner Mauer[1] geteilt. Berlin ist die größte Stadt Deutschlands mit über 3,5 (drei Komma fünf) Millionen Einwohnern und ein politisches, wirtschaftliches und kulturelles Zentrum.

Andere große Städte Deutschlands sind Hamburg, München, Köln und Frankfurt. Hamburg ist die größte Hafenstadt Deutschlands. Hamburg liegt an der Nordsee. Vom Hamburger Hafen gehen deutsche Produkte in alle Welt. Die Kunststadt München, im Süden Deutschlands, gehört zu den schönsten, bedeutendsten Städten.[2] Der Mittelpunkt dieser schönen, alten Stadt an der grünen Isar ist der Marienplatz mit dem gotischen Rathaus und den dahinter aufragenden Türmen der Frauenkirche. Köln ist eine alte, große Stadt am Rhein. In Köln ist der Kölner Dom, die größte gotische Kirche in Deutschland. Um den Kölner Dom zu vollenden,[3] hat man 600 Jahre gebraucht. Frankfurt hat Europas größten Flughafen. Und Johann Wolfgang von Goethe, der größte deutsche Dichter, wurde in Frankfurt am Main geboren.

---

1) die Berliner Mauer 「베를린 장벽」, der Hamburger Hafen 「함부르크 항구」,
   der Kölner Dom 「쾰른 대성당」 : 도시명+er=① 도시의 시민 ② 도시명의 형용사화
2) zu et. (*pl.*) gehören : (무엇) 중의 일부·일원이다
3) um ... zu 부정형 : …하기 위하여

▲ *Berlin*

▲ *Hamburg*

▲ *München*

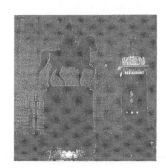

▲ *Köln*

▲ *Frankfurt*

Lesetext 5

Hamburg und Köln

Von Hamburg nach Köln sind es ungefähr 450 km. Die Fahrt mit dem Schnellzug dauert etwa viereinhalb Stunden.[1] Hamburg ist größer als Köln. Dieses[2] hat zirka eine Million Einwohner, während[3] jenes fast zwei Millionen hat. Köln ist jedoch viel älter als Hamburg, und zwar[4] um ungefähr 800 Jahre.[5]

Köln liegt am Rhein und Hamburg an der Elbe. Beide Flüsse münden in die Nordsee. Der Rhein ist größer, länger und wichtiger als die Elbe. Er verbindet die Schweiz, Deutschland, Frankreich und Holland miteinander. An der Rheinmündung in Holland liegt Rotterdam, einer der größten Seehäfen der Welt.[6] Köln hat auch einen Hafen, es ist ein Binnenhafen, er liegt im Land.

---

1) viereinhalb Stunden : 4시간 반
2) Dieses 「후자」＝Köln, jenes 「전자」＝Hamburg
3) während는 여기서는 「…하는 한편」의 뜻으로 쓰인 종속접속사이다.
4) und zwar : 더욱이
5) um ungefähr 800 Jahre : 약 800년 정도
6) einer der größten Seehäfen der Welt : 세계에서 가장 큰 항구들 중의 하나

Lesetext 6

Frankfurt am Main

Frankfurt am Main, mit etwa 700,000 Einwohnern ist als lebhafte Handels- und Messestadt weltberühmt. So wird sie jährlich von sehr vielen Ausländern besucht. Im Mittelalter war sie Schauplatz von Kaiserwahlen und -krönungen, so daß wir hier an ihre reiche historische Vergangenheit erinnert werden.

Während des Zweiten Weltkrieges wurde Frankfurt aufs schwerste[1] getroffen. Deshalb sollte der Wiederaufbau gründlich geplant und durchgeführt werden. Heute gilt[2] Frankfurt als eine der fortschritt-lichsten deutschen Städte.[3] Doch darf man keineswegs vergessen, daß auch die alte Tradition bei der Wiederherstellung berücksichtigt wurde.

Als Beispiele davon sind zu nennen:[4] das alte Rathaus, der Dom (die Krönungskirche vieler deutscher Kaiser), die Paulskirche (der Ort der ersten deutschen Nationalversammlung 1848) und das Geburtshaus Goethes mit dem Goethemuseum. Bei uns ist dieses Haus am bekanntesten, wo der größte deutsche Dichter Johann Wolfgang Goethe am 28. August 1749 geboren wurde. Das Originalhaus ist leider 1944

---

1) aufs schwerste : 극심하게
2) als et.¹ gelten : (무엇)으로 간주되다
3) eine der fortschrittlichsten Städte : 가장 발전된 도시들 중의 하나
4) sind zu nennen : 이름을 들 수 있다

durch Bomben zerstört worden. Aber es ist wieder nach dem Originalplan[5] aufgebaut worden. So weit als möglich[6] wurden auch die alten Steine benutzt.

▲ *Goethe-Haus in Frankfurt*

▼ *Goethe-Haus in Weimar*

---

5) nach dem Originalplan : 원형 복구 계획에 따라
6) so weit als möglich : 가능한 광범위하게

Lesetext 7 --

Die Berliner Mauer

Zita Frede / Hedwig Landwehr

Nach dem Zweiten Weltkrieg teilten die Sieger Deutschland in vier Teile, ebenso die Stadt Berlin. Daraus entstanden 1949 die Bundesrepublik Deutschland(BRD) und die Deutsche Demokratische Republik(DDR). Ostberlin wurde Hauptstadt der DDR, Westberlin war der BRD verbunden.

Weil sich die Menschen in der DDR unterdrückt fühlten,[1] flüchteten viele in den Westen, in die BRD. Um das zu verhindern, wurde rund um das Gebiet der DDR eine sichere Grenze errichtet, 1961 sogar eine Mauer mitten durch Berlin. Viele Menschen wurden in den folgenden Jahren beim Versuch, über diese Grenze in die BRD zu gelangen, getötet. 1989 ertrugen die Menschen in der DDR Unterdrückung und Unfreiheit nicht länger. Viele nutzten eine Ferienreise nach Ungarn oder in die Tschechoslowakei zur Flucht in die Botschaften der BRD. Die Freiheit war ihnen wichtiger als alles Hab und Gut[2] in ihrer Heimat. Durch ihre Flucht zeigten sie der ganzen Welt, daß die Regierung der DDR die Menschenrechte mißachtete. Danach zogen Tausende von

---

1) sich unterdrückt fühlen : 스스로 억압받는다고 느끼다
2) das Hab und Gut : 전재산

Menschen[3] durch die Straßen und zeigten der Regierung, daß sie sich nicht mehr unterdrücken lassen wollten. Am 9. 11. 1989 geschah es dann! Die Mauer in Berlin wurde geöffnet. Die Menschen aus Ost und West konnten nach jahrzehntelanger[4] Trennung wieder zueinander kommen.

▲ 1989년 11월 9일, 독일국민이 베를린 장벽의 붕괴를 축하하였다.

---

3) Tausende von Menschen : 수천 명의 사람들
4) jahrzehntelang : 수십 년 동안의

Lesetext 8

Der Kölner Dom

A : Haben Sie schon den Kölner Dom gesehen?

B : Ja, als ich von Paris nach Bonn fuhr, stieg ich in Köln aus und besichtigte den riesigen Dom. Dessen[1] zwei Türme ragten hoch in den Himmel.

A : Der Kölner Dom ist als gotisches Bauwerk weltberühmt.

Der alte herrliche Dom wird von Touristen aus der ganzen Welt besucht.

B : Der Bau soll[2] im Jahre 1248 begonnen und erst 1880 vollendet worden sein.

---

1) 「Dessen」은 앞의 den riesigen Dom을 가리키는 지시대명사 der의 2격이다.

2) soll은 「…라고들 한다」라는 '소문'의 뜻으로 쓰인 화법조동사이다.

A : Das stimmt![3] Im Jahre 1248, also vor mehr als siebenhundert
Jahren, legten die Kölner den Grundstein für einen neuen Dom.
Meister Gerard hatte den Bauplan für eine Kirche gemacht.
Man baute viele, viele Jahre daran,[4] doch als man nach mehr als
dreihundert Jahren den Bau einstellte, war nur ein Bruchteil fertig
geworden. Dann lag der Bau einige hundert Jahre still, und es sah so
aus, als ob[5] er nie vollendet würde.
Erst zwischen 1840 und 1880 wurde er vollendet. Der Dom ist aber
immer ein Wahrzeichen der Stadt Köln geblieben.

B : Es ist schade, daß der schöne Bau wegen des saueren Regens
dem Verfall ausgesetzt ist.

---

3) Das stimmt! : 맞다 ! 옳다 !
4) an et.³ bauen : (무엇)을 짓는 데 종사하다
5) Es sah so aus, als ob ... : 마치 …처럼 보였다

Heidelberg(1)

Heidelberg liegt am linken Ufer des Neckars. Es ist eine der schönsten Städte in Deutschland. Auch die Umgebung von Heidelberg mit
ihren Bergen und Wäldern ist sehr lieblich. Aber Heidelberg ist am
bekanntesten durch seine Universität, die im Jahre 1386 gegründet
wurde. Sie ist die älteste deutsche Universität nach Prag und Wien. In
Heidelberg studierte der Dichter Scheffel zwei Jahre und dichtete viele
lustige Studentenlieder, die heute noch gesungen werden.

Ein anderer deutscher Dichter, Wilhelm Meyer Förster(1862-1934),
schrieb im Jahre 1900 einem Roman „Karl Heinrich", in dem er das
Studentenleben in Heidelberg beschreibt. Der Sohn eines Fürsten
kommt als Student nach Heidelberg und verliebt sich in eine einfache
Kellnerin,[1] aber nach einer Zeit des größten Glücks müssen sie scheiden.
Dieser Roman wurde im Jahre 1901 dramatisiert und wurde einer der
größten theatralischen Erfolge.[2]

Auch sehr bekannt ist das Heidelberger Schloß, das in den 1689 und
1693 von den Franzosen zerstört wurde. Es ist eine der schönsten und
großartigsten Ruinen[3] der deutschen Renaissance. Im Keller des

---

1) sich in jn. verlieben : (누구)에게 반하다
2) einer der größten Erfolge : 가장 큰 성과 중의 하나
3) eine der großartigsten Ruinen : 가장 훌륭한 파괴된 건축물 중의 하나

Schlosses zeigt man das Heidelberger Faß, das im Jahre 1751 gebaut wurde. Es ist acht und ein halb Meter[4] lang, sieben Meter breit und kann mehr als 220,000 Liter Wein fassen.

▲ *Heidelberg*

---

4) acht und ein halb Meter : 8.5미터

Lesetext 10

Heidelberg(2)

A : Ich habe gehört, Sie sind gerade von Heidelberg zurückgekommen. Wie hat es Ihnen da gefallen?

B : Ich bin ganz begeistert von Heidelberg.[1] Es war eine der schönsten Städte, die ich je gesehen habe.

A : Was hat Sie dort am meisten[2] beeindruckt?

B : Zunächst die reizende Lage im Neckartal. Der Neckar windet sich durch eine hügelige Landschaft, und die Stadt bereitet sich an beiden Seiten des Flusses aus.

A : Sie haben sicherlich das berühmte Heidelberger Schloß besichtigt. Stammt es nicht schon aus dem Mittelalter?[3] Oder ist es vorwiegend Renaissance?

B : Es ist fast eine Ruine. Nur ein Teil ist wiederhergestellt worden. Es ist teilweise gotisch, aber hauptsächlich Renaissance.

A : Ich habe schon so viel von dem Heidelberger Faß gehört. Haben Sie es gesehen?

B : Das ist im Schloßkeller. Es ist ein riesiges Faß, das ungefähr 220,000 Liter fassen kann. Jetzt ist es natürlich leer.

---

1) von et. begeistert sein : (무엇)에 감격하고 있다
2) am meisten : 가장 많이
3) aus et. stammen : (무엇)에서 유래하다

A ⠂Was halten Sie von der Universität Heidelberg? Sie ist eine der
ältesten Universitäten in Deutschland.

B ⠂Soweit[4] ich mich erinnere, wurde sie im Jahre 1386 gegründet. Sie
gilt noch immer[5] als eine der besten deutschen Universitäten.

---

4) soweit는 「…하는 한에 있어서는」의 뜻으로 종속접속사이다.
5) noch immer(=immer noch) : 여전히, 변함없이

Der Rhein

Der Rhein entspringt in den Schweizer Alpen,[1] fließt dann durch Deutschland, und mündet in Holland in die Nordsee. Die Deutschen sind auf den Rhein sehr stolz[2] und verherrlichen ihn in vielen Liedern und Sagen.

Die berühmte Loreley steht zwischen Bingen und Koblenz. Dort ist der Rheinstrom malerisch mit steilen Höhen auf beiden Seiten.

---

1) die Schweizer Alpen : 스위스의 알프스 산맥
2) auf et.⁴ stolz sein : (무엇)을 자랑하다

Lesetext 12 --

Warum ist es am Rhein so schön ...?

Der Rhein entspringt in der
Schweiz und fließt durch den Bodensee nach Westen, dann nach Norden.
Der Bodensee ist der drittgrößte See
in Europa. Er liegt im Grenzgebiet
von der Schweiz, Österreich und
Deutschland.

Von Basel bis Karlsruhe bildet der
Rhein die Grenze zwischen Frankreich und Deutschland. Zwischen
Rhein und Neckar liegt der Schwarzwald. Dort gibt es über 22 km
Wanderwege. Bekannt sind die Universität und das Münster in Freiburg
im Südschwarzwald. Sehr bekannt ist
auch Baden-Baden im Nordschwarz-
wald.

Besonders schön ist der Rhein
zwischen Mainz und Koblenz. Man
findet dort Burgen und Schlösser.
Links und rechts vom Rhein[1] und

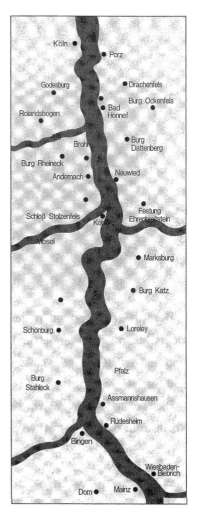

---

1) links (rechts) von et. : (무엇)의 왼쪽에(오른쪽에)

von der Mosel liegen Weinberge. Rhein⁻ und Moselweine sind weltbekannt. Man kommt durch Städtchen wie Bingen mit dem Mäuseturm mitten im Rhein.

Sprachwissenschaftler wissen natürlich: dies ist kein Turm für Mäuse, sondern²⁾ für „Maut" (lateinisch: monetum=Geld, Steuer), also eine Zollstation.

Bezaubernd sind die Weinstädtchen am Rhein entlang wie Boppard, Kaub, Bacharach, Lahnstein oder Rüdesheim mit der Drosselgasse. Machen Sie hier mal eine Weinprobe!

Fährt³⁾ man mit einem Rhein-Dampfer oder mit dem Intercity-Zug weiter nach Norden, entdeckt man bei St.⁴⁾ Goarshausen den Loreley-Felsen. Sie kennen vielleicht die Sage von der Loreley. Oder vielleicht kennen Sie Richard Wagners Oper „Rheingold".

---

2) kein (nicht) ~, sondern ... : ~이 아니고 …이다
3) 「Fährt man ... nach Norden, entdeckt man ...」은 wenn의 생략문이다.
   (=Wenn man ... nach Norden fährt, entdeckt man ...)
4) St. (=Sankt) : '성(聖)…'의 뜻

Lesetext 13 --

Die Loreley

Die Loreley ist ein steiler Felsen am Rhein. Er ist 132m hoch. Schon in alten Zeiten regte der unheimliche Felsen am Rhein die Phantasie der Menschen an, weil dort viele Schiffe untergingen.

Die Gestalt der Loreley ist eine Erfindung des Dichters Clemens von Brentano (1778~1842). Sein Gedicht von der Zauberin Lore Lay, die durch ihre Schönheit den Tod brachte, wurde schnell im Volk populär. So entstand aus dem Kunstgedicht eine Volkssage.

Berühmt in aller Welt wurde der Felsen am Rhein aber durch Heinrich Heine (1797~1856). Sein 1823 geschriebenes Gedicht Loreley wurde von Friedrich Silcher 1838 vertont.

Lesetext 14

Das Märchen von der Loreley

Es war einmal[1] ein wunderschönes Mädchen, das immer auf dem Gipfel eines Berges saß. Sie kämmte ihre langen goldenen Haare und sang ein Lied, das eine wunderbare Melodie hatte.

Man sah und hörte sie bis auf den Rhein. Jeder Fischer, der an diesem Berg vorbeifuhr,[2] mußte zu ihr hinaufschauen und hatte nur noch Augen und Ohren für die schöne Loreley.[3] Die Fischer vergaßen ganz, daß der Rhein an dieser Stelle besonders gefährlich war. Denn es gab damals mitten im Rhein so viele Felsen.

Alle Schiffe kamen den Felsen immer näher,[4] weil die Fischer nur noch an das schöne Mädchen da oben dachten. So gingen die Fischer mit ihren

---

1) Es war einmal ... : 옛날에 ⋯ 이 있었다
2) an et.³ vorbeifahren : (무엇)의 옆을 지나가다
3) für et. Augen und Ohren haben : (무엇)에 관심을 가지고 있다
4) immer näher(＝näher und näher) : 점점 가까이

Schiffen unter und verloren ihr Leben. Niemand fand sie mehr.

Lesetext 15

Die Rheinreise

Jedermann weiß, daß der Rhein einer der schönsten Flüsse der Welt ist. Ich hoffe, die berühmte Rheinreise zu machen. Einer meiner Freunde[1] hat empfohlen, daß wir diese Reise mit einem Dampfer machen, und ich glaube, er hat recht,[2] denn man fährt zu schnell mit dem Auto oder mit dem Zug. Ein anderer Freund empfiehlt, daß wir ein paar Wochen[3] in München und Wien zubringen, da die Leute da viel froher und lustiger sind, als die Leute im Norden. Besonders in Wien, sagt er, singen die Leute den ganzen Tag[4] und tanzen die ganze Nacht, Man wird sich da sehr amüsieren,[5] nicht wahr?[6]

---

1) einer meiner Freunde＝einer von meinen Freunden : 내 친구들 중의 한 사람
2) **Er hat recht.** 그가 옳다.
3) ein paar Wochen : 2~3주 동안
4) den ganzen Tag : 하루종일, die ganze Nacht : 밤새도록
5) sich amüsieren : 즐겁게 지내다
6) nicht wahr? 그렇지 않니? 그렇지?

Lesetext 16

Verkehr in Deutschland

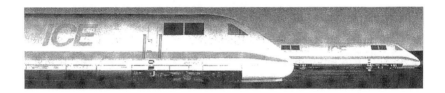

Eisenbahn

Die erste Dampfeisenbahn in Deutschland wurde 1835 zwischen Nürnberg und Fürth eröffnet. Heute ist über das ganze Land ein dichtes Netz von Eisenbahnlinien ausgebreitet. Selbst[1] die kleinsten Städte haben gewöhnlich eine Bahnverbindung.

Im Fernverkehr gibt es verschiedene Arten von Zügen[2]: Personenzüge, Eilzüge, Schnellzüge(D-Züge) und Expreßzüge. Ein Personenzug hält auf jeder Station. Ein D-Zug verbindet Großstädte miteinander.[3] Die internationalen Expreßzüge verbinden Deutschland auf schnelle und bequeme Weise[4] mit anderen Ländern in Europa.

---

1) selbst du : 너조차, 너마저 ; ich selbst (=selber) : 나자신
2) verschiedene Arten von Zügen : 여러 종류의 기차들
3) et.⁴ mit et. verbinden : (무엇)을 (무엇)과 연결하다
4) auf schnelle Weise : 빠른 방법으로

Autoschnellstraße

Die erste Autoschnellstraße wurde kurz nach dem Ersten Weltkrieg gebaut. Es ist die Avus, die 1921 in Berlin fertiggestellt wurde. Mit dem Bau der ersten kreuzungsfreien deutschen Autobahn Köln-Bonn wurde im Oktober 1929 angefangen,[5] Nach dreijähriger Bauzeit wurde die damals 20km lange Autobahn Köln-Bonn dem öffentlichen Verkehr übergeben.

▲ *Autobahn*

---

5) mit et. anfangen : (무엇)을 시작하다

Lesetext 17 --

Auf dem Bahnhof

Vor der Abreise packe ich meine Kleider in den Reisekoffer. Wenn die Stunde der Abfahrt kommt, bestelle ich ein Auto und fahre zum Bahnhof. Auf dem Bahnhof kaufe ich am Schalter meine Fahrkarte. Ich sage: ,,Frankfurt, erster Klasse, einfach,"[1] oder, ,,Hamburg, zweiter Klasse, hin und zurück."[2] Ich rufe einen Gepäckträger und gebe ihm meinen Reisekoffer. Ich gehe zum Bahnsteig oder, wenn der Zug nicht gleich abfährt, in den Wartesaal. Der Lautsprecher kündigt die Ankunft des Zuges an. Ich zeige meine Fahrkarte vor und der Bahnhofsbeamte an der Sperre locht die Fahrkarte. Der Zug hat fünf Minuten Aufenthalt.[3] Ich steige ein, suche mir einen guten Platz und lege meinen Koffer ins Gepäcknetz. Der Bahnhofsvorsteher gibt das Zeichen zur Abfahrt. Der Zug setzt sich in Bewegung.[4]

---

1) Frankfurt, erster Klasse, einfach bitte! : 프랑크푸르트, 1등칸, 편도표 주세요!
2) Hamburg, zweiter Klasse, hin und zurück bitte! : 함부르크, 2등칸, 왕복표 주세요!
3) Aufenthalt haben : (열차가) 정차하다
4) sich in Bewegung setzen : 움직이기 시작하다

Lesetext 18

Im Hotel

Das Auto hält vor dem Hotel. Ich steige aus. Der Portier nimmt mir das Gepäck ab. Er führt mich zum Empfangsbüro. Ich frage dort: „Haben Sie ein Zimmer frei?" „Es ist nur ein kleines Zimmer im zweiten Stock[1] frei." „Kann ich mir das Zimmer ansehen?"[2] „Mit Vergnügen."[3] Der Hoteldiener führt mich im Fahrstuhl hinauf. Das Zimmer gefällt mir. „Was kostet dieses Zimmer?" „Fünfzig Mark pro Tag."[4] „Ist das Frühstück einbegriffen?" „Das ist extra. Zehn Mark pro Tag." Ich gehe wieder zum Empfangsbüro hinunter und sage: „Ich möchte das Zimmer nehmen." „Bitte sehr. Wie lange gedenken Sie zu bleiben?" „Ich denke eine Woche zu bleiben." Ich schreibe meinen Namen in das Fremdenbuch.

---

1) im ersten (zweiten) Stock : 2(3)층에
2) sich³ et.⁴ ansehen : (무엇)을 살펴보다
3) mit Vergnügen : 기꺼이
4) pro Tag : 하루에

Lesetext 19 --

Urlaub

In der Bundesrepublik bekommt man gewöhnlich 3 bis 4 Wochen Urlaub. Interessant dabei ist, daß alle Arbeitnehmer diesen Urlaub nach dem Gesetz[1] nehmen müssen. Die Deutschen glauben nämlich, daß der Urlaub unbedingt nötig ist, damit[2] man gesund bleibt und intensiv arbeiten kann.

In den großen Städten gibt es viele Reisebüros. Man ruft bei ihnen an oder besucht sie und bucht eine Reise. Viele Leute möchten im Urlaub nach Italien, Spanien oder Griechenland fahren, denn[3] im Süden kann man mit Sonne rechnen.[4] Auch Skandinavien ist beliebt˙ Man kann

---

1) nach dem Gesetz : 법에 따라
2) damit는 여기서는 「…하기 위하여」라는 뜻으로 종속접속사이다.
3) denn은 「왜냐하면」의 뜻으로 등위접속사이다.
4) mit et. rechnen : (무엇)을 셈에 넣다, 고려하다

dort in Ruhe[5] die Natur genießen.

„Was haben Sie diesen Sommer im Urlaub vor?"

„Dieses Jahr fahren wir nach Tirol.[6] Ich möchte in Ruhe Bücher lesen, und die Kinder sollen die Natur kennenlernen. Und Sie, wohin wollen Sie?"

„Ich fahre nach Jugoslavien. Die Strände dort sind nicht so überfüllt, die Preise niedrig ..."

Vor dem Sommer ist „Urlaub" das Gesprächsthema Nummer 1.

---

5) in Ruhe : 조용히
6) Tirol : 오스트리아의 알프스 지방에 있는 지명

Lesetext 20 ---

Oktoberfest

Das Oktoberfest ist das größte Volksfest Europas. Dieses Fest nennt[1] man auch das „Bierfest". Es findet jedes Jahr in der letzten September- woche und in der ersten Oktoberwoche statt. Sechzehn Tage voller Spaß und Vergnügen![2] Wenn es das Oktoberfest nicht geben würde,[3] wäre das Leben für viele Münchner[4] nur so halb schön. Das Vergnügen dieses Festes ist nicht nur für sie allein. Millionen von Besuchern aus ganz Deutschland und aus anderen Ländern kommen jedes Jahr hierher.

---

1) et.⁴ et.⁴ nennen : (무엇)을 (무엇)이라고 이름짓다, 부르다
2) voller Spaß und Vergnügen : 재미와 즐거움으로 꽉 찬
3) Wenn es das Oktoberfest nicht geben würde : 만일 10월 축제가 없다면
4) für viele Münchner : 많은 뮌헨 시민들에게는

Lesetext 21 ╌╌╌╌╌╌╌╌╌╌╌╌╌╌╌╌╌╌╌╌╌╌╌╌╌╌╌╌╌╌╌

Ein Drittel von Deutschland ist mit Wald bedeckt.

Fast ein Drittel[1] von Deutschland ist mit Wald bedeckt. Die waldreichsten Bundesländer sind Hessen, Rheinland-Pfalz, Baden-Württemberg und Bayern. Daneben gibt es ausgesprochen[2] waldarme Landschaften, wie die Küstengebiete und das Rheintal. Bodenbeschaffenheit und Höhenlage bestimmen, welche Baumarten jeweils am besten gedeihen. So findet man im Schwarzwald vorwiegend[3] Tannen, im Harz und im Bayerischen Wald Fichten, während[4] im Spessart fast nur Eichen und Buchen wachsen. Alle diese Nadel-, Laub- oder Mischwälder werden von staatlichen oder privaten Forstbeamten in Ordnung gehalten,[5] die mit besonderer Liebe auch für die Tiere des Waldes sorgen.[6] Denn was wäre ein Wald ohne Wild? Es belebt ihn und erfreut nicht nur den Jäger, sondern jeden naturliebenden Menschen, der im Wald Erholung oder

---

1) ein Drittel : 3분의 1
2) ausgesprochen : 결정적으로, 확실히
3) vorwiegend : 주로, 대체로
4) während는 여기서는 「…하는 한편」의 뜻으로 쓰인 종속접속사이다.
5) et.⁴ in Ornung halten : (무엇)의 질서를 지키다
6) für jn. sorgen : (누구)를 돌보다

Genesung sucht. Und nicht nur der einzelne,[7] das ganze Land verdankt[8] dem Wald sehr viel : ein ausgeglichencs Klima und einen gesunden Wasserhaushalt. Wer an diese vielen Vorzüge denkt, kann verstehen, daß der Deutsche seinen Wald liebt.

---

7) der einzelne : 개인
8) jm. et.^{4} verdanken : (무엇)이 (누구)의 덕택이다

Die Schweiz

Die Schweiz gehört zu den kleinsten Ländern Europas, aber sie ist keineswegs das unbedeutendste. Im Gegenteil,[1] sie ist ebenso berühmt wie[2] die größeren Länder, denn sie gehört zu den schönsten Ländern der Welt. Die Schweiz, die für ihre schöne Landschaft bekannt ist, hat viele Berge und viele Seen, die im Urlaub und an den Feiertagen viele Touristen anziehen.

Welche Jahreszeit ist in der Schweiz am schönsten? Das ist schwer zu sagen, denn jede Jahreszeit hat ihren besonderen Reiz. Im Winter ist das Land ebenso schön wie im Sommer. Im Sommer kann man die besten Ausflüge machen und die entlegeneren Örter besuchen. Aber der Winter ist die Zeit der beliebten Schnee- und Eisvergnügen. Im Winter liegt der Schnee überall, sogar in den tiefsten Tälern. Mit der Ankunft der wärmeren und längeren Tage werden die Täler täglich grüner, und die Schneegrenze steigt höher und höher.[3] Dann blühen allerlei Blumen und die buntesten Farben sind überall zu sehen. Mit dem größten Recht[4] nennt man die Schweiz den Garten Europas.

---

1) im Gegenteil : 반대로
2) ebenso ∼ wie ... : …와 똑같이
3) höher und höher (=immer höher) : 점점 높이
4) mit dem größten Recht : 지당하게

Lesetext 23 --

Willkommen in Deutschland und Österreich!

Sie wollen Ihren Urlaub oder Ihre Ferien sicher nicht zu Haus verbringen. Vielleicht wollen Sie in diesem Jahr einmal nach Deutschland oder Österreich fahren! Beide Länder können alle Ihre Reisewünsche erfüllen.

Wenn Sie das Meer lieben, dann fahren Sie an die Ost- oder Nordsee! Dort finden Sie viele moderne Badeorte mit schönem Sandstrand. Wenn Sie aber Wassersportmöglichkeiten im Binnenland suchen, dann fahren Sie an den Bodensee, den größten Binnensee Deutschlands, an die herrlichen oberbayerischen Seen oder an die vielen malerischen Seen Österreichs, die in einer wundervollen Berglandschaft liegen.

Die hohen Berge Österreichs und Oberbayerns sind ebenso wie die lieblichen Berge der deutschen Mittelgebirge ein Paradies für Bergsteiger und Skifahrer. Bergbahnen und Skilifte bringen Sie mühelos auf die höchsten Gipfel.

Viele Hotels, Pensionen und Gasthäuser warten auf Sie[1] und möchten Ihnen Ihren Ferienaufenthalt so schön wie möglich[2] machen.

---

1) auf jn. warten : (누구)를 기다리다
2) so schön wie möglich : 가능한 한 아름답게

Wenn Sie bequem und sorglos reisen wollen, dann gehen Sie zu Ihrem nächsten Reisebüro! Das nimmt Ihnen alle Arbeit ab. Die Reisebüros suchen Ihnen die besten Verkehrsverbindungen, besorgen Ihnen die Fahr- oder Flugkarte und bestellen Ihnen auch ein Zimmer an Ihrem Ferienort. Sie können dort auch die Adressen guter Hotels und die genauen Preise für Übernachtung, Frühstück und die übrigen Mahlzeiten erfahren.

Und nun eine recht gute Fahrt und herzlich willkommen in Deutschland[3] und Österreich!

---

3) Herzlich willkommen in Deutschland! : 독일에 오신 것을 진심으로 환영합니다.

Lesetext 24 --

Das Schulsystem in Deutschland

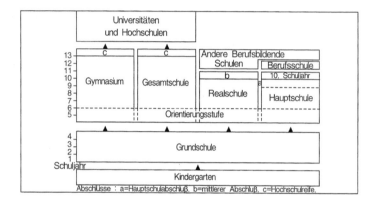

In Deutschland müssen alle Kinder in die Schule gehen, wenn sie sechs Jahre alt sind. Zuerst kommen die Kinder in die Grundschule, die gewöhnlich vier Jahre dauert. Die Grundschule besuchen alle Kinder gemeinsam. Nach der Grundschule können sie in die Hauptschule, in die Realschule oder ins Gymnasium gehen. Das heißt, sie sollen ihren Bildungsweg wählen.

Viele Schüler besuchen heute aber zunächst eine Orientierungsstufe[1] (Klasse 5 und 6). Inzwischen können sie ihre Entscheidung für die Hauptschule, die Realschule und das Gymnasium noch überdenken.

---

1) die Orientierungsstufe : 능력별 진로 지도 단계

Viele Schüler gehen nach der Grundschule auf ein Gymnasium. Das Gymnasium endet nach der 13. Klasse. Sie besuchen also vier Jahre die Grundschule, zwei Jahre die Orientierungsstufe und sieben Jahre das Gymnasium. Sie machen dann mit etwa 19 Jahren das Abitur[2], d.i.[3] die Schlußprüfung einer höheren Schule. Wenn sie diese Prüfung bestehen, können sie ein Studium an einer Universität oder einer Hochschule beginnen. Ohne Abitur kann man also nicht zur Universität gehen.

---

2) das Abitur : (인문계 고등학교의) 졸업시험
3) d.i. (=das ist) : 즉, 다시 말하면

Lesetext 25 --

Wie viele Schüler besuchen eine Universität?

Koreaner ： Mit wieviel Jahren geht man in Deutschland zur Universität?

Deutscher ： Bei uns mit 19 Jahren.

Ich besuchte vier Jahre die Grundschule und neun Jahre das Gymnasium. Und dann an der Universität Bonn studiere ich Germanistik.

Koreaner ： Wie viele Schüler in einem Jahrgang[1] besuchen eine Universität?

Deutscher ： Hier besuchen nach der Grundschule (4 Jahre) etwa 55%[2] der Schüler die Hauptschule (5 oder 6 Jahre). 20% gehen auf eine Realschule (6 Jahre) und 25% auf ein Gymnasium (9 Jahre).

----

1) in einem Jahrgang ： 한(같은) 학년에서
2) 55%＝fünfundfünfzig Prozent

Lesetext 26

Wo spricht man Deutsch?

In Korea spricht man Koreanisch. In England spricht man Englisch. In Frankreich spricht man Französisch.

Wo spricht man Deutsch? Natürlich in Deutschland. Wo sonst? Deutsch spricht man nicht nur in Deutschland. Gehen Sie auch mal in Länder wie Österreich oder die Schweiz! Auch dort spricht man Deutsch. Deutsch ist die Muttersprache von mehr als 100 Millionen Menschen.[1] Man spricht sie vor allem[2] in drei Ländern: in Deutschland, in Österreich und in der Schweiz.

Österreich ist eine deutschsprachige Republik in Mitteleuropa. Die Touristen, die die Hauptstadt Wien an der ,,schönen blauen Donau" besuchen, besichtigen den Stephansdom und das Schloß Schönbrunn.

Die Schweiz ist ein kleines Land südlich von Deutschland[3] mit 6,5 (sechs Komma fünf) Millionen Einwohnern. Und die Schweizer haben nicht nur eine Sprache. Ungefähr 73%(dreiundsiebzig Prozent) der Bevölkerung sprechen Deutsch als Muttersprache, 20% sprechen Französisch, und 7% sprechen Italienisch.

Auch in Polen, Rußland, Frankreich, Ungarn, Italien, Luxemburg,

---

1) von mehr als 100 Millionen Menschen : 1억 이상 사람들의
2) vor allem : 무엇보다도, 특히
3) südlich von Deutschland（＝südlich Deutschlands）: 독일의 남부에

Kasachstan, Rumänien, Dänemark, Belgien, Tschechien, Brasilien und Chile lebt zum Beispiel[4] noch heute eine deutschsprachige Minderheit.

---

4) zum Beispiel (=z.B.) : 예를 들면

Lesetext 27 ----------------------------------

Die deutsche Sprache hat mehrere Dialekte.

Jeder Deutsche spricht Deutsch, aber nicht jeder Deutsche kann jeden anderen Deutschen verstehen. Ein ungebildeter Mann aus dem Norden[1] Deutschlands kann einen ungebildeten Mann aus dem Süden überhaupt nicht[2] verstehen, obgleich sie beide Deutsch sprechen. Die deutsche Sprache hat nämlich mehrere Dialekte, die sehr verschieden sind. Wenn man aber eine Zeitung aus Hamburg und eine aus München in die Hand nimmt,[3] so sieht man gleich, daß sie beide in derselben Sprache geschrieben sind. Es gibt also eine deutsche Sprache, die jeder nur halbwegs gebildete Deutsche liest und spricht. Diese allgemeine Sprache nennt man die deutsche Schriftsprache oder das Hochdeutsche. Jeder gebildete Deutsche lernt diese Sprache schon in seiner Jugend,[4] wenn nicht von den Eltern zu Hause, so doch in der Schule.

---

1) aus dem Norden (Süden) : 북부(남부) 출신의
2) überhaupt nicht : 결코(전혀) ···않다
3) et.⁴ in die Hand nehmen : (무엇)을 손에 쥐다
4) in seiner Jugend : 젊을 때에

Lesetext 28 ~~~~~~

Ein Brief an die Mutter

Heidelberg, den 1. Mai 1998

Liebste Mutter!

Ich bin schon seit zwei Monaten in Heidelberg. Es freut mich sehr, daß ich heute endlich in der Lage bin,[1] Dir[2] einen Brief schreiben zu können. Inzwischen hatte ich sehr viel zu tun.[3]

Wie geht es Dir? Es geht mir sehr gut. Es gefällt mir gut in Heidelberg. Heidelberg ist eine sehr schöne Stadt am Neckar. Die Umgebung von Heidelberg ist wunderschön. Die Aussicht auf den Neckar ist wirklich herrlich. Heidelberg ist eine der schönsten Städte, die ich je gesehen habe. Jeden Morgen gehe ich durch den Wald und den Neckar entlang spazieren.

Ich wohne mit Richard Robertson bei Familie Hartmann. Herr Robertson kommt aus England und studiert hier Germanistik. Frau Hartmann ist immer zu uns freundlich.[4] Unsere Wohnung steht am Stadtrand in einer ruhigen Gegend. Wir hören nichts vom Lärm der Autos. Ich habe schon ein paar gute Freunde kennengelernt. Wir lernen viel in der

---

1) in der Lage sein, et.⁴ zu tun : (무엇)을 할 입장·처지에 있다
2) 편지에서는 du, dir, dich를 대문자로 쓴다.
3) viel zu tun haben : 할 일이 많다
4) zu jm. freundlich sein : (누구)에게 친절하다

Universität und in der Bibliothek. Ich hoffe, daß Du bald einmal zu mir auf Besuch kommen[5] darfst.

Am 12. Mai ist Muttertag. Am Muttertag denken alle Kinder in Liebe und Dankbarkeit an ihre Mutter. Zum ersten Mal[6] bin ich fern von der Heimat und kann Dir nur in einigen Zeilen meine herzlichen Glückwünsche mitteilen. Ich will an diesem Tag in besonderer Dankbarkeit an Dich denken und wünsche Dir herzlichen Glückwunsch zum Muttertag.

Mit herzlichen Grüßen

Dein Karl

---

5) zu jm. auf Besuch kommen : (누구)를 방문하다
6) zum ersten Mal (=zum erstenmal) : 처음으로

Lesetext 29

Aus Karls Tagebuch

Sonntag, den 28. Februar
Schönes Wetter

Heute stand ich früh auf. Um 10.30 Uhr fuhr ich vom Düsseldorfer Bahnhof ab. Der Abschied von meiner Familie tat mir weh.[1] Die Fahrt am Rhein entlang war wunderbar. Es war 14.50 Uhr, als ich am Heidelberger Bahnhof ankam. Ich fand im Gasthaus ein sauberes Zimmer. Nachdem ich mich gewaschen und umgezogen[2] hatte, besichtigte ich die Alte Brücke, den berühmten Philosophenweg und das Schloß. Danach saß ich in einem Restaurant am Neckar, aß zu Abend.[3] Dort habe ich viele Ausländer getroffen: Koreaner, Japaner, Amerikaner, Franzosen und noch andere. Spät am Abend kam ich ins Gasthaus zurück. Es war ein herrlicher Tag.

---

1) jm. weh tun : (누구)에게 고통을 주다
2) sich umziehen : 옷을 갈아입다
3) zu Abend essen : 저녁식사를 하다

Lesetext 30 ~~~~~~

Anna erfand den Muttertag.

Die Erfinderin des Muttertages ist die Amerikanerin Anna Jarvis. Im Jahre 1970 schlug sie vor, alle Mütter der Erde sollten an einem Tage besonders geehrt werden. Sie schrieb Tausende von Briefen[1] an Politiker,[2] Zeitungen, Vereine und Verbände. Nach und nach[3] hatte sie Erfolg.[4] Im Jahre 1914 war dieser Tag zum erstenmal Feiertag in den USA. In Deutschland wurde er 20 Jahre später[5] Feiertag.

Heute ist bei uns in Deutschland der Muttertag auf den zweiten Sonntag im Mai festgelegt. Die Werbung sorgt dafür, daß möglichst viele Bundesbürger an diesen Tag denken und ihren Müttern Geschenke kaufen.

---

1) Tausende von Briefen : 수천 통의 편지
2) an jn. schreiben : (누구)에게 편지를 쓰다
3) nach und nach : 점차로
4) Erfolg haben : 성공하다
5) 20 Jahre später : 20년 후에

Lesetext 31 ~~~~~~

Viele Menschen lieben den Sport.

Viele Menschen lieben den Sport. Deshalb sehen sie auch gern Sportsendungen im Fernsehen. Zu den bekanntesten Sportarten gehören überall in der Welt Fußball und Baseball.

In Korea ist das Baseballspiel, das in Deutschland kaum gespielt wird, sehr beliebt. Aber in Deutschland ist der Fußball sehr beliebt. In diesem Land ist dieses Spiel der Nationalsport. In der Fußballsaison gehen viele Leute dort zum Fußballspiel. Jede Stadt hat ihre eigene Mannschaft, und jedes Kind kennt die Namen der Spieler seiner Stadt. Heute ist das Fußballspiel wohl auch in allen anderen Ländern der Welt beliebt.

Eine Fußballmannschaft hat elf Spieler. Die Spieler schießen den Ball mit den Füßen oder mit dem Kopf. Sie wollen ihn ins Tor der anderen Mannschaft schießen. Nur der Torhüter darf den Ball in die Hände nehmen. Alle anderen Spieler dürfen den Ball weder mit den Händen noch[1] mit den Armen berühren.

Ein Fußballspiel dauert ein und eine halbe Stunde.[2] Nach den ersten 45 Minuten gibt es eine Pause von 15 Minuten. Alle Spieler sollen die ganzen anderthalb Stunden spielen. Manchmal wird ein Spieler verletzt, und die Mannschaft muß ohne ihn weiter spielen.

---

1) weder ... noch ... : …도 …도 아니다(양자 부정)
2) ein und eine halbe Stunde=anderthalb Stunden : 한 시간 반

Lesetext 32

Ein großes Interesse am Sport

Sonntag für Sonntag[1] strömen Hunderttausende[2] in die Sportstadien. Millionen erleben dieselben Spiele durch Radio und Fernsehen. Was bringt diese Massen zu einem so großen Interesse am Sport? Ist es wirklich noch Interesse am Sport? Ist es nicht vielmehr die Freude an der Show, an der Unterhaltung, die die Zuschauer stundenlang am gleichen Ort stehen oder sitzen läßt? Sport soll doch in erster Linie[3] Aktivität sein, die der körperlichen und damit auch der geistigen Gesundheit nützt! Die wenigsten Menschen treiben heute Sport,[4] nehmen einen Ball in die Hand und machen am frühen Morgen einen Waldlauf. Selten übt sich jemand zu seiner eigenen Freude im Weit- oder Hochsprung. Diese Freude ist doch wichtiger und wertvoller als Spitzenleistungen, die gewöhnliche Menschen niemals erreichen.

---

1) Sonntag für Sonntag (＝jeden Sonntag) : 일요일마다
2) Hunderttausende : 수십만의 사람들
3) in erster Linie : 제1순위로, 우선, 첫째로
4) Sport treiben : 스포츠를 하다

Lesetext 33 --

Warum haben Deutsche so wenige Kinder?

Die Deutschen wünschen sich nicht mehr viele Kinder. Fünf von zehn Familien haben gar keine Kinder. Das Leben in den Städten ist mit Kindern nicht leicht. Viele Deutsche wollen mehr Freizeit. Mit Kindern hat man wenig Zeit und wenig Geld für seine Hobbys.

Günter und Anna, die schon drei Jahre verheiratet sind, haben auch keine Kinder. Sie äußern Ihre Meinungen darüber.

Günter : Ich will keine Kinder. Wenn man Kinder hat, kann man nicht ohne weiteres[1] machen, was man will.[2] Mein Freund Wilhelm, z.B., der zwei Kinder hat, konnte diesen Sommer nicht in Urlaub fahren,[3] weil seine Tochter krank geworden war. Den Kindern unser Leben zu opfern,[4] das fällt mir nicht ein.[5] Wer sein Leben angenehm verbringen will, für den sind Kinder ein großes Hindernis.

---

1) ohne weiteres : 곧, 당장, 거리낌없이
2) was man will : 자기가 원하는 것
3) in(auf) Urlaub fahren : 휴가를 얻어 여행을 떠나다
4) jm. et.⁴ opfern : (누구)에게 (무엇)을 바치다
5) jm. einfallen : (누구)의 머리에 떠오르다, 생각나다

Anna ： Ich denke auch wie mein Mann. Kinder machen den Eltern nur
Sorgen[6]: Krankheit, Schule, Erziehung usw.[7] Und wenn man
Kinder hat, braucht man auch Kinderzimmer, aber Günter
verdient nicht so viel. Ich habe auch eine Arbeit, und die Arbeit
gefällt mir sehr gut. Wegen der Kinder möchte ich nicht darauf
verzichten.[8] Ob ich mich einsam fühle? Überhaupt nicht![9]

---

6) jm. Sorgen machen ： (누구)에게 걱정을 끼치다
7) usw.(＝und so weiter) ： 등등
8) auf et.⁴ verzichten ： (무엇)을 포기하다, 단념하다
9) Überhaupt nicht! ： 결코 그렇지 않다 !

Lesetext 34 --

Jung und alt unter einem Dach?

A : Wir wohnen seit vier Jahren mit meiner Mutter zusammen, weil mein Vater gestorben ist. Sie kann sich überhaupt nicht mehr anziehen und ausziehen,[1] ich muß sie waschen und ihr das Essen bringen. Deshalb mußte ich vor zwei Jahren aufhören zu arbeiten.[2] Ich habe oft Streit mit meinem Mann,[3] weil er sich jeden Tag über Mutter ärgert.[4]
Wir möchten sie schon lange in ein Altersheim bringen, aber wir finden keinen Platz für sie. Ich glaube, unsere Ehe ist bald kaputt.

B : Wir freuen uns, daß wir mit den Großeltern zusammen wohnen können. Unsere Kinder wären sehr traurig, wenn Oma und Opa nicht mehr da wären. Und die Großeltern fühlen sich durch die Kinder wieder jung. Natürlich gibt es auch manchmal Probleme, aber wir würden die Eltern nie ins Altersheim schicken. Sie gehören doch zu uns. Die alten Leute, die im Altersheim leben müssen, sind oft so unglücklich, weil niemand sie besucht und niemand ihnen zuhört,[5]

---

1) sich ausziehen (anziehen) : 옷을 벗다(입다)
2) zu arbeiten aufhören : 일을 그만두다
3) Streit mit jm. haben : (누구)와 다투다
4) sich über jn. ärgern : (누구)에 대하여 화를 내다
5) jm. zuhören : (누구)의 말에 귀를 기울이다

wenn sie Probleme haben.

C : Seit[6] meine Frau tot ist, lebe ich ganz allein.

Ich möchte auch gar nicht bei meiner Tochter in Stuttgart wohnen; ich würde sie und ihre Familie nur stören. Zum Glück[7] kann ich mir noch ganz gut helfen. Ich wasche mir meine Wäsche, gehe ein-kaufen[8] und koche mir mein Essen. Natürlich bin ich viel allein, aber ich will mich nicht beschweren.[9]

Meine Tochter schreibt mir oft Briefe und besucht mich, wenn sie Zeit hat. Ich wünsche mir nur, daß ich gesund bleibe und nie ins Altersheim muß.

---

6) seit (＝seitdem) 는 「…이래」의 뜻으로 종속접속사이다.
7) zum Glück (＝glücklicherweise) : 다행히
8) einkaufen gehen : 물건을 사러 가다
9) sich beschweren : 불평을 말하다

Goethe und Schiller (1)

Wenn der Deutsche von der deutschen Literatur spricht, denkt er gewöhnlich zuerst an Goethe und Schiller, die beiden größten deutschen Dichter. Es kommt nicht oft vor,[1] daß die zwei größten Dichter eines Landes zu derselben Zeit[2] leben, aber das war bei Goethe und Schiller der Fall.[3] Beide lebten am Ende des 18. Jahrhunderts.

Goethe war 10 Jahre älter als Schiller, starb aber 27 Jahre nach Schiller.

---

1) vor|kommen : 일어나다, 생기다
2) zu derselben Zeit : 같은 시간에 ; 같은 시대에
3) Das ist bei jm. der Fall : (누구)의 경우가 그러하다

Ferner kommt es nicht oft vor, daß zwei größte Dichter sehr gut miteinander befreundet sind.[4] Auch das war bei Goethe und Schiller der Fall. Schiller war während der letzten 10 Jahre seines Lebens, bis zu seinem Tode[5] im Jahre 1805, der beste Freund, den[6] Goethe hatte.

Wanderers Nachtlied

Johann Wolfgang von Goethe

Über allen Gipfeln	모든 산봉우리 위에
ist Ruh'	평온이 있고
In allen Wipfeln	모든 나뭇가지에서
spürest du	그대는
kaum einen Hauch.	숨결하나 느끼지 못하리
Die Vögelein schweigen im Walde.	새들은 숲속에서 침묵하고
Warte nur, balde	기다려 보렴
ruhest du auch.	곧 그대도 쉬게 되리니.

---

4) mit jm. befreundet sein : (누구)와 친하다
5) bis zu seinem Tode : 그가 죽을 때까지
6) den은 관계대명사로서 선행사는 der beste Freund이다.

Lesetext 36

Goethe und Schiller (2)

Johann Wolfgang von Goethe, der größte deutsche Dichter, wurde am 28. August 1749 zu Frankfurt am Main[1] geboren. Sein Vater war ein reicher und gebildeter Mann. Goethe studierte in Leipzig Jura. Vom Herzog Karl August nach Weimar eingeladen[2] schrieb er dort den „Faust", sein größtes Werk, mit dem er sich beinahe 60 Jahre beschäftigt hatte.[3]

Friedrich von Schiller, 10 Jahre jünger, war kein Kind des Glücks wie Goethe. Durch Vermittlung von Goethe wurde Schiller Professor für Geschichte[4] in Jena. Später zog er nach Weimar um, um sich dem Dichten zu widmen.[5] Hier schrieb er vor allem den „Wilhelm Tell".

---

1) zu (=in) Frankfurt am Main : 마인 강변 프랑크푸르트에서
2) Vom Herzog Karl August nach Weimar eingeladen : 「칼 아우구스트 공작에 의해 바이마르로 초대받아서」라는 의미로 분사구문이다.
3) sich mit et. beschäftigen : (무엇)에 종사하다, 몰두하다
4) Professor für Geschichte (Germanistik) : 역사학(독문학) 교수
5) sich et.³ widmen : (무엇)에 몸을 바치다, 전념하다

Lesetext 37

Goethes „Faust"

Die berühmteste Dichtung in deutscher Sprache wurde vom berühmtesten deutschen Dichter geschrieben: Goethes „Faust". An diesem Werk arbeitete Goethe fast sein ganzes Leben lang.[1] Wahrscheinlich war er schon im Jahre 1772 damit beschäftigt,[2] und er schrieb bis zu seinem Tod daran weiter. Als Buch[3] erschien der erste Teil der Tragödie 1808, der zweite Teil erst nach Goethes Tod, im Jahre 1832.

Goethe hat die Geschichte des Dr. Faustus nicht selbst erfunden. Ein Mann mit dem Namen Faust hat wirklich gelebt, in Süddeutschland, etwa dreihundert Jahre vor Goethe. Er trat als Zauberer und Wahrsager in vielen Städten auf und war schon berühmt, als er noch lebte. Bald wurden über ihn Zaubergeschichten erzählt, die in Wirklichkeit[4] gar nichts mit ihm zu tun hatten,[5] sondern viel älter waren. Daraus entstand schließlich die Faustsage, die nach seinem Tod in vielen Büchern beschrieben wurde.

---

1) sein ganzes Leben [lang] : 그의 일생 동안
2) mit et. beschätigt sein : (무엇)에 몰두 · 종사하고 있다
3) als Buch : 책으로서
4) in Wirklichkeit : 실제는, 사실은
5) nichts mit jm. zu tun haben : (누구)와 아무 관계도 없다

Lesetext 38 ────────────────────────────────────

Wilhelm Tell

In der Schweiz lebte einmal ein Landvogt. Sein Name war Geßler. Er ließ seinen Hut auf eine lange Stange stecken. Er verlangte von den Bauern, daß sie sogar seinen Hut grüßten. Aber Wilhelm Tell grüßt den Hut nicht.

Geßler: „Du sollst deinem kleinen Sohn mit der Armbrust einen Apfel vom Kopf[1] schießen!" Tell will nicht. Geßler droht ihm: „Entweder du schießt, oder[2] du stirbst mit deinem Sohn!" Tell antwortet: „Ich soll der Mörder meines Kindes werden! Herr, Sie haben keine Kinder, Sie wissen nicht, was sich im Herzen eines Vaters bewegt!"

---

1) deinem kleinen Sohn vom Kopf : 너의 어린 아들의 머리에서
2) entweder ~, oder ... : ~이거나 아니면 …(양자 택일)

Tell nimmt zwei Pfeile. Mit dem ersten trifft[3] er den Apfel auf dem Kopf seines Sohnes.

„Für wen war der zweite Pfeil? " fragt der Landvogt.

„Für dich, falls[4] ich nicht den Apfel, sondern meinen Sohn getroffen habe!" antwortet Tell. Geßler befiehlt: „Fesselt[5] ihn! Bringt ihn aufs Schiff und fahrt mit ihm zu meiner Burg!"

Ein Sturm kommt auf. Die Männer haben Angst und geben Tell das Steuer. Tell geht zur Burg und wartet auf den Landvogt. Er schießt. Auch diesmal trifft er. Eine Bäuerin sieht das und schreit: „Mord! Geßler ist getroffen! Mitten ins Herz[6] hat ihn der Pfeil getroffen!"

Geßler: „Das ist Tells Pfeil."

Tell: „Du kennst mich! Sicher ist das Volk vor dir[7] Du wirst dem Lande nicht mehr schaden!"

---

3) et.⁴ treffen : (무엇)을 쏘아 맞추다
4) falls는 「…할 경우에는」의 뜻으로 종속접속사이다.
5) Fesselt, Bringt, fahrt는 모두 복수 2인칭(ihr)에 대한 명령형이다.
6) Mitten ins Herz … ihn : 그의 가슴 한가운데를
7) vor jm. sicher sein : (누구)에 대해서 안전하다

Lesetext 39 --

Du bist wie eine Blume

Nach Goethe ist Heinrich Heine wohl
der größte deutsche Lyriker. Besonders
schön besingt er die Liebe, die Sehnsucht
nach der Liebe und nach dem Glück, das
nicht erreicht werden kann.

Heines „Du bist wie eine Blume" ist ein
einfaches und schönes Gedicht. Es ist aus
einem Erlebnis des Dichters entstanden.

Es war im Frühling des Jahres 1823 in Berlin. Eines Tages machte
Heine im Wald einen Spaziergang.[1] Dabei hörte er ein lautes Weinen. Er
ging der Stimme nach[2] und fand ein Mädchen unter einem Baum sitzen.
Sie war sehr jung und wunderschön. Ihre schwarzen Augen waren voll
Tränen,[3] als Heine vor ihr stehenblieb. Das Kind erzählte dem Dichter:
„Ich heiße Miriam. Ich komme von weit her[4] und will eine Stellung in
Berlin suchen.[5] Nun hat mir ein Dieb alles geraubt."[6]

---

1) einen Spaziergang machen(=spazierenlgehen) : 산책하다
2) et.³ nachgehen : (무엇)의 뒤를 좇다
3) voll〔von〕Tränen sein : 눈물로 가득 차 있다
4) von weit her(=von weitem) : 멀리서부터
5) eine Stellung suchen : 일자리를 찾다
6) jm. et.⁴ rauben : (누구)에게서 (무엇)을 빼앗다

Heine nahm darauf das schöne Kind bei der Hand[7] und führte es zum Haus seiner Freundin. Heine erklärte ihr: ,,Als ich heute morgen dort einen Spaziergang machte, fand ich dieses Kind unter einem Baum." Hier war es sehr glücklich, und wurde von Tag zu Tag[8] schöner. Doch endlich kam die Zeit, daß[9] Heine Berlin verlassen mußte. Miriam war sehr traurig. Zum Abschied[10] steckte er ihr ein Blatt Papier[11] in die Hand. Als sie es öffnete, fand sie darauf ein Gedicht.

Du bist wie eine Blume

Du bist wie eine Blume,
So hold und schön und rein;
Ich schau dich an, und Wehmut
Schleicht mir ins Herz hinein.

Mir ist, als ob ich die Hände
Aufs Haupt dir legen sollt',
Betend, daß Gott dich erhalte
So rein und schön und hold.

---

7) jn. bei der Hand nehmen : (누구)의 손을 잡다
8) von Tag zu Tag : 날마다
9) daß : 「…하는」의 뜻으로 daß 이하 문장은 die Zeit의 내용문이다.
10) zum(beim) Abschied : 헤어질 때에
11) ein Blatt Papier : 한 장의 종이

Lesetext 40 --

Mozart und Beethoven

In Deutschland und Österreich gab es viele
große Musiker, wie Bach, Händel, Haydn,
Mozart, Beethoven, Schubert, Weber, Mendels-
sohn, Schumann, Wagner, Brahms, Strauß und
so weiter.[1]

Der Österreicher Wolfgang Amadeus Mozart
war einer der größten Komponisten.[2] Schon im
Alter von fünf Jahren[3] begann er Musikstücke zu schreiben. Zwei Jahre
später reiste er als musikalisches Wunderkind durch ganz Europa und
gab überall Konzerte.[4] Mozart verfaßte über 600 Musikstücke, darunter
viele wundervolle Symphonien und Opern, zum Beispiel „Die Zauber-
flöte", „Die Hochzeit des Figaro" und „Don Giovanni". Obwohl Mozart
sehr viel arbeitete, verdiente er wenig Geld. Im Alter von 35 Jahren starb
er arm in Wien.

---

1) und so weiter (=usw.) : 등등
2) einer der größten Komponisten : 가장 위대한 작곡가들 중의 한 사람
3) im Alter von fünf Jahren : 5세에
4) ein Konzert geben : 연주회를 열다

Ohne Zweifel ist Ludwig van Beethoven wie Mozart einer der größten Komponisten. Beethoven wurde 1770 in Bonn geboren, und starb 1827 in Wien. Er spielte mit 13 Jahren als Musiker im Orchester des Kurfürsten, und mit 15 Jahren war er schon zweiter Hoforganist in Bonn.

Ein schweres Ohrenleiden überfiel den dreißigjährigen Mann. Sein Gehör wurde schlechter und schlechter.[5] Mit 49 Jahren war er endlich ganz taub. Ein tauber Musiker ist wie ein blinder Maler. Beide müssen ihren Beruf aufheben. Aber Beethoven arbeitete weiter. Er schrieb seine größten Werke, ohne sie zu hören.[6] Er hat sein Gefühl besonders in seinen berühmten Symphonien ausgedrückt. Mit 56 Jahren ist Beethoven gestorben. Seine Musik gehört heute der ganzen Welt.

---

5) schlechter und schlechter (=immer schlechter) : 점점 나쁘게
6) ohne ... zu 부정형 : ···하지 않고

Lesetext 41 ~~~~~~

Die Mondscheinsonate

Eines Tages kam Beethoven spät am Abend von einem Spaziergang zurück. Es war ein stiller, warmer Abend. Als er an sein Haus kam, hörte er aus einem Nachbarhaus Musik. Irgend jemand[1] spielte auf dem Klavier eine Melodie, die er erst vor kurzem[2] komponiert hatte.

Beethoven blieb stehen[3] und horchte. Langsam ging er zu dem Haus hinüber, aus dem die Musik kam. Nun wollte er auch wissen, wer[4] da so wunderbar spielte.

Als der letzte Akkord verklungen war, trat er in das Haus. Er kam in ein kleines, einfaches Zimmer, das von einer Kerze schwach erleuchtet war. An der Wand stand ein Klavier ohne Noten. Das Mädchen, das gespielt hatte, war gerade aufgestanden. Beethoven sah, daß es blind war.

,,Wie konnten Sie so spielen? Woher kennen Sie diese Musik?" fragte Beethoven erstaunt.

,,Ich spiele nach dem Gehör,"[5] sagte die Blinde, ,,und ich spiele immer das, was ich aus dem Nachbarhaus höre."

---

1) irgend jemand : 그 누군가가
2) vor kurzem : 조금 전에, 얼마 전에
3) stehenlbleiben : 정지하다, 멈추다
4) wer 이하의 부문장은 종속의문문이다.
5) nach dem Gehör spielen : 귀로 듣고서(악보 없이) 연주하다

„Darf ich Ihnen etwas vorspielen?" fragte Beethoven und setzte sich ans Klavier. Als er anfing zu spielen, erlosch die Kerze. Der Mond schien durchs Fenster und erleuchtete das kleine Zimmer. Beethoven spielte und spielte ....

Man sagt, daß wir dieser Stunde die Mondscheinsonate verdanken.[6]

---

6) et.³ et.⁴ verdanken : (et.⁴)이 (et.³)의 덕택이다

Lesetext 42

Martin Luther

Das 15. Jahrhundert war eine große
Zeit. Amerika wurde entdeckt, die Buch-
druckerkunst wurde erfunden, und Univer-
sitäten wurden gegründet. Allgemeiner
Wissensdurst belebte die Welt der Kultur.
Da trat Martin Luther als Reformator auf.[1]
Martin Luther wurde 1483 in Eisleben als
Sohn eines Bergmanns geboren. Er stu-
dierte in Erfurt Theologie.

Luther kämpfte mit Reden und Schriften[2] für die Reform von Kirche
und Theologie. Er lebte verborgen[3] auf der Wartburg bei Eisenach und
übersetzte die Bibel ins Deutsche.[4] Seine Übersetzung wurde zur
Grundlage[5] der neuhochdeutschen Schriftsprache.[6] Er gründete die
evangelische Kirche. Es kam zum Krieg zwischen dem Kaiser und den

---

1) als Reformator auftreten : 종교 개혁가로서 등장하다
2) mit Reden und Schriften : 연설과 논문으로
3) verborgen : 숨어서, 사람의 눈에 띄지 않고
4) et.⁴ ins Deutsche übersetzen : (무엇)을 독일어로 번역하다
5) zur Grundlage werden : 기초가 되다
6) die neuhochdeutsche Schriftsprache : 근대 고지 독일어의 문장어

Protestanten. Nach langem Kampf wurde ihnen 1555 auf dem Reichstag zu Augsburg[7] die Religionsfreiheit gewährt.

---

7) **auf dem Reichstag zu Augsburg** : 아우크스부르크의 제국 의회에서

Lesetext 43 ----------

Albert Schweitzer

Albert Schweitzer hatte schon als junger
Mann den Gedanken gehabt, daß[1] wir für
das Glück aller Menschen die Verpflich-
tung haben, das Leid anderer Menschen
zu lindern[2] und denen[3] zu helfen, die im
Unglück sind. Er entschloß sich[4] mit 30
Jahren,[5] als einfacher Arzt nach Afrika zu
gehen und dort kranken Negern zu helfen.

Er reiste mit seiner Frau nach Afrika und stellte sein eigenes Leben ganz
in den Dienst hilfloser, leidender schwarzer Menschen.

---

1) daß 문장은 den Gedanken의 내용문이다.
2) zu lindern과 zu helfen은 die Verpflichtung을 수식한다.
3) denen은 지시대명사 der형의 복수 3격으로서 관계대명사 die의 선행사이다.
4) sich entschließen, ... zu부정형 : …하려고 결심하다
5) mit 30 Jahren＝als er dreißig Jahre alt war

Daimler und Benz

Wir können uns die Zeit, in der es
noch keine Autos gab, kaum mehr vorstellen.[1] Und doch ist es noch gar nicht
so lange her,[2] daß die Erfinder der
„Wagen ohne Pferde" verlacht oder
sogar verfolgt wurden. Die Menschen
glaubten zunächst nicht daran,[3] daß ein

Motorwagen überhaupt fahren könnte, und später hatten sie Angst[4] vor
diesen seltsamen Fahrzeugen. Ihre Erfinder verloren trotzdem nicht den
Mut. Daimler fuhr im Jahre 1885 mit seinem ersten Motorrad über die
Straßen. Zu gleicher Zeit[5] stellte Benz sein erstes Automobil her. Die
beiden Erfinder kannten sich nicht; sie wußten beide nichts davon, daß
noch ein anderer Mensch den Versuch machte, die Pferde durch einen
Motor zu ersetzen. Aber als sie ihre Motorwagen fertig hatten, lernten sie
sich dadurch kennen, daß sie beide für Narren gehalten[6] wurden. Wenn

---

1) sich[3] et.[4] vorstellen : (무엇)을 상상하다
2) Es ist nicht so lange her, daß (＝seit) ... : …한 지 그렇게 오래되지 않았다
3) an et.[4] glauben : (무엇)을 믿다
4) vor et.[3] Angst haben : (무엇)을 무서워하다
5) zu gleicher Zeit (＝zur gleichen Zeit) : 동시에
6) jn. für et. halten : (누구)를 (무엇)으로 간주하다

wir die ersten Automobile heute im Museum sehen, müssen wir
allerdings auch ein wenig lachen; denn das sind seltsame Fahrzeuge. In
eine altmodische Kutsche mit großen Holzrädern ohne Gummibereifung
ist ein plumper Motor eingebaut. Es sieht wirklich so aus, als ob man nur
vergessen hätte, die Pferde vor diesen Pferdewagen zu spannen. Wir
können uns gut vorstellen, wie der Wagen ratterte, wenn er über das
grobe Pflaster der damaligen Straßen fuhr. Aber Spott, Verachtung und
Feindschaft hatten Daimler und Benz trotzdem nicht verdient. Heute
ehren und achten wir sie als große Erfinder.

Lesetext 45

Große Naturforscher-Freunde der Tiere

Hermann Bühnemann

Unter den Naturforschern[1] der letzten hundert Jahre gab es zwei Naturforscher, die[2] besondere Tierfreunde waren: Alfred Brehm und Carl Hagenbeck.

Alfred Brehm reiste in viele fremde Länder. Dort erforschte er das Leben wilder Tiere und beschrieb es. 1863 wurde er Direktor des zoologischen Gartens[3] in Hamburg. Nun konnte er fremde Tiere auch in

▲ *Alfred Brehm*

Deutschland pflegen und den Besuchern seines Zoos zeigen. Später wurde er Direktor des zoologischen Gartens in Berlin. Dort schuf er das erste große Aquarium. Alfred Brehm ist vor allem berühmt geworden durch seine Bücher ,,Brehms Tierleben". Es sind zwölf Bände.

---

1) unter den Naturforschern : 자연 연구자(동물학자)들 중에서
2) die는 관계대명사 복수 1격으로 선행사는 zwei Naturforscher 이다.
3) der zoologische(botanische) Garten : 동물(식물)원

▲ *Carl Hagenbeck*

Carl Hagenbeck war Tierfänger und handelte[4] mit wilden frcmdländischen Tieren. Später gründete er einen Zirkus und führte die Tiere darin vor. Zu diesem Zweck[5] zähmte er sie. Er erfand die „zahme Dressur" ohne Qual und Zwang der Tiere. Dafür lernte er zuerst ihre Lebensgewohnheiten kennen. 1907 eröffnete er einen Tierpark in Stellingen bei Hamburg. Hier zeigte er die Tiere in Freianlagen ohne Gitter. Bis dahin[6] hatte man Tiere im Zoo nur hinter Gittern gehalten. Seine Anlage wurde weltberühmt.

---

4) mit et. handeln : (무엇)의 장사를 하다
5) zu diesem Zweck : 이런 목적으로
6) bis dahin : 그 곳까지 ; 그 때까지

Lesetext 46 ────────────────────────────────────

Robinson Crusoe

Robinson Crusoe, der Sohn eines Hamburger Kaufmanns, war seinen Eltern heimlich entlaufen,[1] um die Welt kennenzulernen. Auf seiner Reise[2] erlitt er Schiffbruch und die Wogen warfen ihn an den Strand einer unbewohnten Insel. Zuerst schien ihm das einsame Leben dort unerträglich. Allmählich aber gewöhnte er sich daran[3] und fing an,[4] sich so bequem wie nur möglich einzurichten.[5] Er suchte sich eine Höhle zur Wohnung, fing wilde Ziegen ein, verfertigte sich allerlei Geräte und wußte sich sogar Feuer zu verschaffen,[6] so daß er sich Wildbret am Spieß braten konnte.

---

1) seinen Eltern entlaufen : 집을 나가다
2) auf seiner Reise : 여행 도중에
3) sich an et.⁴ gewöhnen : (무엇)에 익숙해지다
4) anfangen (=beginnen) ... zu 부정형 : …하기 시작하다
5) sich einrichten : 살림을 차리다
6) wissen ... zu 부정형 : …할 줄 알다, 할 수 있다

$\mathcal{L}$esetext 47 --

Aus Robinsons Tagebuch

Robinson erlitt in einem gewaltigen Sturm Schiffbruch. Er wurde als einziger Überlebender auf eine unbewohnte Insel verschlagen. Hier mußte er eine geeignete Wohnstätte suchen. Wir lesen in seinem Tagebuch aus dem Jahr 1659 :

Heute habe ich nach langem Suchen einen sichern Ort gefunden, wo ich vor Regen, Wind und Kälte und auch vor wilden Tieren geschützt bin.[1] Hinter einem dichten Gestrüpp steigt eine hohe Felswand auf. Durch eine kleine Spalte gelange ich in die Höhle. Der Boden ist hier zum Glück[2] sandig und trocken. Für mein Lager habe ich aus dem Meer mit einem Stecken Seegras gefischt und es in der Sonne trocknen[3] lassen.

Den Eingang der Höhle verschließe ich mit einem großen Stein, damit keine wilden Tiere eindringen können. Nachdem ich nun meine Höhle ein wenig eingerichtet habe, fehlt mir vor allem das Licht. In dieser Gegend geht die Sonne nämlich stets zur gleichen Zeit unter. Dann

---

1) jn. vor et.³ schützen : (누구)를 (무엇)으로부터 보호하다, 지키다
2) zum Glück : 다행히
3) et.⁴ in der Sonne trocknen : (무엇)을 햇볕에 말리다

bricht sofort die Dunkelheit herein. Hätte[4] ich doch einen Wachsklumpen, um Kerzen herstellen zu können! Aber Bienen habe ich bis jetzt
auf der Insel keine gesehen. Ich muß einen andern Ausweg finden.

---

4) 「Hätte ich doch einen Wachsklumpen!」은 원망문(願望文)이다.
   (＝Wenn ich doch einen Wachsklumpen hätte!)

Lesetext 48 ——————————————————————————

Weihnachten (1)

Weihnachten ist das Fest von Christi[1] Geburt. In den deutsch-
sprachigen Ländern wird es schon am Abend des 24. Dezember, dem
Heiligen Abend, gefeiert. Man schmückt den Weihnachtsbaum, singt
Weihnachtslieder und verteilt Geschenke. In den meisten Familien[2] ist es
eine feste Tradition, an diesem Tag zum Gottesdienst in die Kirche zu
gehen. Weihnachtsbäume standen schon im 16. Jahrhundert in den
Wohnzimmern, vielleicht sogar noch früher.[3] Inzwischen ist der Weihnachtsbaum in aller Welt bekannt. Er steht auch auf Marktplätzen oder
in den Gärten der Wohnhäuser.

---

1) 그리스도 : Christus (1격), Christi (2격), Christo (3격), Christum (4격)
2) in den meisten Familien : 대부분의 가정에서는
3) noch früher : 더 일찍

Lesetext 49 ┈┈┈┈┈┈┈┈┈┈┈┈┈┈┈┈┈┈┈┈┈┈

Weihnachten (2)

Heute, am Weihnachtstag, ist Schnee gefallen. Die Berge um die Stadt sind ganz weiß, und auch auf den Dächern und Straßen liegt Schnee. An der Ecke verkauft ein Mann Kastanien. Es ist kalt; am Fenster sind Eisblumen. Nur noch wenige Menschen sind unterwegs.[1] Mit Paketen unter dem Arm eilen sie nach Haus. Dort ist es schön warm, und es duftet nach Tannenbaum[2] und Lebkuchen. Alle freuen sich auf den Weihnachtsabend.[3] Die Kinder haben schon die Geschenkpäckchen für Vater und Mutter gerichtet und unter den Weihnachtsbaum gelegt. Nun sitzen sie in ihrem Zimmer und warten. Das Wohnzimmer dürfen sie jetzt nicht mehr betreten,[4] denn dort schmückt der Vater den Baum mit Kerzen und Kugeln. Von Zeit zu Zeit[5] schleichen die Kinder an die Tür und schauen durchs Schlüsselloch. Ihre Vorfreude wächst von Minute zu Minute.

---

1) unterwegs sein : 도중에 있다
2) nach et. duften : (무엇)의 향기·냄새가 나다
3) sich auf et.⁴ freuen : (무엇)을 고대하다
4) einen Ort betreten : 어떤 장소에 발을 들여 놓다
5) von Zeit zu Zeit : 때때로, von Minute zu Minute : 일분일분

Endlich, wenn es draußen schon dunkel ist, klingelt es[6] leise. Langsam
geht die Tür auf[7]: Weihnachten ist da.[8]

---

6) **Es klingelt.** 종이 울린다.
7) **Die Tür geht auf.** 문이 열린다.
8) **Weihnachten ist da.** 크리스마스가 왔다.

Lesetext 50

Was wird uns das neue Jahr bringen?

Schließlich ist Silvester gekommen. Wir haben ein sehr interessantes Jahr verlebt. Es gab gute und schlechte Tage, aber das Jahr war nicht langweilig. Wir haben mit unserer Familie das Weihnachtsfest gefeiert. Heute denken wir an das neue Jahr. Was wird es uns bringen? Wir wollen keine Furcht haben.[1] Wir wünschen euch allen ein glückliches Neues Jahr![2]

---

1) Furcht haben : 두려워하다
2) Ein glückliches Neues Jahr! : 새해 복 많이 받으세요 !
   (＝Viel Glück zum neuen Jahr!)

중요 관용구 · 숙어
1000선

[I]

* ab und zu = dann und wann   때때로
* am Anfang   처음에
* am Ende   끝에, 결국
* [am] Ende Januar   1월 말에
* [am] Ende der Woche = am Wochenende   주말에
* [am] Ende des Monates (des Jahres)   월(년)말에
* am Morgen   아침에
* am nächsten Morgen (Abend)   다음날 아침(저녁)에
* am Montag (Sonntag)   월요일 (일요일)에
* am 1. März   3월 1일에
* am meisten   가장 많이
* an Ort und Stelle   현장에서
* an und für sich = eigentlich   본래
* auf und ab = hin und her   이리저리
* auf deutsch (sprechen)   독일어로 (말하다)
  ins Deutsche (übersetzen)   독일어로 (번역하다)
* auf einmal = plötzlich   갑자기
* auf ewig = auf (für) immer   영원히
* aufs neue = von neuem   새로이
* auf eine Woche (einen Monat)   1주일(1개월) 예정으로
* auf dem (od. halbem) Wege   도중에
* auf dem Rückweg   귀로에
* auf der Reise   여행중에

* auf jeden Fall = auf alle Fälle 어떠한 경우에도

* auf diese Weise = in dieser Weise 이러한 방법으로

* auf friedliche Weise 평화적인 방법으로

* auf Urlaub 휴가를 얻어서

* auf Erden = auf der Erde 지상에서, 이 세상에서

* auf der Stelle 그 자리에서, 즉석에서

* auf die Dauer 계속적으로

* auf seine Bitte 그의 요청에 따라

* auf seinen Befehl 그의 명령에 따라

* auf meinen Vorschlag 나의 제안으로

* auf diesem Gebiet 이 분야에서

* auf allen Gebieten 모든 분야에서

* auf [meine] Ehre 〔나의〕 명예를 걸고

* auf den ersten Blick = beim ersten Blick 첫눈에

* auf dem nächsten Bahnhof 다음 역에서

  an der nächsten Haltestelle 다음 정류장에서

* auf der einen Seite 한쪽(편)에서

* auf beiden Seiten 양쪽(편)에서

* auf eigene Kosten 자비로

* auf meine Kosten 비용은 내가 부담하여

* aufs äußerste 극히, 심히

* auf Ihr Wohl! = zum Wohl! 건배 !

* auf Wiedersehen! = lebe wohl! 안녕히 ! 잘있어 !

* aus Erfahrung 경험으로

* aus Liebe 사랑으로

* aus Mitleid 동정하여

* aus Gewohnheit 습관적으로

* aus Versehen 잘못하여, 실수로
* aus Politik 정책상
* aus Neugier (Neugierde) 호기심에서
* aus Höflichkeit 예의상, 의례적으로
* aus Seoul 서울 출신의
* aus allen Kräften 전력을 다하여
* aus eigener Kraft = auf eigene Faust 자력으로, 혼자힘으로
* aus zweiter Hand 간접적으로, 중고품으로
* aus sich selbst 자기스스로, 자발적으로
* aus (von) Gold 금으로 만들어진
* aus (im. zum) Scherz (od. Spaß) 농담으로
* aus (im, vor) Zorn 화가나서
* aus (unter) Zwang 억지로
* aus welchem Grunde = aus welcher Ursache 어떤 이유로
* aus diesem Grunde 이러한 이유로
* aus verschiedenen Gründen 여러가지 이유로
* aus gesundheitlichen Gründen 건강상의 이유로
* aus technischen Gründen 기술적인 이유로
* aus ökonomischen Gründen 경제적인 이유로
* außer Atem 숨을 헐떡이며
* bei weitem 훨씬, 월등하게
* bei Tische = beim Essen 식사중에
* bei dem Onkel 아저씨 집에
* bei dieser Gelegenheit 이 기회에
* bei diesem Wetter 이러한 날씨에는
* bei Tag und Nacht 밤낮[으로]
* bei meiner Abfahrt (Ankunft) 나의 출발(도착)시에

* bei dem Zusammenstoß der Züge 열차의 충돌 사고로

* bei der letzten Wahl 지난번 선거에

* bei (hinter) verschlossenen Türen (교섭·협상 따위의) 비밀리에, 문을 닫고

* beim Abschied 헤어질 때

* bis dahin (dann) 그때까지

* bis dorthin (hierher) 그곳(이곳)까지

* bis an die Tür 문까지

* bis an den Hals (Kopf) 목(머리)까지

* bis in die Nacht 밤까지

* bis tief in die Nacht [hindurch] 한밤중(밤늦게)까지

* bis zu den Knien 무릎까지

* bis zu einem gewissen Grade 어느 정도까지

* bis zum Abend 저녁까지

* bis zum Bahnhof 역까지

* bis zum Tode = bis ins Grab 죽을때 까지

* bis zum Examen 시험 때까지

* bis zum letzten Augenblick 최후의 순간까지

* durch und durch = ganz und gar 철두철미, 완전히

* für immer = auf ewig 영원히

* für das Alter 나이에 비해

* für je zwei Personen 두 사람당

* ich für meine Person 나 일 개인은, 나 일 개인으로서는

* was für (ein) 어떤 종류·성질의

* Mann für Mann 한사람 한사람, 각자

* Wort für Wort 한마디 한마디

* Schritt für Schritt 한걸음 한걸음

* Punkt für Punkt 한점 한점, 하나 하나
* Stich für Stich 한바늘 한바늘 (뜨면서)
* Tag für Tag 날마다
* Jahr für Jahr 해마다
* Seite an Seite 나란히
* Rücken an Rücken 등을 맞대고
* Hand in Hand 손을 맞잡고
* Arm in Arm 팔짱을 끼고
* im allgemeinen = in der Regel 일반적으로
* im [großen und] ganzen 대체로
* im voraus 미리
* im geheimen = im stillen 남몰래, 비밀리에
* im kleinen 세부적으로
* im großen 대규모로
* im wesentlichen 본질적으로
* im besonderen = besonders 특히
* im Ernst 진지하게
* im Frieden 평화스럽게
* im Gegenteil 반대로
* im Grunde 결국
* im Gruppen (Haufen) 떼를지어, 집단으로
* im Urlaub 휴가중에
* im Prinzip 원칙적으로
* im Augenblick 즉시, 곧
* im Freien 밖에서, 야외에서
* ins Freie 밖으로, 야외로
* in Wirklickeit (Wahrheit) 실은, 사실은

* in Zukunft　장래에, 장차

* in Güte　호의적으로

* in allem　모든 점에서

* in vielem　여러 가지 점에서

* in einem fort　끊임없이, 계속하여

* in Strömen　억수로

* in Freud und Leid　기쁠 때나 슬플 때나

* in Hülle und Fülle　풍부히

* in der Tat　실제로, 사실

* in der Geschwindigkeit　신속하게

* in der Nähe (Ferne)　가까운 곳(먼 곳)에

* in der Mitte　한가운데에

* in einem Atem = mit einem Zuge　단숨에

* in letzter Zeit = in der letzten Zeit　최근에

* in freier Zeit　한가한 시간에, 여가에

* in gewissem Grade　어느 정도

* in hohem Grade　고도로, 매우

* im höchsten Grade　극도로, 매우

* in voller Fahrt　전 속력으로

* in erster Linie　우선, 첫째로

* in jungen Jahren　어렸을 적에, 젊었을 적에

* in den besten Jahren = in der Blüte der Jahre　한창 나이에

* im letzten Augenblick = in zwölfter Stunde　최후의 순간에

* im hohen Alter　고령으로

* in aller Eile = in großer Hast　매우 급히

* in aller Ruhe　아주 조용히, 침착하게

* in aller Form　형식을 갖추어서, 정식으로

* in [großer] Menge 대량으로
* in [großer] Einsamkeit 〔매우〕고독하게
* in großer Zahl 많이
* in diesem Augebnlick 이 순간에
* in diesem Fall 이 경우에
* in den meisten Fällen 대개의 경우
* in dieser (jeder) Beziehung 이런 (모든) 점에서
* in dieser Weise (Art) 이러한 방법으로
* in meiner Gegenwart 나의 면전에서
* in meiner Jugend 내가 젊었을 적에
* im Verlauf der Zeit 시간이 지나는 동안에
* im Alter von 20 Jahren: 20세에
* im Schatten eines Baumes 나무 그늘에서
* im Drange der Umstände 사정이 절박하여
* im Zentrum (in der Mitte) der Stadt 도시 한가운데에
  mitten im See 호수 한가운데에
  mitten auf der Straße 길 한복판에
* im Zeitalter der Technik 기술의 시대에
* in Gedanken versunken 생각에 잠겨
* mit Dank 감사히, 고맙게
* mit Recht 정당하게, 당연히
* mit Freuden 기쁨으로, 기꺼이
* mit Vorsicht 주의하여, 신중히
  mit äußerster Vorsicht 아주 조심스럽게
* mit Vergnügen 기꺼이
* mit Mühe 노력하여
* mit Geduld 인내로, 끈기있게

* mit Ungeduld = ungeduldig 초조하게
* mit Fleiß = mit Eifer 열심히
* mit Sicherheit 확신을 가지고
* mit Absicht = mit vollem Bewußtsein 고의적으로
  ohne Absicht = absichtslos 무의식적으로
* mit (per) Luftpost 항공편으로
* mit Gewalt = mit Zwang 강제로, 억지로
* mit roher Gewalt 완력(폭력)으로
* mit Leib und Seele 몸과 마음을 다하여
* mit Mann und Maus 사람 짐승 할 것 없이
* mit Haut und Haar 온통
* mit Mühe und Not 간신히
* mit Gefahr des Lebens 생명을 걸고
* mit der Zeit = nach und nach 점차로
* mit (in) einem Zuge = auf einen Zug 단숨에, 단번에
* mit einem Schlag = plötzlich 갑자기
* mit [aller] Macht 힘껏, 세차게
* mit voller (aller) Kraft 전력을 다하여
* mit voller Geschwindigkeit = mit (in) vollem Tempo 전속력으로
* mit vollen Backen 뺨을 불룩히하고
* mit schnellen (langsamen) Schritten 빠른(느린) 걸음으로
* mit gutem Gewissen 양심에 거리낌 없이
* mit leiser (lauter) Stimme 낮은(큰) 소리로
* mit beiden Händen 두 손으로
* mit leeren Händen 빈 손으로
* mit gesenktem Haupt 고개를 숙이고
* mit bloßem Auge 육안으로

* mit bloßem Kopf 모자를 쓰지 않고
* mit bloßen Füßen (Händen) 맨발(손)로
* mit großer (vieler) Mühe 매우 애써서
* mit (in) allen Einzelheiten 상세히
* mit einem tiefen Seufzer 깊은 한숨을 쉬면서
* nach und nach = allmählich 점차로
* nach wie vor 여전히, 변함없이
* nach vorwärts (rückwärts) 앞(뒤)으로
* nach Wunsch 소원대로
* nach Kräften 힘 닿는대로(한)
* nach Möglichkeit = wie mögliich 가능한 한, 될수 있는 대로
* nach Macht 분수에 맞게
* nach (vor) Tisch = nach (vor) dem Essen 식후(전)에
* nach (vor) Jahren 수년후(전)에
* nach Verlauf eines Jahres 1년이 경과한 후에
* nach der Reihe 차례대로
* nach der Regel 규칙대로
* nach der Mode 유행에 따라서
* nach einer Weile 잠시후에
* nach kurzer (einiger) Zeit 조금 후에
* nach langer Zeit 오랜 후에
* nach allen Seiten 사면 팔방으로
  von allen Seiten 모든 방면으로부터
* nach dem Gesetz 법률에 따라서
* nach der Wettervorhersage 일기예보에 의하면
* der Zeitung nach 신문에 의하면
* einem Gerichte nach 소문에 의하면

* meiner Meinung (Absicht) nach 나의 의견(견해)으로는
* meinem Urteil nach 나의 판단으로는
* dem Scheine nach = zum Schein 외견상으로, 겉으로 보기에는
* dem Grade nach 정도에 따라서
* der Ordnung nach 질서 있게, 순서대로
* unmittelbar nach (vor) der Abreise 출발 직후(전)에
* einer nach dem ander[e]n 차례 차례로
* ohne Zahl 수없이, 무수히
* ohne Scheu 겁없이
* ohne Not 필요없이
* ohne Zweifel 의심없이
* ohne Unterschied des Geschlechtes 남녀의 구별없이
* ohne Zwang 강제 당하지 않고, 자발적으로
* ohne Teilnahme 무관심한 태도로
* ohne Absicht = absichtslos 무의식적으로
* ohne Rast und Ruhe = ohne Ruhe und Rast 쉬지 않고, 꾸준히
* ohne jede Scham 조금도 부끄러워 하지 않고
* ohne jeden (allen) Grund 아무런 이유없이
* nicht ohne Grund 까닭이 있어서
* seit langem = seit langer Zeit 오래전부터
* seit kurzem = seitkurzer Zeit 얼마전부터, 근래
* seit alters = von alters her 옛부터
* seit wann 언제부터
* seit gestern (morgens) 어제(아침)부터
* seit einem Jahr 1년 전부터
* seit vielen Jahren 여러해 전부터
* über Nacht = die Nacht über 밤새

* über kurz oder lang = früher oder später 조만간에
* über die Grenze (das Alter) hinaus 국경(년령)을 초월하여
* um jeden Preis 어떤 희생을 치르더라도
* um diese Zeit 이 시간에, 이 무렵에
* um wieviel Uhr = um welche Zeit 몇시에
* um die Wette 경쟁하여, 지지 않으려고
* um ein Haar = beinahe = fast 하마터면
* um das Feuer herum 불 둘레에
* um Weihnachten herum 크리스마스 무렵에
* rings um die Stadt 시(市) 주위에
* eine Reise [rund] um die Welt 세계 일주 여행
* der Kampf ums Dasein 생존경쟁
* [um] die Wahrheit zu sagen 사실대로 말하면
* um es kurz (nochmals) zu sagen 간단히(한번더) 말하면
* unter Tränen 눈물을 흘리면서
* unter Umständen 사정(형편)에 따라서는
* unter diesen Umständen 이런 형편에서는
* unter allen Umständen 어떤 일(사정)이 있더라도
* unter vier Augen 단둘이서, 비밀히
* unter jeder Bedingung 어떤 조건이더라도
* unter dieser Telefonnummer 이 전화번호로
* unter dem Klang der Musik 음악을 연주하는 가운데
* unter dem Schein der Freundschaft 우정을 가장하여
* unter uns gesagt 우리끼리 애기지만
* von neuem = aufs neue 새로이
* von weitem = aus der Ferne 멀리서부터
* von nah und fern 원근(遠近)에서 부터

* von hinten und von vorn 앞 뒤에서 부터
* von zu Hause 집에서 부터
* von außen [her] 밖에서부터
  nach außen [hin] 밖으로
* von innen [her] 안에서 부터
  nach innen [hin] 안으로
* von oben [her] 위에서 부터
* von unten [her] 아래에서 부터
* von den Bergen [her] 산에서 부터
* von selbst = von sich selbst 저절로, 자연히
* von Natur = von Haus aus 원래, 천성적으로
* von [ganzem] Herzen = herzlich 진심으로
* von ganzer Seele 충심으로
* von allen Seiten 사면 팔방으로 부터
* von derselben Größe 키가 같은
* von heute ab (an) 오늘부터
* von da ab (an) 그때부터
* von nun an 지금부터
* von Geburt an 날 때부터
* von Anfang an 처음부터
* von Jugend (jung) auf 젊어서부터
* von Kindheit auf (an) 유년시절부터
* von Morgen bis zum Abend = von morgens bis abends 아침부터 저녁까지
* von Kopf bis zu Fuß = vom Kopf bis zu den Füßen 머리부터 발까지
* von Anfang bis [zu] Ende 처음부터 끝까지
* von oben bis unten 위에서 아래까지

* von eins bis hundert 1부터 100까지
* von Norden nach Süden 북쪽에서 남쪽으로
* von oben nach unten 위에서 아래로
* von rechts nach links 오른쪽에서 왼쪽으로
* von Zeit zu Zeit = dann und wann 때때로
* von Stunde zu Stunde 시간마다, 매시간
* von Tag zu Tag = Tag für Tag 날마다, 매일
* von Jahr zu Jahr = Jahr für Jahr 해마다, 매년
* von Mund zu Mund 입에서 입으로
* von Stufe zu Stufe 단계적으로
* von Angesicht zu Angesicht 얼굴을 맞대고
* von Grund aus = aus dem Grunde 근본적으로
* von hier aus 여기서부터
* vom Fenster aus 창문에서부터
* vor Freude 기뻐서
  mit Freuden 기꺼이
  in Freud und Leid 기쁠 때나 슬플 때나
* vor Kälte (Wärme) 추워서(더워서)
* vor Scham 부끄러워서
* vor Schmerz[en] 아파서
* vor Staunen (Schreck) 놀라서
* vor Erregung 흥분해서
* vor Müdigkeit 지쳐서
* vor Wut 분노하여
* vor kurzem = vor kurzer Zeit 조금전에
* vor allem = vor allen Dingen 무엇보다도
* vor allen 누구보다도

* vor sich hin 혼자서
* heute vor acht Tagen 지난주의 오늘
  heute über acht Tage (in acht Tagen) 내주의 오늘
* vor aller² Augen 모든 사람들의 면전에서
* wider (gegen) meinen Willen 나의 뜻에 반하여
* zu Haus 집에(서)
* zu Fuß 걸어서
* zu Pferde 말을 타고
* zu Neujahr 새해에
* zu Weihnachten 크리스마스에
* zu Ostern 부활절에
* zu Wasser und zu Lande 수륙(水陸) 양로로
* zu zweien = zu zweit 둘씩, 두 사람씩
* zum Geburtstag 생일에
* zum Glück = glücklicherweise 다행히도
* zum Abendessen 저녁 식사에
* zum Schluß 결국
* zum Fenster hinaus 창문에서 밖으로
* zum (als) Zeichen der Liebe 사랑의 표시로
* zum ersten (letzten) Mal 처음(마지막)으로
* zum größten Teil 대부분
* zur Erholung 휴양을 위하여
* zur Strafe 벌로
* zur Not 간신히
* zur Zeit 목하(目下), 지금
* zur rechten Zeit 적시에, 꼭맞게
* zur unrechten Zeit 좋지않은 시간에

* zu gleicher Zeit 동시에

* zu jeder Zeit = zu allen Zeiten 언제든지, 어느 때나

* zu der (jener) Zeit 그 당시

* zu meiner Überraschung = zu meinem Erstaunen 놀랍게도

* zu billigem (hohem) Preise 싼(비싼) 값으로

* zu welchen Bedingungen 어떤 조건으로

* zu sehr günstigen Bedingungen 매우 유리한 조건으로

* zwischen zwölf und ein Uhr 12시와 1시 사이에

[Ⅱ]

* an die Arbeit gehen : 일을 시작하다

Gehen wir an die Arbeit!

「일을 시작 합시다!」

* an die Reihe kommen : 차례가 오다

Wann komme ich an die Reihe?

「언제 내 차례가 오는가?」

Ich bin an der Reihe.

(=Die Reihe ist an mir.)

「내 차례다.」

* am Leben sein : 살아있다

Er ist noch am Leben.

「그는 아직 살아 있다.」

* am ganzen Leibe (an allen Gliedern) zittern : 온 몸이 떨리다

Ich zittere vor Kälte³ am ganzen Leibe.

「나는 추워서 온 몸이 떨린다.」

* auf einen Gedanken kommen : 어떤 생각을 하게 되다

Wie bist du auf solch dumme Gedanken gekommen?

「너는 어떻게 그러한 어리석은 생각을 하게 되었느냐?」

* auf der Universität sein : 대학에 재학 중이다

Er ist auf der Universität.

「그는 대학에 재학중이다.」

* auf der Flöte spielen (blasen) : 피리를 불다

Er spielt auf der Flöte.

(=Er spielt Flöte.)

「그는 피리를 분다.」

* auf Kredit kaufen : 외상(신용)으로 사다

  Ich habe den Fernsehapparat auf Kredit gekauft.

  「나는 텔레비젼을 외상으로 샀다.」

* auf die Knie fallen : 무릎을 꿇다

  Er fiel vor dem Altar auf die Knie.

  「그는 제단앞에 무릎을 꿇었다.」

* auf der Reise sein : 여행 중이다

  Er ist jetzt auf der Reise.

  「그는 지금 여행중이다.」

* auf Schwierigkeiten stoßen : 난관에 봉착하다

  Bei der Arbeit bin ich viele Schwierigkeiten gestoßen.

  「그 일을 할 때 나는 많은 어려움에 봉착했다.」

* aus dem Schlaf erwachen : 잠에서 깨다

  Er erwachte aus einem tiefen Schlaf.

  「그는 깊은 잠에서 깼다.」

* aus der Ohnmacht erwachen : 제 정신이 들다

  Er erwachte aus der Ohnmacht.

  (=Er kam wieder zum Bewußtsein.)

  「그는 제 정신이 들었다.」

* aus dem Zimmer (Haus) stürzen : 방(집)에서 뛰어나오다

  Er stürzte aus dem Zimmer.

  「그는 방에서 뛰어 나왔다.」

* außer Zweifel sein : 의심할 여지가 없다

  Das ist außer allem Zweifel.

  「그것은 전혀 의심할 여지가 없다.」

* außer sich sein : 어쩔줄 모르다

  Sie ist vor Freude[3] außer sich.

  「그녀는 기뻐서 어쩔줄 모른다.」

* bei (an) der Arbeit sein : 일하는 중이다

Er ist jetzt bei der Arbeit.

「그는 지금 일하는 중이다.」

* bei guter Gesundheit sein : 건강이 좋다

Ich bin bei guter Gesundheit.

「나는 건강이 좋다.」

* bei einem Unfall umkommen : 사고로 죽다

Er ist bei einem Unfall umgekommen.

「그는 사고로 죽었다.」

* beim Essen (bei Tisch) sein : 식사 중이다

Er ist jetzt beim Essen.

「그는 지금 식사 중이다.」

* beim Bier sitzen : (술집에서) 맥주를 마시고 있다

Sie sitzen jetzt beim Bier.

「그들은 지금 맥주를 마시고 있다.」

* bei sich haben : 휴대하다

Ich habe kein Geld bei mir.

「내 수중에는 돈이 한푼도 없다.」

* in Frage kommen : 문제가 되다

Das kommt nicht in Frage.

(=Das steht außer Frage.)

「그것은 문제가 되지 않는다.」

* in Ordnung sein : 정리(정돈)되어 있다

Alles ist in Ordnung.

「모든 것이 정리 되어 있다.」

* in (außer) Gefahr³ sein : 위험하다 (안전하다)

Sein Leben ist in Gefahr.

「그의 생명이 위독하다.」

Er ist jetzt außer Gefahr.

「그는 지금 안전하다.」

* in Ohnmacht fallen : 실신(기절)하다
  Sie fiel plötzlich in Ohnmacht.
  「그녀는 갑자기 실신했다.」
* in Not sein : 곤경(역경)에 처해 있다
  Die Familie ist in Not.
  「그 가정은 역경에 처해 있다.」
* in Kraft treten : (법률 따위가) 효력을 발생하다
  Das Gesetz tritt am 1. Mai in Kraft.
  「그 법률은 5월 1일에 발효한다.」
* in Tränen ausbrechen : 울음보를 터뜨리다
  Sie brach in Tränen aus.
  「그녀는 울음을 터뜨렸다.」
* in Verlegenheit geraten (kommen) : 당황하다
  Sie geriet in Verlegenheit, als ich ins Zimmer eintrat.
  「내가 방으로 들어갔을 때 그녀는 당황했다.」
* in Erfüllung gehen : 이루어지다
  Mein Wunsch ging endlich in Erfüllung.
  「나의 소원이 마침내 이루어졌다.」
* in Flammen stehen : 불타오르고 있다
  Das ganze Haus stand in Flammen.
  「집 전체가 화염에 휩싸여 있었다.」
* in Zorn geraten : 노하다, 성이나다
  Er gerät leicht in Zorn.
  「그는 성을 잘낸다.」
* in die Ferne schauen : 멀리 바라보다
  Er schaute vom Fenster aus in die Ferne.
  「그는 창밖으로 멀리 바라보았다.」
* in der Schule fehlen : 학교에 결석하다
  Er fehlte eine Woche⁴ in der Schule.

「그는 일주일 동안 학교에 결석했다.」

* in eine andere Wohnung umziehen : 다른 집으로 이사하다

Wir sind in eine andere (neue) Wohnung umgezogen.

「우리는 다른(새) 집으로 이사했다.」

* in meinen Kräften (in meiner Macht) stehen : 내 힘에 미치다

Ich habe alles getan, was in meinen Kräften steht.

「나는 내 힘에 미치는 모든 일을 다했다.」

Es steht nicht in meinen Kräften.

「그것은 내힘에 겨웁다(어쩔 수 없다).」

* in voller Blüte stehen : 꽃이 만발하다

Der Baum steht in voller Blüte.

「그 나무에는 꽃이 만발하다.」

* in Sorge um jn. sein : ~를 걱정하고 있다

Seine Eltern sind in großer Sorge um ihn.

「그의 부모는 그를 매우 걱정하고 있다.」

* in einem Verhältnis zu (mit) jm. stehen : ~와 어떤 관계에 있다

In welchem Verhältnis stehst du zu ihm?

「너는 그와 어떤 관계이냐?」

* im Gange sein : 진행 중이다

Die Verhandlungen sind im Gange.

「토의가 진행중이다.」

* im Bau sein : 건축(공사)중이다

Das Haus ist noch im Bau.

「그 집은 아직 건축 중이다.」

* im Verdacht stehen : 혐의를 받고 있다

Er steht im Verdacht, seinen Onkel ermordet zu haben.

「그는 자기 아저씨를 살해했다는 혐의를 받고 있다.」

* im Erdgeschoß wohnen : 1층에 살다

Wir wohnen im Erdgeschoß.

「우리는 1층에서 살고 있다.」

Wir wohnen im ersten (zweiten) Stock.

「우리는 2 (3)층에서 살고 있다.」

* im Irrtum sein : 잘못〔생각〕하고 있다

Er ist leider im Irrtum.

「그는 유감스럽게도 잘못 생각하고 있다.」

* im (auf) Urlaub sein : 휴가 중이다

Er ist jetzt im Urlaub.

(＝Er hat jetzt Urlaub.)

「그는 지금 휴가중이다.」

* im Wert steigen (sinken) : 값이 오르다 (내리다)

Diese Ware ist in letzter Zeit im Wert gestiegen (gesunken).

「이 상품은 최근에 값이 올랐다 (내렸다).」

* im Wettkampf gewinnen (verlieren) : 시합에 이기다 (지다)

wir haben im Wettkampf gewonnen (verloren).

「우리는 시합에 이겼다 (졌다).」

* im Verkehr mit jm. stehen : ～와 교제하고 있다

Ich stehe im Verkehr mit ihr.

「나는 그녀와 교제 중이다.」

* ins Wasser fallen : 수포로 돌아가다

Die Reise ist ins Wasser gefallen.

「여행〔계획〕은 수포로 돌아갔다.」

* mit (gegen) Schwierigkeiten kämpfen : 곤란과 싸우다

Wir müssen mit Schwierigkeiten kämpfen.

「우리는 곤란과 싸워야 한다.」

* mit den Achseln (die Achsel)zucken : 어깨를 으쓱하다

Er zuckte mit den Achseln.

「그는 어깨를 으쓱했다.」

* mit den Zähnen knirschen : 이를 갈다

Er hat vor Wut[3] mit den Zähnen geknirscht.

「그는 분하여 이를 갈았다.」

* mit sich bringen : 필연적으로 수반하다

Der Krieg bringt immer manches Unglück mit sich.

「전쟁은 언제나 많은 불행을 수반한다.」

* nach Gewicht verkaufen : 달아서 팔다

Das Fleisch wird nach Gewicht verkauft.

「고기는 달아서 판다.」

田 wird … verkauft 는 수동형

* nur dem Namen nach kennen : 이름만 알다

Ich kenne ihn nur dem Namen nach, aber nicht pe

「나는 그를 이름만 알고, 개인적으로는 모른다.」

* um Hilfe schreien : 살려달라고 소리 지르다

Der Ertrinkende schrie um Hilfe.

「물에 빠진 사람이 구해 달라고 소리를 질렀다.」

* um die Ecke biegen : 모퉁이를 돌다

Er bog links (rechts) um die Ecke.

「그는 모퉁이를 왼쪽 (오른쪽)으로 돌았다.」

* ums Leben kommen : 생명을 잃다

Er kam bei einem Verkehrsunfall ums Leben.

「그는 교통사고로 생명을 잃었다.」

* um die Wette laufen : 경주하다

Ich lief mit ihm um die Wette.

「나는 그와 경주를 했다.」

Die beiden Jungen liefen um die Wette.

「두 소년은 달리기 시합을 했다.」

* von Bedeutung (Wichtigkeit) sein : 중요하다

Das ist von großer Bedeutung.

「그것은 매우 중요하다.」

Das ist nicht von Bedeutung.

「그것은 중요하지 않다. 」

* von der Reise zurückkommen : 여행에서 돌아오다

Er kam gestern von der Reise zurück.

「그는 어제 여행에서 돌아왔다. 」

* von den Zinsen leben : 이자로 생활을 하다

Sie lebt von den Zinsen.

「그녀는 이자로 생활을 한다. 」

* Was ist er von Beruf?

(＝Welchen Beruf hat er?)

「그는 직업이 무엇이냐? 」

Er ist von Beruf Arzt.

「그의 직업은 의사이다. 」

* vor der Tür stehen : 목전에 다가와 있다

Weihnachten steht vor der Tür.

「크리스마스가 박두했다. 」

* vor sich gehen : 진행되다

Wie ist die Entwicklung der Lebewesen vor sich gegangen?

「생물의 진화는 어떻게 진행되어 왔는가? 」

* zu Mittag (Abend) essen : 점심(저녁) 식사를 하다

Hast du schon zu Mittag gegessen?

「너는 벌써 점심을 먹었느냐? 」

Ich habe noch nicht zu Abend gegessen.

「나는 아직 저녁식사를 하지 않았다. 」

* zu Boden fallen (sinken) : 땅에 쓰러지다

Er fiel zu Boden.

「그는 땅에 쓰러졌다. 」

* zu Ende sein : 끝나다

Der Unterricht ist noch nicht zu Ende.

「수업은 아직 끝나지 않았다.」

Er ist zu Ende.

「그는 죽었다.」

* zur Welt bringen : 낳다

Sie hat vier Kinder zur Welt gebracht.

「그녀는 네 아이를 낳았다.」

* zur (auf die) Welt kommen : 태어나다

Er ist in Seoul zur Welt gekommen.

「그는 서울에서 태어났다.」

* zur Sprache kommen : 화제가 되다

Das kam nicht zur Sprache.

「그것은 화제거리가 되지 못했다.」

* zur (in) Miete wohnen : 세들어 살다

Er wohnt bei uns zur Miete.

「그는 우리집에 세들어 살고 있다.」

* zur Erkenntnis gelangen (kommen) : 인식하다, 깨닫다

Allmählich gelangte er zur Erkenntnis des Wesens der Kunst.

「점차로 그는 예술의 본질을 알게 되었다.」

* zum Klavier singen : 피아노에 맞추어 노래부르다

Ich sang zum Klavier.

「나는 피아노에 맞추어 노래 불렀다.」

* zum Tode (zu 10 Jahren Gefängnis) verurteilen : 사형 (10년 징역)을 선
고하다

Jesus Christus wurde zum Tod am Kreuz verurteilt.

「예수그리스도는 십자가상의 사형 선고를 받았다.」

[Ⅲ]

* auf et⁴. Rücksicht nehmen : ∼을 고려하다

Ich nehme gar keine Rücksicht auf das Problem.

「나는 그 문제를 전혀 고려하지 않고 있다.」

* auf et⁴. Appetit haben : ∼을 먹고 싶어 하다

Ich habe Appetit auf Obst.

「나는 과일이 먹고 싶다.」

* auf jn. 〔einen〕 Einfluß ansüben (haben) : ∼에게 영향을 끼치다 (영향력을 가지다)

Er übte auf mich einen großen Einfluß aus.

「그는 나에게 큰 영향을 끼쳤다.」

Sie hat sehr viel Einfluß auf ihn.

「그녀는 그에 대해 상당한 영향력을 갖고 있다.」

* auf jn. einen Eindruck machen : ∼에게 어떤 인상을 주다

Er machte auf mich einen guten (schlechten) Eindruck.

「그는 나에게 좋은(나쁜) 인상을 주었다.」

Er machte leider keinen guten Eindruck auf mich.

「그는 유감스럽게도 나에게 좋은 인상을 주지 못했다.」

* auf js. Seite³ stehen : ∼의 편이다

Er steht auf unserer Seite.

「그는 우리 편이다.」

* auf js. Kosten gehen : ∼가 비용을 치르다

Die Rechnung geht auf meine Kosten.

「계산은 내가 한다.」

* bei jm. einen Besuch machen : ∼의 집을 방문하다

Hin und wieder machte der Alte einen Besuch bei seiner Tochter.

「종종 그 노인은 자기딸의 집을 방문했다.」

* gegen (auf) jn. einen Haß haben : ∼에게 증오를 품다

Er hat einen Haß gegen dich.

「그는 너에게 증오를 품고 있다.」

* in et³. Fortschritte machen : ∼에 진전을 보이다

Er hat im Deutschen große Fortschritte gemacht.

「그는 독일어에 큰 진전을 보였다.」

* in et³. Kenntnisse besitzen : ∼에 지식을 갖고 있다

Er besitzt in deutscher Literatur gute (hervorragende) Kenntnisse.

「그는 독일 문학에 훌륭한(탁월한) 지식을 갖고 있다.」

* in js. Alter³ stehen : ∼와 동갑이다

Er steht in meinem Alter.

(=Er ist so alt wie ich.)

「그는 나와 나이가 같다.」

* mit jm. Freundschaft schließen : ∼와 우정(친교)을 맺다

Ich schloß Freundschaft mit hm.

「나는 그와 우정을 맺었다.」

* mit jm. ein Gespräch führen : ∼와 대화를 나누다

Ich führte mit ihm unter vier Augen ein Gespräch.

「나는 그와 단둘이서 대화를 나누었다.」

* mit jm. eine Verabredung haben : ∼와 약속이 있다

Ich habe heute abend eine Verabredung mit ihr.

「나는 오늘저녁 그녀와 약속이 있다.」

* mit jm. Mitleid haben : ∼를 동정하다

Er hatte großes Mitleid mit mir.

「그는 나를 매우 동정했다.」

* mit jm. Geduld haben : ∼를 용서하다

Bitte haben Sie Geduld mit mir!

「저를 용서해 주십시오!」

* mit (zu) et. im Widerspruch stehen : ～과 모순되다

  Seine Worte stehen im Widerspruch mit seinen Taten.

  「그의 말은 행동과 일치하지 않는다.」

* über js. Tod trauern : ～의 죽음을 슬퍼하다

  Wir trauerten über den Tod unseres Präsidenten.

  「우리는 우리 대통령의 죽음을 슬퍼했다.」

* von jm. Abschied nehmen : ～와 작별하다

  Er nahm Abschied von seiner Familie.

  「그는 그의 가족과 작별을 고했다.」

  Er ging weg, ohne von mir Abschied zu nehmen.

  「그는 나에게 작별인사도 없이 가버렸다.」

* von et. die Rede sein : ～이 화제가 되어있다

  Es war gerade von dir die Rede.

  「바로 네가 화제가 되었었다.」

  Davon kann keine Rede sein.

  「그것은 화제거리가 될 수 없다.」

* von et. keine Ahnung haben : ～을 꿈에도 생각하지 못하다

  Davon habe ich keine Ahnung gehabt.

  「그것을 나는 전혀 알지 못했다.」

* vor et³. Angst (Furcht) haben : ～을 무서워하다

  Er hat (keine) Angst vor dem Hund.

  「그는 개를 무서워 한다 (무서워 하지 않는다).」

  Du brauchst vor dem Hund keine Angst zu haben, er beißt nicht.

  「너는 개를 무서워 할 필요가 없다. 이 개는 물지 않는다.」

* zu et. Lust haben : ～을 하고 싶어하다, ～을 할 생각이 있다

  Ich habe keine Lust dazu.

  「나는 그것을 하고 싶지 않다.」

[Ⅳ]

* jm. (jn.) auf den Fuß treten : ~의 발을 밟다

Er trat mir auf den Fuß.

「그는 내발을 밟았다.」

* jm. auf die Schulter klopfen : ~의 어깨를 두드리다

Er klopfte mir auf die Schulter.

「그는 내 어깨를 두드렸다.」

* jm. um den Hals fallen : ~의 목을 끌어안다

Sie fiel ihm um den Hals und küßte ihn.

「그녀는 그의 목을 끌어안고 키스를 했다.」

* jm. (jn.) in den Arm kneifen : ~의 팔을 꼬집다

Sie kniff mir in den Arm.

「그녀는 내 팔을 꼬집었다.」

* jm. ins Gesicht sehen : ~를 똑바로 쳐다보다

Er sah mir ins Gesicht.

「그는 나를 똑바로 쳐다 보았다.」

* jm. auf die Nerven fallen (gehen) : ~의 신경에 거슬리다

Ihre laute Stimme fällt mir auf die Nerven.

「그녀의 큰 음성이 내 신경에 거슬린다.」

* jm. mit den Augen (mit der Hand) winken : ~에게 눈짓(손짓)하다

Er winkte ihr mit den Augen.

「그는 그녀에게 눈짓했다.」

* jm. in die Rede fallen : ~의 말을 가로막다

Er fiel mir in die Rede.

「그는 내말을 가로 막았다.」

* jn. bei der Hand greifen (fassen) : ~의 손을 잡다

Fr griff mich bei der Hand.

「그는 내 손을 잡았다.」

* jn. an der Hand (am Arm) führen : ~의 손(팔)을 잡고 인도하다

Die Mutter führte ihr Kind an der Hand über die Straße.

「어머니는 아이의 손을 잡고 길 건너로 인도했다.」

* jn. (jm.) ins Bein beißen : ~의 다리를 물다

Der Hund biß ihn ins Bein.

「개가 그의 다리를 물었다.」

* jn. ins Gesicht (übers Ohr) hauen : ~의 얼굴(따귀)을 때리다

Er hat mich ins Gesicht gehauen (geschlagen).

「그는 내 얼굴을 때렸다.」

* jn. an die Brust drücken : ~를 끌어 안다

Sie drückte das Kind an ihre Brust.

「그녀는 아이를 가슴에 끌어 안았다.」

* jn. vom Bahnhof abholen : ~를 역으로 마중나가다

Ich will ihn vom Bahnhof abholen.

「나는 그를 역으로 마중 나가려고 한다.」

* jn. in Wut bringen : ~를 화나게 하다

Er brachte mich in Wut.

「그는 나를 화나게 했다.」

* jn. ins Grab legen : ~를 매장하다

Wir legten den Toten ins Grab.

「우리는 죽은 사람을 매장했다.」

* jn. in Frieden lassen : ~를 성가시게 하지 않다

Laß mich in Frieden !

「나를 가만히 내버려 두어라 !」

* jn. in Verlegenheit setzen (bringen) : ~를 당황케 하다

Seine Frage hat mich in Verlegenheit gesetzt.

「그의 질문은 나를 당황케 했다.」

* jn. zum Mittagessen (Abendessen) einladen : ～를 점심(저녁식사)에 초
대하다

Darf ich Sie morgen zum Mittagessen einladen?

「당신을 내일 점심에 초대해도 될까요?」

* et.⁴ in Ordnung bringen : ～을 정리(정돈)하다

Ich bringe die Angelegenheit bis morgen in Ordnung.

「나는 그 일을 내일까지 정리한다.」

Er brachte seinen Haushalt in Ordnung.

「그는 가사를 정리했다.」

* et.⁴ im Gedächtnis behalten : ～을 기억하고 있다

Ich behalte es noch frisch im Gedächtnis.

「나는 그것을 아직도 생생하게 기억하고 있다.」

* et.⁴ zur Hälfte teilen : ～을 절반으로 나누다

Wir haben das Geld je zur Hälfte geteilt.

「우리는 그 돈을 절반씩 나누었다.」

* et.⁴ in zwei Teile teilen (spalten) : ～을 두 조각으로 나누다 (쪼개다)

Er teilte die Tafel Schokolade in zwei Teile.

「그는 쵸콜렛트 한장을 두 조각으로 나누었다.」

Er spaltete das Holz in zwei Teile.

「그는 장작을 두 조각으로 팼다.」

* et.⁴ auf (mit) der Schreibmaschine schreiben : ～을 타이프라이터로
치다

Die Sekretärin schrieb den Brief auf der Schreibmaschine.

「여비서는 편지를 타이프라이터로 쳤다.」

* et.⁴ mit der Hand erreichen : ～에 손이 닿다

Ich erreichte den Zweig mit der Hand nicht.

「나는 그 가지에 손이 닿지 않았다.」

* et.⁴ an den Tag bringen : ～을 드러내다, 폭로하다

Ich habe die Tatsache an den Tag gebracht.

「나는 그 사실을 밝혀 냈다.」

* et.⁴ ins (aufs) reine schreiben : ~을 정서하다

Sie schrieb den Brief ins reine.

「그녀는 편지를 깨끗이 썼다.」

* et.³ zum Opfer fallen : ~의 희생이 되다

Viele Menschen fielen der Katastrophe³ zum Opfer.

「많은 사람들이 대 참사의 희생이 되었다.」

* et.³ im Wege stehen (sein) : ~의 방해가 되다

Der Sache³ steht nichts im Weg.

「그 일에는 아무런 방해도 되지 않는다.」

* ein Wort⁴ im Wörterbuch nachschlagen : 어떤 말을 사전에서 찾다

Ich schlug das Wort im Worterbuch nach.

「나는 그 단어를 사전에서 찾아 보았다.」

* einen Nagel in die Wand schlagen : 못을 벽에 박다

Er schlug einen Nagel in die Wand.

「그는 못 하나를 벽에 박았다.」

* seinen Dank zum Ausdruck bringen : 감사의 뜻을 나타내다

Er brachte seinen Dank zum Ausdruck.

「그는 감사의 뜻을 표했다.」

* den Verkehr mit jm. abbrechen : ~와 절교하다

Ich habe den Verkehr mit ihm abgebrochen.

「나는 그와 절교했다.」

* Wert auf et.⁴ legen : ~에 가치를 두다, 존중하다

Ich lege großen (keinen) Wert auf seine Meinung.

「나는 그의 의견을 매우 존중한다(중요시하지 않는다).」

Darauf lege ich keinen Wert.

「그것은 나에게는 아무런 값어치도 없다.」

[V]

* jm. auf et.⁴ antworten : ~에게 ~에 대하여 대답하다
  Antworten Sie mir auf meine Frage!
  「나의 질문에 대답하시오!」
* jm. für et. danken : ~에게 ~에 대하여 감사하다
  Ich danke Ihnen für Ihre freundliche Einladung.
  「당신의 친절하신 초대에 감사드립니다.」
* jm. zu et. gratulieren : ~의 ~을 축하하다
  Ich gratuliere Ihnen zum Geburtstag (zur Hochzeit).
  「당신의 생일(결혼)을 축하합니다.」
* jn. nach et. fragen : ~에게 ~을 묻다
  Er fragte mich nach meinem Namen.
  「그는 나에게 내 이름을 물었다.」
* jn. um et. bitten : ~에게 ~을 청하다
  Er bat mich um Hilfe.
  「그는 나에게 도움을 청했다.」
* jn. mit jm. versöhnen : ~를 ~와 화해시키다
  Ich habe ihn mit ihr versöhnt.
  「나는 그를 그녀와 화해시켰다.」
* jn. in (an) et.³ übertreffen : ~보다 ~에 뛰어나다
  Er übertrifft mich in der Mathematik.
  「그는 수학에서는 나보다 낫다.」
* jn. vor et.³ schützen : ~를 ~으로부터 보호하다
  Er schützte mich vor [der] Gefahr.
  「그는 나를 위험으로부터 지켜주었다.」
* jn. für eine Person halten : ~를 어떤 사람으로 간주하다

Hältst du mich für einen Narren?

「너는 나를 바보로 생각하느냐?」

* et.⁴ an jn. verleihen : ~을 ~에게 빌려주다

Ich habe mein Buch an ihn verliehen.

(=Ich habe ihm mein Buch geliehen.)

「나는 내책을 그에게 빌려 주었다.」

Ich verleihe dieses Buch an niemand[en].

「나는 이책은 아무에게도 빌려주지 않는다.」

* et.⁴ auf et.⁴ (et.⁴ mit et.) streichen : ~에 ~을 바르다

Sie streicht Butter aufs Brot.

(=Sie streicht ein Brot mit Butter.)

「그녀는 빵에 버터를 바른다.」

* et.⁴ aus et. schließen : ~을 ~으로부터 추론(推論)하다

Aus seinen Worten kann man schließen, daß er alles verstanden hat.

「그의 말에서 그가 모든 것을 이해했다는 결론을 지을 수 있다.」

* et.⁴ gegen (für) et. tauschen : ~을 ~과 교환하다

Ich möchte diese Uhr gegen jene Uhr tauschen.

「나는 이 시계를 저 시계와 교환하고 싶다.」

* et.⁴ in et.⁴ verwandeln : ~을 ~으로 변화시키다

Eine Atombombe verwandelte die Stadt in eine Hölle.

「원자 폭탄이 그 도시를 지옥으로 바꾸어 놓았다.」

* et.⁴ mit jm. teilen : ~을 ~와 함께하다

Ich teile das Zimmer mit ihm.

「나는 방을 그와 같이 쓴다.」

Er teilte Freud und Leid mit uns.

「그는 우리와 고락을 함께 했다.」

* et.⁴ mit et. vergleichen : ~을 ~과 비교하다

Vergleichen wir das Deutsche mit dem Englischen!

「독일어를 영어와 비교해 봅시다!」

* et.⁴ mit et. verwechseln : ～을 ～과 혼동하다

Ich verwechsele oft Karl mit Paul.

「나는 칼을 파울과 혼동할 때가 종종 있다.」

* et.⁴ mit et. verbinden : ～을 ～과 결합(연결)하다

Der Kanal verbindet die Elbe mit dem Rhein.

「운하가 엘베강을 라인강과 연결한다.」

Verbinden Sie mich bitte mit Herrn Dr. Meier!

「마이어 박사님을 좀 대 주십시오!(전화에서)」

* et.⁴ mit et. vermischen : ～을 ～과 혼합하다

Öl läßt sich nicht mit Wasser vermischen

(=Öl und Wasser mischen sich nicht.)

「기름은 물과 섞이지 않는다.」

* et.⁴ mit et. treffen : ～을 ～으로 맞히다

Er traf den Vogel mit der Kugel.

「그는 총알로 새를 맞혔다.」

* et.⁴ von jm. leihen : ～을 ～에게서 빌리다

Ich habe von ihm Geld geliehen.

「나는 그에게서 돈을 빌렸다.」

* et.⁴ von jm. verlangen : ～을 ～에게 요구하다

Er verlangte von mir Geld.

「그는 나한테 돈을 요구했다.」

Was verlangen Sie von mir?

「무슨 용무이십니까?」

[Ⅵ]

* aus Furcht vor et.³ : ~이 무서워서, 두려워서
  Der Junge hat aus Furcht vor Strafe gelogen.
  「그 소년은 벌(罰)이 무서워서 거짓말을 했다.」
* aus Mangel an et.³ : ~이 부족하여
  Er hat es aus Mangel an Geld getan.
  「그는 돈이 없어서(궁해서) 그 일을 했다.
  Der Angeklagte wurde aus Mangel an Beweisen freigesprochen.
  「그 피고는 증거 불충분으로 무죄석방 되었다.」
* aus Mitleid für jn. : ~에 대한 동정에서
  Ich tat es aus Mitleid für ihn.
  「나는 그에 대한 동정에서 그일을 했다.」
* hinter dem Rücken js. : ~의 배후에서, ~에게 숨기고
  Das hat er hinter unserem Rücken getan.
  「그는 우리에게 숨기고 그 일을 했다.」
  Sie verlobten sich hinter dem Rücken ihrer Familien.
  「그들은 그들의 가족에게 숨기고 약혼했다.」
* im Vergleich zu et. : ~와 비교하여, ~에 비하여
  Im Vergleich zu ihr ist ihre Schwester viel schöner.
  「그녀와 비교하여 그녀의 누이가 훨씬 더 예쁘다.」
  Im. Vergleich zu gestern ist heute schönes Wetter.
  「어제에 비하여 오늘은 날씨가 좋다.」
* im Gegensatz zu et. : ~과는 반대로
  Seine Worte stehen im Gegensatz zu seinen Handlungen.
  「그의 말은 그의 행동과 상반된다.」
* im Verein mit jm. : ~와 협동하여

Es gelang mir, im Verein mit meinen Freunden die Frage zu lesen.

「나는 내 친구들과 협동하여 그 문제를 푸는데 성공했다.」

* in Hinsicht (Rücksicht) auf et.⁴ : ～을 고려(참작)하여

Du mußt in Hinsicht auf deine Gesundheit arbeiten.

「너는 너의 건강을 생각해서 일해야 한다.」

* zum Unterschied von et. : ～과는 달리

Das war sehr schwer zum Unterschied von meinen Gedanken.

「그것은 내 생각과는 달리 매우 어려웠다.」

* zur Erinnerung an et.⁴ : ～에 대한 기념으로

Zur Erinnerung an den letzten Krieg wurde ein Denkmal errichtet.

「지난 전쟁에 대한 기념으로 기념비가 건립되었다.」

[Ⅶ]

* nicht …, sondern … : …이 아니고 …이다

  Er kommt nicht heute, sondern morgen.

  「그는 오늘 오지 않고 내일 온다.」

  Ich strafe ihn nicht aus Haß, sondern aus Liebe.

  「나는 그를 미워서가 아니라 사랑하므로서 벌을 준다.」

* nicht nur …, sondern auch … : …뿐만 아니라 …도

  Nicht nur die Kinder, sondern auch die Eltern haben sich erkältet.

  「아이들 뿐만 아니라 부모도 감기에 걸렸다.」

  Ich habe es nicht nur gehört, sondern auch gesehen.

  「나는 그것을 들었을 뿐만 아니라 보기도 했다.」

* zwar …, aber … : …사실 …이긴하나

  Sie ist zwar nicht hübsch, aber sehr beliebt bei den Männern.

  「그녀는 사실 미인은 아니지만 남자들 한테 매우 인기가 있다.」

* entweder …, oder … : …이거나 아니면 …이다

  Er ist entweder faul oder dumm.

  「그는 게으르거나 아니면 우둔하다.」

  Er wird entweder morgen oder übermorgen zurückkehren.

  「그는 내일 아니면 모레 돌아 올 것이다.」

* weder …, noch … : …도 …도 아니다

  Ich habe weder Zeit noch Geld, ins Kino zu gehen.

  「나는 영화관에 갈 시간도 돈도 없다.」

  Weder er noch sie ist gekommen.

  「그도 그녀도 오지 않았다.」

* sowohl …, als auch … : …도 …도

  Er spricht sowohl Englisch als auch Deutsch.

「그는 영어도 독어도 할 줄 안다.」

Sowohl der Vater als auch die Mutter lieben die Musik.

「아버지도 어머니도 음악을 좋아 하신다.」

* bald …, bald … : 때로는… 때로는…

Er sagt bald ja, bald nein.

「그는 때로는 긍정하다 때로는 부정한다.」

Bald regnete es, bald schneite es.

「때로는 비가 오다가 때로는 눈이 왔다.」

* teils …, teils … : 일부는… 일부는…

Ich bin teils zu Fuß, teils mit dem Schiff gereist.

「나는 일부는 걸어서 일부는 기차로 여행을 했다.」

* kaum …, als (so, da) … : …하자마자

Kaum hatte es geblitzt, als es donnerte.

「번개가 번쩍이자마자 천둥이 쳤다.」

Kaum warst du hinausgegangen, so trat er ein.

「네가 밖으로 나가자 마자 그가 들어왔다.」

* so …, daß … : …하므로 …하다

Es ist so dunkel, daß ich nicht mehr lesen kann.

「어두워서 더 이상 글을 읽을 수 없다.」

* zu …, als daß … : 너무나 … 하므로 … 하지 못하다

Das Wasser ist zu trüb, als daß man es trinken könnte.

「그 물은 너무나 탁해서 마실 수 없다.」

* je+비교급 …, desto (umso)+비교급 … : …하면 할수록 더욱더 …하다

Je mehr man hat, desto mehr will man haben.

「사람은 많이 가지면 가질수록 더욱 많이 가지려고 한다.」

Je schneller du kommst, umso besser ist es.

「네가 빨리 오면 올수록 좋다.」

* als ob (als wenn) … 접속법 Ⅱ식 동사 : 마치 …처럼

Er spricht Deutsch, als ob er ein Deutscher wäre.

(=Er spricht Deutsch, als wäre er ein Deutscher.)

「그는 마치 독일 사람처럼 독일말을 한다.」

Sie sieht so aus, als wenn sie krank wäre.

(=Sie sieht so aus, als wäre sie krank.)

「그녀는 마치 아픈것 처럼 그렇게 보인다.」

🈺 als ob, als wenn 의 ob 과 wenn 이 생략되면 정동사가 주어앞에 놓인다.

* je nachdem … : …함에 따라

Je nachdem ich Zeit habe, lese ich mehr oder weniger.

「나는 시간이 있음에 따라 독서를 많이 하기도하고 적게 하기도 한다.」

* wenn auch (auch wenn) … : 비록 …일지라도

Wenn die Aufgabe auch schwer ist, wird er sie lösen.

「그 문제가 어렵다 해도 그는 그것을 풀 것이다.」

Auch wenn ich das gewußt hätte, hätte ich nichts tun können.

「내가 그것을 알았다 해도 아무것도 할 수 없었을 게다.」

Was er auch sage, glaube ich ihm nicht.

(=Was er auch sagen mag, glaube ich ihm nicht.)

「그가 무슨 말을 해도 나는 그를 믿지 않는다.」

* ohne daß … : …하지않고

Sie ging vorbei, ohne daß sie mich grüßte.

「그녀는 나에게 인사도 없이 지나갔다.」

* anstatt daß … : …하는 대신에

Er verspottete mich, anstatt daß er mir dankte.

「그는 나에게 감사는 커녕 나를 비웃었다.」

* so … wie möglich : 가능한 …하게

Kommen Sie so schnell wie möglich!

「가능한 빨리 오십시오!」

* nichts weniger als … : 전혀(결코) …않다

Er ist nichts weniger als zufrieden.

「그는 전혀 만족하지 않는다.」

[Ⅷ]

* frei haben : (학교·직장에서)쉬다

  Wir haben heute frei.

  「우리는 오늘 쉰다.」

* recht haben : 옳다

  Du hast recht (unrecht).

  (=Du bist richtig.)

  「네가 옳다(옳지않다).」

  Darin hat er recht.

  「그 점에 있어서는 그가 옳다.」

* vorüber sein : 지나가다, 끝나다

  Der Winter ist vorüber, der Frühling ist da.

  「겨울은 지나가고 봄이 왔다.」

  Der Regen ist vorüber.

  「비가 그쳤다.」

* fließend sprechen : 유창하게 말하다

  Er spricht fließend Deutsch.

  「그는 유창하게 독일 말을 한다.」

* dringend bitten : 간청하다

  Ich habe ihn dringend um Hilfe gebeten.

  「나는 그에게 도움을 간청했다.」

* gegeneinander stehen : 대립하다

  Sie stehen gegeneinander.

  「그들은 서로 대립하고 있다.」

* geheim halten : 비밀로 하다

  Er hält die Sache geheim.

　　「그는 그 일을 비밀로 하고 있다.」

* falsch verstehen : 오해하다

　　Du hast mich falsch verstanden.

　　(=Du hast mich mißverstanden.)

　　「너는 나를 오해했다.」

* jm. weh tun : ~에게 고통을 주다

　　Wo tut es dir denn weh?

　　「너는 도대체 어디가 아프냐?」

　　Mir tut der Kopf (der Zahn) weh.

　　「나는 머리(이)가 아프다.」

* jm. leid tun : ~에게 동정의 마음이 생기게 하다

　　Sie tut mir sehr leid.

　　「나는 그녀를 매우 애석하게 여긴다.」

　　Es tut mir leid, daß ich dir nicht helfen aann.

　　「내가 너를 도울 수 없는 것이 유감이다.」

* jn. gern (lieb) haben : ~를 좋아하다

　　Ich habe ihn sehr gern.

　　(=Ich mag ihn sehr gern.)

　　「나는 그를 매우 좋아한다.」

　　Ich mag sie lieber als ihn.

　　「나는 그보다 그녀를 더 좋아한다.」

* et². (et⁴.) wert sein : ~의 가치가 있다

　　Das ist nicht der Mühe² (der Rede²) wert.

　　「그것은 수고할(말할) 가치가. 없다.」

　　Das ist einen Versuch wert.

　　「그것은. 한번 시도해 볼만 하다.」

* et³. zugrunde liegen : ~의 기초가 되어 있다

　　Diesem Roman liegen seine Erlebnisse zugrunde.

　　「이 장편소설은 그의 체험이 기초가 되어 있다.」

* et⁴. nötig haben : ~을 필요로 하다

  Ich habe Geld nötig.

  「나는 돈이 필요하다.」

  Wenn Sie etwas nötig haben, sagen Sie es mir!

  「필요한 것이 있으면 말해 보시오!」

* et⁴. los sein (werden) : ~을 면하다, 벗어나다

  Ich bin endlich meine Schulden⁴ los.

  「나는 마침내 빚을 갚았다.」

  Ich bin eine große Sorge⁴ los.

  「나는 큰 근심을 벗어났다.」

* et⁴. zugrunde richten : ~을 파멸시키다

  Er hat die Firma zugrunde gerichtet.

  「그의 회사는 망했다.」

* et⁴. et³. vorziehen : et⁴.을 et³.보다 더 좋아하다

  Ich ziehe Wein dem Bier vor.

  「나는 맥주보다 포도주를 더 좋아한다.」

* es⁴ eilig haben : 급하다

  Ich habe es eilig.

  (=Ich habe Eile.)

  「나는 급히 서둘러야 한다.」

* es⁴ weit bringen : 성공(출세)하다

  Er wird es weit bringen.

  「그는 성공할 것이다.」

* es⁴ sich³ bequem machen : 편한 자세를 취하다

  Machen Sie es sich bequem!

  「편히 앉으세요!」

* es⁴ gut mit jm. meinen : ~에게 호의를 가지다

  Er meinte es immer gut mit mir.

  「그는 언제나 나에게 호의적으로 대한다.」

* es gibt+4격 (Sg. Pl.) : ~이 있다

  In diesem Teich gibt es viele Fische⁴.

  「이 연못에는 고기가 많다. 」

* es handelt sich um et. : ~이 문제다

  Es handelt sich um deine Zukunft.

  「너의 장래가 문제다. 」

  Es handelt sich eben darum.

  「바로 그것이 문제다. 」

* es kommt auf et⁴. an : ~에 달려있다, ~이 문제다

  Es kommt nur auf Sie an.

  「오직 당신마음에 달려 있읍니다. 」

* es fehlt (mangelt) jm. an et³. : ~는 ~이 없다(부족하다)

  Es fehlt mir an Mut.

  「나는 용기가 없다. 」

  Es mangelt ihr an Bildung.

  「그녀는 교양이 없다. 」

* es riecht nach et. : ~의 냄새가 나다

  Es riecht nach Kaffee (Zigaretten).

  「커피 (담배) 냄새가 난다. 」

* sich³ Mühe machen (geben) : 애를쓰다, 수고하다

  Er machte sich bei der Arbeit viel Mühe.

  「그는 그 일에 애를 많이 썼다. 」

* sich³ die Hände (das Gesicht) waschen : 손(얼굴)을 씻다

  Ich wusch mir die Hände.

  「나는 손을 씻었다. 」

* sich³ die Zähne putzen (reinigen) : 이를 닦다

  Ich putze mir jeden Morgen und Abend die Zähne.

  「나는 매일 아침과 저녁에 이를 닦는다. 」

* sich³ die Haare schneiden lassen : 이발하다

Ich habe mir die Haare schneiden lassen.

「나는 이발을 했다.」

Er ging zum Friseur, um sich die Haare schneiden zu lassen.

「그는 이발하기 위해 이발소에 갔다.」

* sich[3] et[2]. bewußt sein : ~을 알고 있다

Ich bin mir dessen bewußt.

「나는 그것을 알고 있다.」

▦ dessen 은 지시대명사 das 의 2격

Ich bin mir keiner Schuld[2] bewußt.

「나는 잘못을 저지른 일이 없다고 생각한다.」

* erster (zweiter) Klasse[2] fahren : 1 (2)등 차로 가다

Wir fahren dritter Klasse[2].

「우리는 3등차로 간다.」

* derselben (anderer) Meinung[2] sein : 같은(다른) 의견이다

Wir sind alle derselben Meinung[2].

「우리는 모두 같은 의견이다.」

Wir sind anderer (verschiedener) Meinung[2].

「우리는 의견이 다르다.」

Ich bin Ihrer Meinung[2].

(=Ich habe dieselbe Meinung als Sie.)

「나는 당신과 동감이다.」

Ich bin anderer Meinung[2] als du.

「나는 너와는 의견이 다르다.」

* guter Laune[2] sein : 기분이 좋다

Ich bin guter (schlechter) Laune[2].

(=Ich bin guten (schlechten) Mutes.)

「나는 기분이 좋다(나쁘다).」

Er ist immer [in] guter Stimmung.

「그는 언제나 기분이 좋다.」

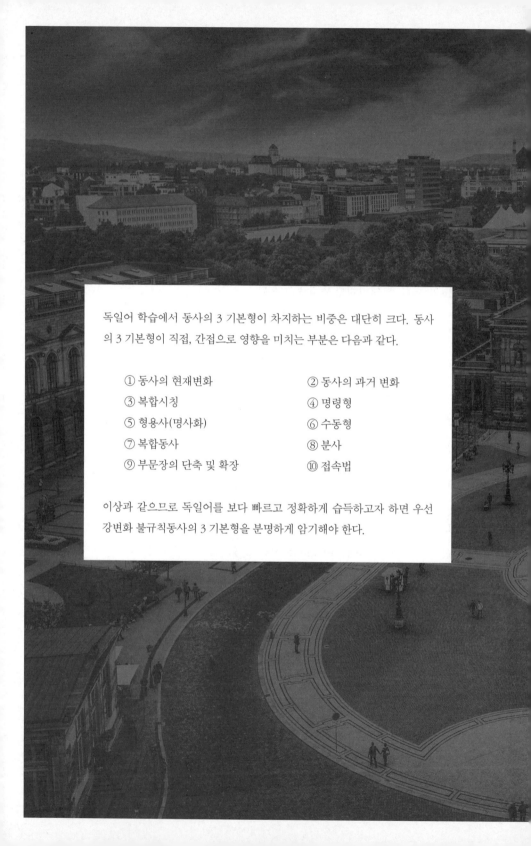

독일어 학습에서 동사의 3 기본형이 차지하는 비중은 대단히 크다. 동사의 3 기본형이 직접, 간접으로 영향을 미치는 부분은 다음과 같다.

① 동사의 현재변화   ② 동사의 과거 변화
③ 복합시칭   ④ 명령형
⑤ 형용사(명사화)   ⑥ 수동형
⑦ 복합동사   ⑧ 분사
⑨ 부문장의 단축 및 확장   ⑩ 접속법

이상과 같으므로 독일어를 보다 빠르고 정확하게 습득하고자 하면 우선 강변화 불규칙동사의 3 기본형을 분명하게 암기해야 한다.

강변화 · 불규칙
동사 변화표

강변화 · 불규칙 동사 변화표

A. 강변화 동사

부정사	직설법		접속법	과거분사	명령법
	현재	과거	과거		
befehlen 명령하다	befiehlst befiehlt	befahl	beföhle (befähle)	befohlen	befiehl
beginnen 시작하다	beginnst beginnt	begann	begönne (begänne)	begonnen	beginn[e]
biegen 굽히다	biegst biegt	bog	böge	gebogen	bieg[e]
bieten 제공하다	bietest bietet	bot	böte	geboten	biet[e]
binden 맺다	bindest bindet	band	bände	gebunden	bind[e]
bitten 청하다	bittest bittet	bat	bäte	gebeten	bitt[e]
bleiben 머무르다	bleibst bleibt	blieb	bliebe	geblieben	bleib[e]
braten 굽다	brätst brät	briet	briete	gebraten	brat[e]
brechen 깨다	brichst bricht	brach	bräche	gebrochen	brich
empfehlen 추천하다	empfiehlst empfiehlt	empfahl	empföhle (empfähle)	empfohlen	empfiehl
erschrecken 놀라다	erschrickst erschrickt	erschrak	erschräke	erschrocken	erschrick
essen 먹다	ißt(issest) ißt	aß	äße	gegessen	iß
fahren 타고가다	fährst fährt	fuhr	führe	gefahren	fahr[e]
fallen 떨어지다	fällst fällt		fiele	gefallen	fall[e]
fangen 붙잡다	fängst fängt	fing	finge	gefangen	fang[e]
finden 발견하다	findest findet	fand	fände	gefunden	find[e]
fliegen 날다	fliegst fliegt	flog	flöge	geflogen	flieg[e]
fliehen 달아나다	fliehst flieht	floh	flöhe	geflohen	flieh[e]

강변화 동사

부정사	직설법		접속법	과거분사	명령법
	현재	과거	과거		
fließen 흐르다	fließ[es]t fließt	floß	flösse	geflossen	fließ[e]
frieren 얼다	frierst friert	fror	fröre	gefroren	frier[e]
gebären 낳다	gebierst gebiert	gebar	gebäre	geboren	gebier
geben 주다	gibst gibt	gab	gäbe	gegeben	gib
gelingen 성공하다	es gelingt mir.	gelang	gelänge	gelungen	geling[e]
gelten 가치가 있다	giltst gilt	galt	gölte (gälte)	gegolten	gilt
genießen 즐기다	genieß[es]t genießt	genoß	genösse	genossen	genieß[e]
geschehen 일어나다	es geschieht	geschah	geschähe	geschehen	
gewinnen 얻다	gewinnst gewinnt	gewann	gewönne (gewänne)	gewonnen	gewinn[e]
gleichen 비슷하다	gleichst gleicht	glich	gliche	geglichen	gleich[e]
graben 파다	gräbst gräbt	grub	grübe	gegraben	grab[e]
greifen 붙잡다	greifst greift	griff	griffe	gegriffen	greif[e]
halten 지니다	hältst hält	hielt	hielte	gehalten	halt[e]
hängen 걸려있다	hängst hängt	hing	hinge	gehangen	häng[e]
heben 올리다	hebst hebt	hob	höbe (hübe)	gehoben	heb[e]
heißen∼ 라고 불리우다	heiß[es]t heißt	hieß	hieße	geheißen	heiß[e]
helfen 돕다	hilfst hilft	half	hülfe (hälfe)	geholfen	hilf
klingen 울리다	klingst klingt	klang	klänge	geklungen	kling[e]
kommen 오다	kommst kommt	kam	käme	gekommen	komm[e]
laden 싣다	lädst lädt	lud	lüde	geladen	lad[e]
lassen ∼하게 하다	läßt läßt	ließ	ließe	gelassen	laß
laufen 달리다	läufst läuft	lief	liefe	gelaufen	lauf[e]

강변화 동사

부정사	직설법		접속법	과거분사	명령법
	현재	과거	과거		
leiden 괴로워하다	leidest leidet	litt	litte	gelitten	ʃeid[e]
lesen	lies[es]t liest	las	läse	gelesen	lies
liegen 놓여 있다	liegst liegt	lag	läge	gelegen	lieg[e]
meiden 피하다	meidest meidet	mied	miede	gemieden	meid[e]
nehmen 잡다	nimmst nimmt	nahm	nähme	genommen	nimm
raten 충고하다	rätst rät	riet	riete	geraten	rat[e]
reiben 마찰하다	reibst reibt	rieb	riebe	gerieben	reib[e]
reiten 말타다	reitest reitet	ritt	ritte	geritten	reit[e]
rufen 부르다	rufst ruft	rief	riefe	gerufen	ruf[e]
schaffen 창조하다	schaffst schafft	schuf	schüfe	seschaffen	schaff[e]
scheinen 빛나다	scheinst scheint	schien	schiene	geschienen	schein[e]
schelten 꾸짖다	schiltst schilt	schalt	schölte (schälte)	gescholten	schilt
schieben 밀다	schiebst schiebt	schob	schöbe	geschoben	schieb[e]
schießen 쏘다	schießest schießt	schoß	schösse	geschossen	schieß[e]
schlafen 자다	schläfst schläft	schlief	schliefe	geschlafen	schlaf[e]
schlagen 치다	schlägst schlägt	schlug	schlüge	geschlagen	schlag[e]
schließen 닫다	schließ[es]t schließt	schloß	schlösse	geschlossen	schließ[e]
schneiden 자르다	schneidest schneidet	schnitt	schnitte	geschnitten	schneid[e]
schrecken 놀라다	schrickst schrickt	schrak	schräke	geschrocken	schrick
schreiben 쓰다	schreibst schreibt	schrie	schriee	geschrie[e]n	schrei[e]
schreien 소리치다	schreist schreit	schrie	schriee	geschrie[e]n	schrei[e]
schreiten 활보하다	schreitest schreitet	schritt	schritte	geschritten	schreit[e]

강변화 동사

부정사	직설법		접속법	과거분사	명령법
	현재	과거	과거		
schweigen 침묵하다	schweigst schweigt	schwieg	schwiege	geschwiegen	schweig[e]
schwimmen 헤엄치다	schwimmst schwimmt	schwamm	schwömme (schwämme)	gesch- wommen	schwimm[e]
schwinden 사라지다	schwindest schwindet	schwand	schwände	gesch- wunden	schwind[e]
sehen 보다	siehst sieht	sah	sähe	gesehen	sieh[e]
singen 노래하다	singst singt	sang	sänge	gesungen	sing[e]
sinken 가라앉다	sinkst sinkt	sank	sänke	gesunken	sink[e]
sitzen 앉아 있다	sitz[es]t sitzt	saß	säße	gesessen	sitz[e]
sprechen 말하다	sprichst spricht	sprach	spräche	gesprochen	sprich
springen 뛰다	springst springt	sprang	spränge	gesprungen	spring[e]
stecken 꽂다	steckst steckt	stak (steckte)	stäke (steckte)	gesteckt	steck[e]
stehlen 훔치다	stiehlst stiehlt	stahl	stöhle (stähle)	gestohlen	stiehl
steigen 오르다	steigst steigt	stieg	stiege	gestiegen	steig[e]
sterben 죽다	stirbst stirbt	starb	stürbe	gestorben	stirb
stoßen 찌르다	stöß[es]t stößt	stieß	stieße	gestoßen	stoß[e]
streiten 다투다	streitest streitet	stritt	stritte	gestritten	streit[e]
tragen 운반하다	trägst trägt	trug	trüge	getragen	trag[e]
treffen 맞추다	triffst trifft	traf	träfe	getroffen	triff
treiben 몰다	treibst treibt	trieb	triebe	getrieben	treib[e]
treten 걷다	trittst tritt	trat	träte	getreten	tritt
trinken 마시다	trinkst trinkt	trank	tränke	getrunken	trink[e]
verderben 훼손하다	verdirbst verdirbt	verdarb	verdürbe	verdorben	verdirb
vergessen 잊다	vergißt vergißt	vergaß	vergäße	vergessen	vergiß

강변화 동사

부정사	직설법		접속법	과거분사	명령법
	현재	과거	과거		
verlieren 잃다	verlierst verliert	verlor	verlöre	verloren	verlier[e]
wachsen 자라다	wächs[es]t wächst	wuchs	wüchse	gewachsen	wachs[e]
waschen 씻다	wäsch[es]t wäscht	wusch	wüsche	gewaschen	wasch[e]
weichen 피하다	weichst weicht	wich	wiche	gewichen	weich[e]
werfen 던지다	wirfst wirft	warf	würfe	geworfen	wirf
ziehen 잡아당기다	ziehst zieht	zog	zöge	gezogen	zieh[e]

B. 불규칙 동사

부정사	직설법		접속법	과거분사	명령법
	현재	과거	과거		
sein 있다, 이다	ich bin du bist er ist wir sind ihr seid sie sind	war	wäre	gewesen	sei
haben 가지다	du hast er hat	hatte	hätte	gehabt	hab[e]
werden 되다	du wirst er wird	wurde	würde	geworden (worden)	werd[e]
gehen 가다	du gehst er geht	ging	ginge	gegangen	geh[e]
stehen 서있다	du stehst er steht	stand	stände (stünde)	gestanden	steh[e]
tun 하다	du tust er tut	tat	täte	getan	tu[e]
brennen 타다	du brennst er brennt	brannte	brennte	gebrannt	brenn[e]
kennen 알다	du kennst er kennt	kannte	kennte	gekannt	kenn[e]
nennen 이름짓다	du nennst er nennt	nannte	nennte	genannt	nenn[e]
rennen 뛰다	du rennst er rennt	rannte	rennte	gerannt	renn[e]

불규칙 동사

부정사	직설법		접속법	과거분사	명령법
	현재	과거	과거		
senden 보내다	du sendest er sendet	sandte (sendete)	sendete	gesandt (gesendet)	send[e]
wenden 돌리다	du wendest er wendet	wandte (wendete)	wendete	gewandt (gewendet)	wend[e]
bringen 가져오다	du bringst er bringt	brachte	brächte	gebracht	bring[e]
denken 생각하다	du denkst er denkt	dachte	dächte	gedacht	denk[e]
wissen 알다	ich weiß du weißt er weiß	wußte	wüßte	gewußt	wisse
können 할수있다	ich kann du kannst	konnte	könnte	gekonnt	
dürfen 해도 좋다	ich darf du darfst	durfte	dürfte	gedurft	
mögen 좋아하다	ich mag du magst	mochte	möchte	gemocht	
müssen 해야 하다	ich muß du mußt	mußte	müßte	gemußt	
sollen 해야 하다	ich soll du sollst	sollte	sollte	gesollt	
wollen 원하다	ich will du willst	wollte	wollte	gewollt	

저자 **김희철**

전 상지대학교 인문사회과학대학 교수

저서 및 역서

- 「초급독문해석연습」 도서출판 역락

- 「생활독일어」 도서출판 역락

- 「독일어기본어사전」 문예림

- 「독일어기본숙어사전」 문예림

- 「기초독일어회화」 Orbita

- 「기본독일어문법」 학문사

- 「종합독문해석연습」 학문사

- 「신독문해석법」 형설출판사

- 「Mein Deutsch」 형설출판사

- 「Mein Lesebuch」 형설출판사

- 「독일명작단편문학」 학문사

- 「독일명작문학감상」 학문사

- 「독일단편문학감상」 학문사

- 「완전독일어」 한서출판사

- 「핵심독일어」 대학당

- 「새완성독일어」 대학당

- 교육부 검정 독일어 교과서(6차)

  「Deutsche Sprache Ⅰ·Ⅱ」 형설출판사

증보판

기본 독문해석 연습

증보판 1쇄 인쇄 2019년 5월 15일
증보판 1쇄 발행 2019년 5월 24일

지은이　　김희철
펴낸이　　이대현
책임편집　이태곤
편집　　　권분옥 홍혜정 박윤정 문선희 백초혜
디자인　　안혜진 최선주
마케팅　　박태훈 안현진 이희만

펴낸곳　　도서출판 역락
출판등록　1999년 4월19일 제03-2002-000014호
주소　　　서울시 서초구 동광로 46길 6-6 문창빌딩 2층 (우06589)
전화　　　02-3409-2060
팩스　　　02-3409-2059
홈페이지　www.youkrackbooks.com
이메일　　youkrack@hanmail.net

ISBN 979-11-6244-391-0 93750

「이 도서의 국립중앙도서관 출판예정도서목록(CIP)은 서지정보유통지원시스템 홈페이지(http://seoji.nl.go.kr)와 국가자료종합목록
시스템(http://kolis-net.nl.go.kr)에서 이용하실 수 있습니다. (CIP제어번호 : CIP2019018643)」